Bernhard Aichner

Totenhaus

Thriller

btb

Drei Wochen später

Man hört, wie sie atmet. Auf dem alten Teppich ihr Gesicht. Irgendwo im Schwarzwald auf einem Hügel, sie hat keine Kraft mehr. Da ist kein Gedanke mehr, der guttut, kein Wort, keine Berührung, nichts mehr. Eine Frau am Boden, allein, die Kinder weit weg, sie hört sie nicht, spürt sie nicht, sie wird sie nicht wiedersehen, sie nie wieder küssen, ihr Weinen nicht mehr hören, ihr Lachen. Weil sie sterben wird. Weil sie auf diesem Teppich liegen bleiben und tot sein wird. In wenigen Stunden schon.

Wie es brennt. Ihr Hals ist eine Wunde, alles tut weh. Ihr Mund ist eine Wüste, ihre Zunge ein Stück Dörrfleisch, das Schlucken eine Qual. Kein Speichel mehr, kein Tropfen Wasser, nichts, das abwendet, was kommt. Sie wird das Bewusstsein verlieren, ihre Organe werden versagen, die Nieren, die Lunge, ihr Körper wird aufhören zu funktionieren, sie kann nichts dagegen tun, sich nicht mehr wehren, nicht mehr gegen die Tür treten, an den Wänden kratzen. Sie hat keine Kraft mehr, sie weiß nicht mehr, wie lange sie schon hier ist, wie viele Stunden, ohne zu trinken, wie oft es Nacht war, seit sie gehört hat, wie sich der Schlüssel gedreht hat. Wann der Tag aufhört, wann er beginnt, sie weiß es nicht.

Keine Fenster, kein Licht von außen. Nur der Kronleuchter an der Decke, die barocken Vorhänge, das Himmelbett, die

Jugendstilmöbel und der riesige Spiegel mit dem goldenen Rahmen. Sie sieht sich, wenn sie die Augen offen lässt. Ihr Gesicht, ihre Lippen, keine Bewegung zu viel, sie darf ihre Kraft nicht verschwenden, sie muss wach bleiben. Immer wieder hebt sie kurz ihren Kopf, leicht nur, für zwei Sekunden lang schwebt ihre Wange über dem Boden, weil sie wissen will, ob sie es noch kann, ob sie aufstehen könnte, wenn er kommen würde. Ob sie noch aus eigener Kraft zurückkönnte in ihre Welt. Weil vielleicht doch noch ein Wunder passiert, weil jemand ihr Bitten erhört, ihr Flüstern. Deshalb muss sie wach bleiben, sie darf nicht abtauchen ins Trübe, klar denken will sie, sich erinnern. Wer sie ist. Wie sie heißt. Wie ihr Leben war. Immer wieder wiederholt sie es, wie ein Gebet ist es. Was sie sagt. Ihre kleine verhungerte Stimme. *Brünhilde Blum. Ich bin Bestatterin, ich lebe in Innsbruck, ich habe zwei Kinder. Ich will leben,* sagt sie und erstickt fast an dem Klumpen in ihrem Mund.

Nur noch ein leises Flüstern ist es, kaum hörbar. *Mein Name ist Blum.* Weil sie ihren Vornamen immer schon gehasst hat, weil sie ihn nicht mehr wollte, als sie sechzehn war. *Ich heiße Blum.* Für wenige Sekunden hebt sich wieder ihr Kopf. *Ich habe zwei Kinder. Uma und Nela.* Sie muss sich um sie kümmern, sie darf sie nicht alleinlassen, nicht aufhören zu leben, nicht auf diesem Teppich liegen bleiben. Sie muss weiteratmen, darf die Augen nicht schließen, nicht einschlafen. Sie muss die kleinen Zauberwesen beschützen, sie in den Arm nehmen, das ist alles, was sie will. Es wiedergutmachen. Sie nie wieder allein lassen. Doch zu weit weg sind sie, Blum weiß, dass sie nichts mehr für sie tun kann, sie macht sich nur noch etwas vor, nur ein weiterer unerfüllter Wunsch ist es. Sie kann sie nicht zu sich holen, nicht einfach aufstehen und aus dem Zimmer gehen, nicht zu ihnen fahren und sie in den Arm nehmen. Sie kann nicht zurück in ihr altes Leben, sogar dann nicht, wenn das Wunder eintreten sollte, das sie sich herbeisehnt. Wenn die Tür aufgehen und Wasser in ihren Mund rinnen sollte. Blum wird nie wieder ihr Haus betreten, sie wird nie wieder in ihrem Garten sitzen und Wein trinken. Da ist nichts mehr von dem, was war, die Welt hat sich gedreht, sie wird hier zugrunde gehen wie ein angeschossenes Tier, anstatt für ihre Kinder zu kochen. Anstatt mit ihnen auf der Couch zu sitzen und ihnen vorzulesen. Der Geschmack in ihrem Mund sagt ihr, dass es nicht mehr lange dauern wird. Der Uringeruch und diese Stille. Alles hört auf.

Kein Laut ist zu hören von draußen. Wo früher wahrscheinlich Fenster waren, ist jetzt eine Mauer, keine Tür führt ins Licht, keine Tür zum Badezimmer. Da ist kein Wasserhahn, da ist nur ihr Durst, die Sehnsucht nach einem See, einer Pfütze, da ist nur ihr Flüstern, das sich gegen das langsame Sterben wehrt. Szenen aus ihrem Leben, an die sie sich mit Gewalt erinnern will. So laut sie kann, spricht sie es aus. *Ich lebe in Innsbruck. Bin Bestatterin.* Wort für Wort, weil sie ihre Gedanken nicht mehr unter Kontrolle hat, weil alles durcheinander ist, weil sie Angst hat, dass sie den Verstand verliert. Dass sie es vergisst. Wer sie ist. Was war.

Mein Name ist Blum. Ich bin Bestatterin. Wir raten Ihnen, sich von dem Verstorbenen am offenen Sarg zu verabschieden. Es ist wichtig für die Trauerarbeit, den Verstorbenen noch einmal zu sehen. Um zu begreifen. Jedes Wort tut weh, und trotzdem sagt sie es. Blum will ihren Alltag zurück, sie sehnt sich nach diesem leicht süßlichen Geruch, nach den Toten im Kühlraum. Sie will sich um sie kümmern, sie waschen, ihre Wunden schließen, sie anziehen. Arbeiten und nicht sterben. Ihnen die Haare waschen, sie kämmen, ihre Münder schließen und sie in die Särge betten. Seit sie denken kann, war es so, eine Kindheit lang, eine Jugend, der Tod machte ihr keine Angst, das Bestattungsunternehmen Blum war ihre Heimat, der Versorgungsraum ihr Kinderzimmer. Vertraut war alles. Der Leichenwagen, der durch die Einfahrt kam, die traurigen Gesichter im Abschiednahmeraum, ihre Kinder, die im Freien auf den Kirschbaum kletterten. Und Karl, der unten stand und sie auffing.

Der beste Schwiegervater der Welt. Blum weiß, dass er für sie da ist. In diesem Moment sitzen sie auf seinem Schoß, er kocht Kakao für sie, Uma und Nela sind glücklich. Es muss so sein. Egal was kommt, auf Karl kann sie sich verlassen, er wird sich um die Kinder kümmern. Es sich anders vorzustellen, ist unerträglich. Da sind nur Bilder in ihrem Kopf, in denen die Mädchen unbeschwert im Garten spielen. Nichts fehlt ihnen, sie lachen, tollen herum, sind geborgen, da ist keine Angst, da sind keine Tränen, keine Albträume in der Nacht, aus denen sie aufwachen und nach ihrer Mutter schreien. Karl ist da. Sie fleht ihn an, sie wünscht sich nichts mehr auf dieser Welt. *Bitte, pass auf sie auf, Karl. Ich komme nicht zurück. Sag ihnen, dass ich sie liebe, Karl.*

Verzweifelt kommt es aus ihrem Mund. Diese Ohnmacht. Blum möchte schreien, um sich schlagen, sie möchte aufstehen und losrennen. Und sie möchte weinen. Doch da sind keine Tränen mehr, leer ist alles, sie kann nichts mehr tun, sie kann die Uhr nicht zurückdrehen, es nicht ungeschehen machen. Alles, was sie getan hat. Es ist kein Geheimnis mehr, in allen Zeitungen steht es, die Nachrichten sind voll davon, jeder kennt ihr Gesicht, alle wissen es. Dass sie ein Monster ist, dass sie ihr altes Leben nicht mehr zurückbekommt. Blum. Sie hat alles kaputt gemacht, und dafür hasst sie sich. Dass sie mit dem Schicksal ihrer Kinder gespielt hat, dass sie nur an sich gedacht hat. An ihre Wut. Daran, dass sie ihn umgebracht haben. Den Vater ihrer Kinder. Einfach so.

Erinnerungen, die ihr Herz zerreißen. Verdörrtes Fleisch auf einem teuren Teppich. Nur noch ihr Wille verhindert, dass ihre Augen für immer zufallen, dass sie ihr Bewusstsein verliert. Nur noch diese Gedanken an die Kinder, die sie am Leben halten, die Sehnsucht nach diesem Kichern, wenn sie etwas Verbotenes tun, nach ihrem Übermut, dem Geschrei, wenn sie müde sind. Die Tränen, wenn sie stürzen. Wie sie in ihren kleinen Betten liegen und schlafen, Blum sieht es. Wie alles beginnt zu verschwimmen.

Langsam dreht sie sich auf den Rücken. Seit Stunden in Seitenlage, ihre Hüfte tut weh, ihr Arm ist eingeschlafen, einmal bewegt sie ihn noch. Was früher selbstverständlich war, ist jetzt beinahe unmöglich, die einfachsten Dinge, jede Bewegung, das Atmen. Sie wird auf dem Rücken liegen bleiben, vielleicht wird sie noch einige Male den Kopf heben, aber ihr Leib wird sich nicht mehr rühren. Bis sie tot ist. *Mein Name ist Blum*, flüstert sie. *Ich hatte zwei Kinder. Und ich hatte einen Mann.* Ihre Liebe, die nach acht Jahren einfach tot auf der Straße lag. Mark. Ein letztes Mal denkt sie an ihn, an seine Hände, seine Haut, seinen Mund. Und was er immer zu ihr gesagt hat. *Alles wird gut, Blum.* Doch nichts wurde gut. Er ist einfach in einer Kiste unter der Erde verschwunden. Das Glück hat einfach aufgehört zu existieren. Bis jetzt kam es nicht zurück. Da ist niemand, der sie hochhebt, sie in die Arme nimmt. Blum ist allein. Die gute Fee kommt nicht. Kein Wunsch hilft. Es ist die Strafe für das, was sie getan hat, sie weiß es. Sie kann nichts mehr tun, nur noch daliegen und warten, zum letzten Mal ihre Lippen bewegen, bevor es für immer still ist. Bevor ihre Stimme verschwindet. Egal, was sie dafür geben würde, um weiterzureden, weiterzuleben, nur noch zwei Sätze kommen aus ihrem Mund. Kaum hörbar, langsam das Ende. *Es tut mir so leid*, sagt sie. *Es tut mir alles so unendlich leid.* Dann ist da nur noch ein leerer Mund.

Sie starrt an die Zimmerdecke. Seit Stunden der goldene Stuck, dieses Deckenfresko, das Paradies. Ein Bild, in dem sie sich verliert, ein Garten mit Obstbäumen, alles blüht und strahlt und wächst. Das Letzte, das sie sieht. Eine üppig gemalte Dame, die nackt in einen Apfel beißt. Wieder und wieder hat Blum in den letzten Tagen diese Frau angestarrt. Wie unbeschwert sie ist, wie sie sich dem Essen hingibt, dem Wein, dem Leben. Ein Gelage an der Zimmerdecke, Völlerei, ein Schlag ins Gesicht ist es. Blum sieht, was sie nie wieder haben wird. Wie es hätte sein können. Kirschen, die sie pflückt, wenn ihr danach ist, der Schatten im Sommer, wenn sie im Gras unter einem Baum liegt. Schön ist es. Einmal kurz noch, dann schließt sie ihre Augen und stirbt.

Vor drei Wochen war noch alles gut gewesen. Blum wusste nicht, dass dieses Haus überhaupt existierte. Dieses Zimmer, der Teppichboden, das Fresko an der Decke. Kein ausgetrockneter Mund, kein Hunger, da war niemand, der wollte, dass sie stirbt. Es gab noch keinen Grund dafür.

Blum war beinahe glücklich. Eine Frau irgendwo am Strand, zum ersten Mal seit langem schien wieder die Sonne, das Lachen der Kinder machte sie glücklich. Es gab nichts zu tun, alles hatte Zeit. Urlaub in Griechenland. Unbeschwert war sie, keine Arbeit, keine Beerdigungen, nur Zeit für die Familie, für Uma und Nela. Ihre Bedürfnisse spüren, mit ihnen Burgen im Sand bauen, im Wasser plantschen, ihnen zuhören, Muscheln sammeln. Keine Toten. Keine Gedanken zurück. Dass sie seit zwei Jahren keinen Vater mehr hatten, war kein Thema, keine Sekunde lang. Dass er tot auf der Straße gelegen hatte, dass er von einem Tag auf den anderen nicht mehr für sie da gewesen war. Die Kinder waren die Ersten, die alles vergessen hatten, die nicht ständig daran erinnert werden wollten, dass diese Familie einmal komplett gewesen war. Sie haben es einfach ausgeblendet irgendwann, einfach so getan, als wäre nichts passiert, sie hatten versucht, Blum glücklich zu machen, ihr die Traurigkeit zu nehmen. *Mama, warum lachst du nicht mehr? Warum bist du nicht so wie früher? Warum fahren wir nicht mehr ans Meer, Mama?*

Und da waren sie nun. Meer und Sand und Himmel. Keine Versorgungen, keine Angehörigen, die weinten, keine Verabschiedungen, nur der Sommer und dieses kleine Haus direkt am Strand. Nur wenige Meter zum Wasser, der Blick hinaus auf die Boote, die in der Bucht ankerten, das Leben war tatsächlich gut. Blum hatte endlich auf Karl und Reza gehört, sie hatten sie fast aus dem Haus getrieben, sie aufgefordert, endlich etwas für sich selbst zu tun, für die Kinder. *Wir wollen dich drei Wochen nicht sehen,* hatten sie gesagt. *Wir schaffen das auch ohne dich.* Reza, ihr Mitarbeiter, ihr Freund, er und Karl hatten sie nach Marks Tod aufgefangen, die beiden Männer waren für Blum da gewesen, sie fühlte sich geborgen, ihre Trauer fand immer Platz, doch nach zwei Jahren war es an der Zeit, neue Türen aufzumachen. Alle waren sich darin einig, Karl, Reza und auch die Mädchen. Drei Wochen Griechenland. Blum sollte endlich wieder leben.

Blum fühlte sich wohl. Wenn die Kinder am Abend schliefen und sie allein auf der Terrasse ihren Wein trank, glaubte sie sogar an eine Zukunft. Schön war es. Das Meer, das sie liebte, seit sie ein Kind gewesen war. Die jährlichen drei Wochen auf dem Wasser, die alte Swan, die Blum nach Marks Tod verkauft hat. Über fünfundzwanzig Jahre hatte das Boot im Hafen von Triest gelegen. Ein Stück Vergangenheit war es, das sie loswerden wollte. Hagen hatte das Segelboot vor dreißig Jahren gekauft, Blums Vater, der Mann, der sie zu dem gemacht hatte, was sie war. Bestatterin. Eine Kindheit voller Leichen, dieser unbedingte Wunsch ihres Vaters, eine Nachfolgerin für das Bestattungsinstitut heranzuziehen. Ein Mädchen nur, aber eine Nachfolgerin. Seit sie denken konnte, war Blum umgeben von Toten, nur das Segelboot im Sommer bedeutete Auszeit. Das Glück auf dem Wasser, im Wind an nichts denken, nur ihre Haut in der Sonne. Nichts sonst war wichtig gewesen. Hagen nicht. Herta nicht. Blums Mutter, die zugesehen hatte, wie da ein zehnjähriges Mädchen Münder zugenäht, die Nadel durch Fettgewebe gestochen hatte, anstatt mit Freundinnen im Garten zu spielen. Ein Kind, das Watte in die Rachen der Verstorbenen gestopft hatte, in ihre After, damit sie nicht zu stinken begannen, damit man den Tod nicht riechen konnte. Ihr Alltag war es gewesen, ein Leben im Bestattungsinstitut, egal, wie sehr sie sich etwas anderes für ihr Leben gewünscht hatte, die Toten waren nicht weggegangen. Herzinfarkte, Selbstmorde, Unfälle, Wasserleichen, still und tot hatten sie vor ihr auf dem Tisch gelegen, still und gehorsam hatte Blum getan, was ihr Vater von ihr verlangte. Blum war ihm ausgeliefert gewesen, da war niemand gewesen, der sie vor ihm beschützte, auch ihre Mutter nicht. Sie hatte nur zugeschaut, geschwiegen, gutgeheißen, was passierte, was Hagen aus ihrem Kind machte. Sie hatte Blum nicht beschützt, nichts getan, damit es aufhören, damit die Angst weggehen würde. Keine Umarmung, kein Halten, kein schönes Wort, weil Blum nicht ihr richtiges Kind war, weil sie nur adoptiert war, nur ein Balg aus dem Kinderheim, das aus dem Fegefeuer in die Hölle kam.

Jahrelang hatte sie gelitten. Nur der jährliche Urlaub hatte sie glücklich gemacht. Wie ein Traum war es gewesen, aus dem sie nie mehr aufwachen wollte, ein immer wiederkehrender Traum, in dem ihre Eltern einfach starben und sie in Ruhe ließen, ein Traum, der Wirklichkeit wurde, als sie vierundzwanzig Jahre alt geworden war. Bei einem tragischen Unfall waren Hagen und Herta ums Leben gekommen, sie waren einfach ertrunken, während Blum an Bord geschlafen hatte. Wie ein Wunder war es gewesen, von einem Moment zum anderen war alles schön geworden. Blum hatte sich verliebt, sie hatte Kinder bekommen, acht Jahre lang war da einfach nur Glück gewesen. Liebe. Bis Mark gestorben war. Bis vor zwei Jahren plötzlich alles auseinandergefallen war.

Zwei Jahre lang ohne ihn. Dann Chalkidiki. Blum wollte mit den Kindern an einen Ort, an dem sie noch nie gewesen war, das griechische Festland, keine Insel. Alle Fahnen wehten grün, alles schaute so aus, als würde der Sturm endlich vorbeigehen, die Trauer, die Tränen, die so viele Abende über Blums Wangen geronnen waren. Keine Angst mehr, die Kinder ohne Rettungswesten im Sand, keine Wellen mehr.

Vor drei Wochen am Strand. Alles fühlte sich gut und richtig an, Blum wollte weiterleben, sie saß in ihrem Liegestuhl, trank Bier aus einer Dose und schaute zu, wie die Kinder ein großes Loch in den Sand gruben. Kichernd verschwanden sie unter der Erde, ihre kleinen Stimmen überschlugen sich. *Wir spielen Tote, Mama.* Sie waren glücklich, Blum lehnte sich schmunzelnd zurück und machte ihre Augen zu. Da waren nur die Stimmen der Kinder, sie hatten noch zwölf Tage in der Sonne vor sich, Blum genoss es. Sie konnte sich vorstellen, einfach so sitzen zu bleiben, wochenlang, die Vorstellung, mit den Kindern eine längere Auszeit zu nehmen, war schön.

Du bist tot, Uma. Du darfst nichts mehr sagen, du musst ruhig liegen bleiben. Wenn man tot ist, bewegt man sich nicht mehr, das weißt du doch. Uma lachte, krabbelte aus dem Sandgrab und lief davon. Nela hinterher. Sie hüpften über den Strand, tanzend, kichernd. Nichts konnte passieren, der Strand sank flach ab, die Kinder konnten nicht ertrinken, da war kein Erdbeben, kein Unwetter, nichts. Kein Unheil nirgendwo. Blum sprang auf, nahm die Kinder an den Händen und lief mit ihnen ins Wasser, wild tollten sie herum, sie lachten und spielten, bis die Kinder müde wurden und schliefen. Neben ihr im Schatten Uma und Nela. Kurz noch war alles gut.

Blum genoss die Unbeschwertheit, blätterte in einer Zeitschrift, sie las über eine schwedische Prinzessin, die geheiratet hatte, eine amerikanische Schauspielerin, die ihr achtes Kind adoptiert hatte, es waren nur Klatsch und Mode, Reisen und Selbsthilfe, Artikel darüber, wie man Honig macht, wie man Ruhe findet, wie man lebt. Geschichten, die niemandem wehtun, die einem das Gefühl geben, dass es für alles eine Lösung gibt. Ein Mann, der zu Fuß von Berlin nach Peking gegangen war, eine Frau, die ihren Krebs besiegt hatte, indem sie sich täglich mit ihrem eigenen Urin eingerieben hatte, Bilder von fliegenden Fischen und Legebatterien, Reportagen über Künstler, Kochrezepte, Buchvorstellungen. Und dann der Artikel über diese Ausstellung. Dieses Foto, das ihr den Boden unter den Füßen wegzog.

Es ging ganz schnell. Eben war noch Ebbe gewesen, und plötzlich kam die Flut. Ohne Vorwarnung zog ein Unwetter auf, der Himmel verdunkelte sich, obwohl die Sonne schien. In diesem Moment, in dem sie umgeblättert hatte und begann, den Artikel zu überfliegen, veränderte sich alles. Was sie auf dem Foto sah. Was sie glaubte zu sehen. Es war so, als hätte jemand den ersten Dominostein umgestoßen, der Schneeball rollte nach unten und wurde größer und größer.

Wieder schlug das Schicksal zu, Blum konnte sich nicht wehren, sich nicht entziehen, es war wie ein Faustschlag mitten in ihr Gesicht. Sie spürte, wie sich alles in ihr zusammenzog, wie es begann wehzutun, wie sich alles in ihr wehrte. Blum hörte nicht mehr, was ihre Kinder sagten, dass sie erneut ins Wasser wollten, mit allen Mitteln versuchten sie es, doch Mama rührte sich nicht. Mama war plötzlich weit weg. Wie gelähmt saß sie in ihrem Stuhl. *Du sollst mit uns reden, warum sagst du denn nichts, Mama?* Warum sie schwieg und auf dieses Foto starrte? Warum sie ihre Kinder ignorierte? Blum wusste es nicht, verstand es nicht, sie konnte nicht anders, sie las den Artikel, immer wieder die Bildunterschrift. Wie verschwunden war sie, unsichtbar am Strand, belagert von ihren aufgebrachten Kindern. *Das ist nicht mehr lustig, Mama. Wir wollen jetzt, dass du mit uns redest. Jetzt sofort, Mama.* Doch Blum sagte nichts. Sie schaute nur. Und schwieg.

Das Foto war ganzseitig gedruckt. Eine tote Frau saß auf einem Zebra, man konnte alles genau erkennen, die Nase, den Mund. Blum kannte dieses Gesicht, sofort hatte sie die Ähnlichkeit gesehen, es waren diese Augen, so vertraut alles, die hohen Wangenknochen, derselbe Körperbau, die Größe des Kopfes, die Brüste. Es konnte nicht sein, und doch war es so, da war eine Leiche auf einem ausgestopften Zebra, eine tote Frau, die genau so aussah wie sie. Trotz der Entstellungen konnte man es sehen. Es war so, als würde sie in einen Spiegel schauen.

2

– Jetzt sag schon, Blum.

– Was denn?

– Was passiert ist.

– Ich weiß es nicht, Karl. Ganz ehrlich, ich weiß es wirklich nicht.

– Du sagst mir, wenn ich irgendetwas für dich tun kann?

– Du hilfst mir, wenn du die Kinder nimmst.

– Aber wo willst du denn hin?

– Nach Wien.

– Was willst du dort?

– Ich verspreche, ich werde dir alles erklären, wenn ich zurück bin. In Ordnung?

– Du solltest noch gar nicht hier sein, Blum. Du hast noch über eine Woche Urlaub, du solltest mit den Kindern am Meer sein, im Sand spielen, dich entspannen.

– Für ein paar Tage nur, bitte. Die Kinder haben sich sehr auf dich gefreut.

– Sie haben sich auf das Meer gefreut, nicht auf mich. Du hörst sie doch, oder? Wie enttäuscht sie sind.

– Ich weiß.

– Muss ich mir Sorgen machen?

– Nein.

– Du brichst deinen Urlaub ab, kommst hier an und willst sofort wieder weg. Irgendetwas stimmt nicht, ich kenne dich doch.

– Es ist nichts.

– Reza kommt erst nächste Woche wieder.

– Und?

– Er könnte dir bestimmt helfen.

– Hör auf, dir Sorgen zu machen. Bitte.

– Wenn das so leicht wäre.

– Es ist doch alles gut, Karl. Ich fahre nur kurz nach Wien, und dann komme ich zurück.

– Du solltest nicht allein sein, Blum.

– Was meinst du?

– Das mit Mark ist jetzt fast zwei Jahre her.

– Ja.

– Du sollst glücklich sein, Blum.

– Bin ich das nicht?

– Sag du es mir.

– Ach, Karl.

– Was ist mit Reza und dir?

– Reza und ich sind Freunde.

– Ihr seid mehr als das.

– Niemand ist so wie Mark.

– Das ist richtig, Blum. Aber Mark ist tot. Und du lebst.

– Da bin ich mir im Moment nicht so sicher, Karl.

Sie wollte ihm nicht mehr sagen, ihn nicht unnötig beunruhigen. Blum wusste ja selbst nicht, was das alles zu bedeuten hatte, warum das Foto einer Verstorbenen sie angezogen hatte, wie Licht Insekten anzieht. Blum wollte es nicht mit Karl teilen, mit niemandem, ihm nicht sagen, was sie befürchtete. Karl würde es verstehen, er war der fürsorglichste Mann, den Blum kannte, Marks Vater, der beste Opa der Welt, ein guter Freund. Karl war Polizist gewesen, so wie

Mark, ein Spürhund, ein begnadeter Fahnder. Er war der Vater, den Blum sich immer gewünscht hatte. Vor einigen Jahren hatten sie ihn zu sich geholt, er war die gute Seele des Hauses, er stand ganz oben auf der Brücke, er war verantwortlich, dass das Schiff auf Kurs blieb. Karl. Wie geborgen sie sich fühlte, als er sie in den Arm nahm, er nahm es einfach hin, dass sie schwieg, auch wenn er unbedingt wissen wollte, was Blum plagte, er fragte nicht weiter, bohrte nicht nach. Er wusste, wie stur sie sein konnte, er ließ sie einfach, vertraute ihr, küsste sie. *Pass auf dich auf*, sagte er und verschwand mit den Kindern und einem Märchenbuch oben in seiner Wohnung.

Blum war in Bewegung. Sosehr sie es auch versucht hatte, sie konnte nicht länger in Griechenland bleiben, tatenlos herumsitzen, alle Fragen unbeantwortet lassen. Sie wollte eine Erklärung dafür, warum da irgendwo jemand gelebt hatte, der genauso ausgesehen hatte wie sie. Hatte es etwas mit ihrer Adoption zu tun? Hatten ihre Eltern ihr etwas verschwiegen? Steigerte sie sich in etwas hinein? Sie war aufgeregt, angespannt, ungeduldig, sie wollte mehr wissen, graben. Elf Tage lang hätte sie warten müssen, elf Tage rätselnd in Griechenland. Das wollte sie nicht, so tun müssen, als wäre nichts passiert, den Kindern eine heile Welt vorspielen. Drei Tage war sie noch geblieben, dann hatte sie den gemeinsamen Urlaub abgebrochen, sie hatte die Koffer gepackt und die Kinder ins Auto gesetzt. *Es geht nicht anders, meine Lieben. Wir werden das nachholen, irgendwann.* Dann war sie gefahren.

Sechs Stunden bis nach Patras zur Fähre. Das Haus am Strand wurde Vergangenheit, Nikiti Beach, der kleine Brunnen, in dem Uma ihre Puppe gebadet hatte, der Krebs, den Nela tagelang in einem Glas am Leben gehalten hatte. Da waren Tränen, weil Blum es nicht erklären konnte, warum der Urlaub mit Mama von einem Moment zum anderen einfach zu Ende war. Traurige Kinder auf der Rückbank und das Foto, das Blum aus der Zeitschrift gerissen hatte. Bedrohlich ein Stück Papier auf dem Beifahrersitz, müde eine Familie an Deck der Fähre. Eingewickelt in eine Decke, hatten sie den letzten Sonnenuntergang betrachtet. Vierundzwanzig Stunden. Dann Innsbruck, die Villa, die wie ein Felsen an ihrem Platz stand, der große Garten, der Leichenwagen vor dem Haus. Und Karl.

Er schaute aus dem Fenster, als Blum auf das Motorrad stieg. Sie setzte den Helm auf, startete die Maschine und gab Gas. Knapp vier Stunden brauchte sie nach Wien, sie musste es sehen, sich davon überzeugen, dass sie sich getäuscht hatte. Dass sie sich irrte, dass es nichts mit ihr zu tun hatte, dass alles nur Zufall war. Nur dasselbe Lied in verschiedenen Sprachen, nur eine unfassbare Ähnlichkeit, die sie aus der Bahn geworfen hatte, dieses Gesicht, das sie immer wieder vor sich sah. Verstümmelt, zerschnitten, verwundet. Es aus der Nähe sehen. So schnell es ging über die Autobahn, der Motor schnurrte. Eine Ducati Monster 900, Marks Motorrad, das sie jetzt fuhr, seine Leidenschaft, die sie übernommen hatte, der Fahrtwind in ihrem Gesicht. Sie gab einfach Gas. So wie damals, kurz nachdem Mark gestorben war. Vor zwei Jahren mit geschlossenen Augen und zweihundert Stundenkilometern über die Autobahn. Drei Sekunden lang. Wie sie geschrien hatte. Laut über den Asphalt, weil er nicht mehr da war. Sie alleingelassen hatte.

Mark. Und die Leere, die da plötzlich gewesen war. Die Leere, die sie versucht hatte zu füllen. Der Versuch, nicht unterzugehen, die Kinder glücklich zu machen, nicht aufzugeben, nicht daran zu denken, wie schön es gewesen war. Daran, was alles fehlte. Blum lebte einfach weiter, sie machte die Augen weit auf und fuhr langsamer, sie kümmerte sich um die Kinder, brachte die Verstorbenen unter die Erde, manchmal trank sie ein Glas Wein mit Reza. Mit ihrem Mitarbeiter auf der Terrasse ohne Worte. Nebeneinander, vertraut. Weil Reza alles über sie wusste, weil er immer geschwiegen, sie nie im Stich gelassen hatte. Weil er nicht wegging und auf sie aufpasste, sie hielt, wenn sie ihn darum bat. Ohne ihn wäre das Schiff längst untergegangen. Er hatte gesteuert, als Blum nicht mehr konnte. Reza war viel mehr als nur ein Mitarbeiter, er war ihr Lebensretter, ihr Freund und Vertrauter, ein wortkarger Engel. Und trotzdem schlief er unten im Souterrain und nicht bei Blum im ersten Stock. Es gab ihre Wohnung und seine, seine Haut und die ihre. Nur manchmal fanden sie zusammen, nur manchmal verlor sich ihre Zunge in seinem Mund. Wenn sie es nicht mehr aushielt, wenn die Einsamkeit sie niederstreckte, die Sehnsucht nach Berührung, wenn das Leben zu schwer wurde, dann nahm er sie auf. Geduldig, ohne zu fordern. Reza.

Kurz vor Linz dachte sie an ihn. So gerne hätte sie ihm alles erzählt, ihn mit nach Wien genommen, doch Reza war nicht da. Irgendwo in Bosnien war er, erst in ein paar Tagen sollte er zurückkommen, Blum saß allein auf dem Motorrad, keine Arme, die sich um sie legten, niemand, dem sie sagen konnte, dass sie sich fürchtete. Vor ihrer Ahnung. Davor, das Motorrad vor dem Naturhistorischen Museum abzustellen. Davor,

eine Eintrittskarte zu lösen und von Raum zu Raum zu gehen. Sie fürchtete sich davor, die richtige Vitrine zu finden.
Hinzusehen.

3

– Wenn du dir etwas wünschen könntest, Blum.

– Und es wäre alles erlaubt?

– Ja.

– Keine Einschränkungen?

– Nein.

– Egal, wie unmöglich es ist?

– Völlig egal, du könntest dir wünschen, was du möchtest.

– Und es würde in Erfüllung gehen?

– Ja. Aber nur ein Wunsch.

– Mein Mann ist also die gute Fee?

– Ja.

– Wie lange habe ich Zeit, es mir zu überlegen?

– Sechzig Sekunden.

– Warum nur sechzig?

– Weil ich dich dann küssen will.

– Küss mich doch.

– Du musst dir zuerst etwas wünschen, Blum. So eine Chance bekommst du nie wieder.

– Du sollst mich küssen.

– Komm schon, Blum.

– Also gut, ich wünsche mir, dass du mich küsst.

– Das kann nicht dein Ernst sein.

– Doch.

– Das ist dein Wunsch?

– Das ist alles, was ich will.

Wie sehr sie sich danach sehnte. Dass dieser Wunsch sich noch einmal erfüllte. Sie ging die Museumsstiegen nach oben und dachte an ihn. Mark. Sosehr sie auch versuchte, ihn zu vergessen und Reza in ihr Leben zu lassen, Mark blieb. Er war tief in ihr, er ging nicht weg, in Gedanken hielt sie seine Hand, drückte sie, nebeneinander gingen sie nach oben in die Ausstellung.

Kuhns Körper-Kunst. Ein Besuchermagnet, Hunderttausende Menschen hatten bereits gesehen, was sich nun vor Blum ausbreitete, wie ein Wanderzirkus zog die Freakshow von Stadt zu Stadt. Die Gewissheit, dass sie bereits alles gesehen hatte, was mit dem Tod zu tun hatte, löste sich innerhalb von Sekunden in Rauch auf. Was man hier zeigte, war unmenschlich, es überstieg alles, was sie bereit war, sich vorzustellen, Grenzen wurden überschritten. Gequält stand Blum da und litt, allein und hilflos, weil sie es nicht verhindern konnte, die Verstorbenen nicht beschützen konnte. Was man ihnen angetan hatte, was sie über sich hatten ergehen lassen müssen. Leichen, die drapiert worden waren, zerschnitten und zusammengesetzt, gehäutet, verdreht und verbogen. Entstellte Körper, haltbar gemacht, plastiniert, ein Albtraum, in den Blum mit Anlauf hineinsprang.

Blum war durch eine barocke Flügeltür in die Hölle gegangen, es war dunkel, alles war mit schwarzem Stoff ausgekleidet, nur die Vitrinen waren beleuchtet. Überall waren Tote, inszeniert, Kunst sollte es sein, unwürdig, demütigend war es, schockierend, spektakulär, jeder einzelne Tote schrie nach Aufmerksamkeit, befriedigte die niedersten Instinkte. Schaulust, Neugier, der Wunsch, den Tod aus nächster Nähe zu sehen und ihm trotzdem nicht zu nahe zu kommen. Nur schauen und gaffen, sie kamen in die Ausstellung und ergötzten sich, gruselten sich. Für dreizehn Euro durfte man den Tod sehen, Leo Kuhn machte es möglich, der Schöpfer offenbarte sich, die Symbiose zwischen Wissenschaft und Kunst wurde sichtbar. *Kuhns Körper-Kunst.* Er ging weiter als alle anderen, die tote Menschen ausstellten. Viel weiter. Er konservierte und inszenierte sie nicht nur, er zerlegte sie und baute sie neu zusammen. Kuhn war Künstler, der Mensch war nur noch Rohstoff, dicke und dünne Menschen wurden zusammengenäht, Menschen mit verschiedenen Hautfarben, Kuhn setzte sich über die Natur hinweg, er setzte sich über alle ethischen Grenzen hinweg, trieb es auf die Spitze. Abartig war es. Angewidert ging Blum an den Vitrinen vorbei, sie suchte das Zebra, dieses Gesicht, das sie seit Tagen verfolgte, nur diese Figur interessierte sie, die reitende Frau, nichts sonst. Blums Blicke streiften sie nur, die Freiwilligen, die sich verewigt wissen wollten, die alles in Kauf genommen hatten für ein bisschen Ruhm. Verstümmelt hinter Glas, die Kopfhaut nach vorne gestülpt, das Gehirn vergoldet, wie ein Stück Schmuck. Wo früher ein Menschenkopf gewesen war, saß jetzt der eines Hirschs. Es reichte nicht mehr, einen Toten einfach nur zu plastinieren und ihn Schach spielen zu lassen. Kuhn bot mehr, er schockierte, schändete. Für Geld.

Blum wollte weg. Überall war tote Haut, Muskeln, Knochen, Sehnen, Blutgefäße, sie wollte das alles nicht sehen, sie verstand nicht, warum jemand so etwas tun konnte, einem Verstorbenen so etwas antun konnte. Mit wie viel Liebe und Fürsorge sie sich jeden Tag um ihre Toten kümmerte, mit wie viel Respekt, und wie sehr dieser Respekt hier fehlte. Eine

Horrorshow. Sie ging schnell, ihre Augen durchstreiften die Räume, laut dem Artikel in der Zeitschrift musste dieses Plastinat hier sein, in der Ausstellung in Wien, ganz in ihrer Nähe, im nächsten Raum vielleicht. Blum ging schneller, sie hatte Angst, sie wollte davonlaufen, doch dann stoppte sie. Das, wonach sie gesucht hatte, stand vor ihr, dieser Glaskasten, die Streifen, das Zebra, alles, was sie auf dem Foto gesehen hatte. Das Tierfell, das man ihr implantiert hatte, der offene Brustkorb, das pinke Herz.

Blum verlor die Fassung. Es war so, als würde sie zerfallen, sie konnte sich nicht mehr zusammenhalten, ihre Arme nicht mehr kontrollieren, die Beine, nicht mehr denken, sich nicht mehr bewegen. Sie war zitternd in einem abscheulichen Film gefangen, es war eine Begegnung, die alles um sie herum in einen Nebel tauchte, ein Anblick, der unendlich wehtat. Die verwundete Frau, ihr Körper, der nur noch ein dekorativer Gegenstand war, eine kitschige Skulptur, eine Puppe mit lackierten Nägeln auf einem tätowierten Zebra. Wo Fell hatte sein sollen, war menschliche Haut, waren tätowierte Totenköpfe, Tiger und nackte Frauen. Die Welt stand kopf, was Tier war, was Mensch, die Grenzen waren verschwommen, schwarzweiße, mit Zebrafell überzogene Frauenbeine, ein aufgerissener Körper. Fast unerträglich war es. Hinzusehen, zu begreifen, dass alles eingetroffen war, was sie befürchtet hatte. Dass es sich noch schlimmer anfühlte, als sie gedacht hatte. So entstellt die fremde Frau auch war, man erkannte deutlich ihre Züge, das beinahe unversehrte Gesicht, Blum schaute durch das Glas der Vitrine in einen Spiegel. Und es war so, als würde sie selbst auf dem Zebra sitzen. Blum sah Blum.

Wer war diese Frau? Warum saß sie tot und zerschnitten in einer Vitrine? Sie empfand Neugier und Mitleid, Entsetzen und Rührung, es überschwemmte sie. Blum griff nach ihrem Halstuch und band es sich um ihren Kopf. Sie wollte nicht, dass jemand die Ähnlichkeit erkannte, dass jemand Fragen stellte, sie hätte es nicht ertragen, wenn man auch sie angestarrt hätte, so wie die Frau in der Vitrine. Blum verborgen unter einem Tuch, sie war nur eine Ausstellungsbesucherin, die besonderen Gefallen an der Zebrafrau gefunden hatte, nicht mehr. Man sah die Panik in ihrem Gesicht nicht, die sie gepackt hatte, ihre Gedanken waren unsichtbar, die Fragen, die sie sich stellte. Ob die Skulptur vielleicht doch nur aus Plastik war, ob man ihr etwas antun wollte, ob es eine Drohung war, eine Warnung von jemandem, der mehr über sie wusste als alle anderen. Sie fragte sich, ob es tatsächlich menschliches Gewebe war. Ob sie eine Doppelgängerin hatte? Ob diese fremde Frau mehr war als das?

Fragen, Vermutungen und ihr Zittern, das sie verzweifelt versuchte, unter Kontrolle zu bringen. Blum wollte das Naheliegende nicht wahrhaben, das Unfassbare als unmöglich abtun. Doch die Vorstellung, dass sie eine Schwester gehabt hatte, überrollte sie. Es konnte nicht anders sein, da mussten Zwillinge gewesen sein, zwei kleine Mädchen, die damals im Heim darauf gewartet hatten, dass man sie mitnehmen würde. Blum war nicht allein gewesen. Eine Zeit lang zumindest. Aus irgendeinem Grund waren sie getrennt worden, Blum hatte ihre Schwester verloren und nicht mehr wiedergefunden. Man hatte sie auseinandergerissen. Mit Gewalt versuchte Blum sich zu erinnern, doch da war nichts, keine Bilder irgendwo in ihrer Erinnerung, die es erklärt hätten, nirgendwo zwei kleine Mädchen, die sich in den Armen lagen, die weinten, weil man sie auseinanderriss. Nichts. Blum war immer allein gewesen. Seit sie denken konnte, waren da nur Hagen und Herta gewesen, das Bestattungsinstitut, die Leichen. Nichts anderes.

Eineiige Zwillinge, weil es nicht anders sein konnte, weil sich jeder andere Erklärungsversuch erübrigte, wenn man die beiden Frauen anschaute, diese Ähnlichkeit, die da war. Da war kein Zweifel mehr, wie ein Wunder war es, eine Sehnsucht, die unverhofft gestillt worden war. Jemand, der vielleicht ihre Hand gehalten hatte, der mit ihr wach gelegen hatte in der Nacht. Nebeneinander in einem Bett vielleicht, flüsternd irgendwo in einem Kinderheim. Blum malte es sich aus, sie stellte es sich vor, zwei Mädchen Hand in Hand über eine Wiese, Mädchen wie Uma und Nela, zwei Kinder, die die Welt miteinander teilten. Drei Jahre lang war Blum nicht allein gewesen, drei Jahre lang hatte sie eine Schwester gehabt. Es klang verrückt, es konnte eigentlich nicht sein, aber je länger Blum hinschaute, desto sicherer war sie sich, desto mehr tat es weh, desto mehr Tränen fielen nach unten. Eine nach der anderen über ihre Wangen, sie hielt sie nicht zurück, sie konnte sich nicht mehr dagegen wehren, weil sie plötzlich vermisste, was sie nie gehabt hatte. Weil die Vorstellung unerträglich war, der Gedanke, dass sie sich kennenlernen, dass sie ein gemeinsames Leben hätten haben können. Wie sehr sie sich das immer gewünscht hatte, eine Gefährtin, jemanden, der ihr half, alles zu ertragen. Hagen, Herta, die Toten, alles. Vielleicht wäre da Liebe gewesen, Freundschaft zwischen ihr und der namenlosen Frau in der Vitrine. Vielleicht. Obwohl da Glas zwischen ihnen war, obwohl die Frau vor ihr tot war, irgendwie war sie mit ihr verbunden. Blum wollte plötzlich daran glauben, an diese Nähe, die sie spürte. Es war nicht vernünftig, nicht logisch, alles an diesem Moment war falsch, und trotzdem blieb sie vor der Vitrine stehen und starrte. Sie drückte ihre Zweifel nach unten, löschte sie aus, sie bestand auf diesem Gefühl.

Alles stand still. Keiner rührte sich, Blum nicht, die Fremde nicht, keinen Millimeter bewegte sie sich. Sosehr sie es sich auch wünschte, die Unbekannte blieb auf dem Zebra sitzen und ritt, sie starrte weiter ins Leere, ließ sich weiter von Tausenden begaffen, sie zeigte ihnen ihr pinkes Herz, schrie weiter nach Aufmerksamkeit. Drei Wochen lang noch in Wien, dann in Berlin, dann in London, ein Wanderzirkus war es, in dem sie auftrat, ein Kuriositätenkabinett des Grauens. Am liebsten hätte Blum das Glas zerschlagen und sie einfach mitgenommen, ihren Leib versteckt, sie beschützt, sie wollte ihren Brustkorb schließen, sich um ihre Wunden kümmern, sie bestatten. Sie auf einen Friedhof legen unter einen Baum. Und mit ihr reden. Ganz allein. Lange.

Über eine Stunde lang weinte sie. Bis der Museumsführer, der schon zum wiederholten Mal an ihr vorbeigekommen war, sie höflich darauf aufmerksam machte, dass sie nur noch zehn Minuten Zeit hatte. Blum musste gehen, sie zurücklassen. *Es tut mir leid, aber wir schließen. Morgen ab neun Uhr ist die Ausstellung wieder geöffnet.* Ein junger Mann, der schnell begriff, was vor sich ging, der sah, wie Blum ihre Tränen wegwischte und das Tuch vom Kopf nahm. Ihr Gesicht, das ihn nicht losließ, die Ähnlichkeit, die er sofort erkannte, die Objekte seiner Ausstellung, die ihm vertraut waren. Keine Sekunde lang musste er nachdenken, sie sah es in seinen Augen, sofort zählte er eins und eins zusammen. Die Frau, die eine halbe Ewigkeit reglos vor dieser Vitrine gestanden hatte, ihr Zittern, die Tränen, da war Trauer, da war Nähe, er schaute sie an und wusste, warum. Verunsichert wich er ihren Blicken aus, als sie ihn ansprach, es war ihm unangenehm, er wollte nichts Falsches sagen. Vorsichtig und freundlich war er. Deshalb überlegte sie nicht länger. Blum fasste sich, nahm Anlauf und sprang.

– Bitte, helfen Sie mir.
– Wie gesagt, es tut mir leid, aber wir schließen jetzt.
– Ich möchte nur mit jemandem reden, der mir etwas über diese Frau hier sagen kann.
– Das ist leider nicht möglich.
– Bitte. Ich muss wissen, wer sie ist, wo sie gelebt hat, wie sie heißt, woran sie gestorben ist. Bitte.
– Vielleicht wäre es am besten, Sie sprechen mit unserer Kuratorin.
– Schauen Sie mich an.
– Ich würde Ihnen ja gerne behilflich sein, aber ich darf nicht.
– Sie sollen mich anschauen. Kommen Sie schon, schauen Sie in mein Gesicht.
– Wir dürfen keine Auskünfte über die Körperspender geben.
– Was sehen Sie? Sagen Sie mir, was Sie sehen.
– Ich muss Sie jetzt bitten, zu gehen.
– Sie sehen es doch, oder?
– Bitte hören Sie auf damit.
– Es ist Ihnen sofort aufgefallen, stimmt's?
– Ja.

- Was sehen Sie? Bitte helfen Sie mir, ich will doch nur, dass Sie mir sagen, dass ich nicht verrückt bin.
- Wie kann es sein, dass Sie nicht wissen, wer diese Frau ist?
- Ich habe sie zum ersten Mal vor drei Tagen auf einem Foto in einer Zeitschrift gesehen. Und jetzt bin ich hier.
- Aber ich bin doch nur ein Angestellter, verstehen Sie, ich führe die Leute durch die Ausstellung, mehr nicht. Es wäre wirklich besser, wenn Sie in diesem Fall mit einem der Verantwortlichen sprechen würden. Man kann Ihnen bestimmt helfen.
- Ich möchte aber mit Ihnen sprechen.
- Aber warum denn?
- Ich werde niemandem sagen, dass Sie mit mir gesprochen haben. Kein Wort, ich verspreche es Ihnen.
- Das ist abgefahren. Sehr abgefahren ist das.
- Ja, das ist es.
- Sie müssen Zwillingsschwestern sein.
- Eine andere Erklärung gibt es nicht, oder?
- Nein.
- Sie sehen die Ähnlichkeit.
- Ja.
- Ich wurde adoptiert, als ich drei Jahre alt war. Ich wusste nicht, dass es da noch jemanden gibt. Ich hatte keine Ahnung.
- Das tut mir sehr leid.
- Wie finde ich heraus, wer sie ist?
- Ich weiß es wirklich nicht.
- Bitte.
- Die Namen der Körperspender werden nicht bekannt gegeben. Kuhn ist da sehr streng.
- Der Psychopath, der sie ausgestopft hat?

– Leo Kuhn, ja.

– Sie haben ihn kennengelernt?

– Ja, er war hier, er hat uns geschult, er hat uns alles genau erklärt, einen ganzen Tag lang, im Detail. Wie die Plastination funktioniert, wie die Präparate hergestellt werden, wie man zum Körperspender wird. Er hat sehr viel Wert darauf gelegt, dass wir die Besucher gut informieren können.

– Er kann mir sagen, wer sie ist?

– Wenn Ihnen einer helfen kann, dann er.

– Wo finde ich ihn?

– Das Körper-Kunst-Institut ist in Nürnberg. Sie bieten dort Führungen an, man kann sich alles genau ansehen. Ich denke, es wäre am besten, Sie fahren zu ihm, er wird bestimmt mit Ihnen reden.

– Warum?

– Weil er auf dieses Exponat besonders stolz war.

– Exponat?

– Tut mir leid. Er nennt es so. Er spricht auch von *Design*.

– Design?

– Ja, das pinke Herz, die Art und Weise, wie der Brustkorb offenliegt, die transplantierte Haut, die Symbiose aus Mensch und Tier, die Tätowierungen, er war sehr stolz darauf. Wir haben sehr lange davorgestanden, und er hat geredet.

– Was noch?

– Dass er nur einmal in seiner Karriere jemanden plastiniert hat, den er gekannt hat. Ich glaube, dass er die Zebrafrau gemeint hat.

– Warum glauben Sie das?

– Schauen Sie sich um. Es ist das einzige Gesicht, das er nicht verstümmelt hat.

4

Blum hätte umdrehen, sie hätte auf ihr Motorrad steigen und wieder zurück zu ihren Kindern fahren können, sie hätte einfach die Augen zumachen und es vergessen können. Alles wäre anders gekommen, sie wäre nie in den Schwarzwald gefahren, sie hätte nie gespürt, wie sich eine Zunge anfühlt, die stirbt. Ein Körper, der nicht mehr aufstehen kann. Nichts davon.

Blum hatte sich bei dem jungen Mann bedankt, ihm fünfzig Euro in die Hand gedrückt, dann war sie gegangen. Weg von Kuhns Monstern, durch die Naturhistorische Sammlung, vorbei an Mammutknochen und Fossilien, hinaus in das sommerliche Wien. Durch den Park zum Palmenhaus, sie wollte den Albtraum einen Augenblick lang ausblenden, sie wollte kurz darüber nachdenken, was passiert war. Was sie tun sollte, was es bedeutete. Seit sie das Foto gesehen hatte am Strand, fragte sie sich, ob sie vielleicht in Gefahr war, ob es etwas mit dem zu tun hatte, was sie vor der Welt verbarg, mit dem, was sie getan hatte. Blum hatte sich die verrücktesten Szenarien ausgemalt, alle anderen Erklärungen als die, dass es sich um ihre Zwillingsschwester handelte, hatten sie in Panik versetzt. Der Gedanke, dass es eine Drohung war, eine Puppe aus Plastik, die man ausgestellt hatte, um ihr zu sagen, dass sie ihre Strafe noch bekommen würde. Absurde Gedanken, die vom Tisch gewischt wurden, als Blum gesehen hatte, was da hinter dem Glas war. Niemand wusste, was vor zwei Jahren passiert war, Blums Leben war nicht in Gefahr, sie war überzeugt davon, als sie sich in einen Liegestuhl setzte und Weißwein bestellte. Angst fiel von ihr ab, Erleichterung mischte sich mit der Trauer, die sie empfand. Blum trank einen langen Schluck und machte die Augen zu. Sie haderte, zögerte, wollte die Entscheidung, was sie tun sollte, hinauszögern. Abwägen, was vernünftig war, was notwendig.

Nur eine unbekannte Frau war es, eine Verrückte, die Ja gesagt hatte zu diesem Irrsinn, die ihr Einverständnis dazu gegeben hatte, sich ausstopfen, sich entstellen und ausstellen zu lassen, ein Freak, eine völlig Fremde, die nichts mit Blum zu tun hatte. Freiwillig saß sie auf dem Zebra, wahrscheinlich hatte sie es sich sogar ausgesucht, das Tier, mit dem sie gekreuzt werden und auf dem sie reiten sollte. Blum spürte tief in sich, dass es wahrscheinlich ein Fehler war, weiterzufragen, tiefer zu bohren, mehr erfahren zu wollen. Trotzdem tat sie es, dachte weiter, auch wenn sie es widerlich fand, was dort im Naturhistorischen Museum ausgestellt wurde, sie wollte mehr wissen, sie wollte die Geschichte der Unbekannten kennenlernen, sie wollte etwas über diese drei Jahre erfahren, von denen sie nichts wusste. Ihre eigene Vergangenheit, die mit dieser Frau verbunden sein musste, sie schrie so laut, dass Blum es nicht ignorieren konnte. *Du kannst jetzt nicht nach Hause fahren. Du musst nach Nürnberg, du musst mit diesem Arschloch reden, du musst herausfinden, wer sie war, ob er sie kannte. Du musst, du hast keine andere Wahl.* Blum bestellte sich noch ein Glas Weißwein und trank.

Sie beschloss, über Nacht in Wien zu bleiben, sie wollte in Ruhe überlegen und dann entscheiden. Innsbruck oder

Nürnberg. Zurück zu ihren Kindern, oder eintauchen in eine fremde Welt und ihre Neugier stillen, herausfinden, was da gewesen war. Warum sie nicht zusammengeblieben waren, warum man sie getrennt hatte. Etwas in Blum wollte wissen, wie ihr Leben hätte aussehen können auf der anderen Seite. Wenn Hagen den anderen Zwilling bekommen hätte, wo sie dann gelebt hätte, ob andere Eltern Umarmungen für sie gehabt hätten, Liebe. Blum malte es sich aus, dass sie vielleicht glücklich gewesen wäre. Dass sie niemanden getötet hätte, wenn das Schicksal sie damals irgendwo anders hingeschickt hätte. Alles wäre nie passiert, Hagen und Herta wären nicht vor der kroatischen Küste ertrunken, die fünf Männer, die Mark auf dem Gewissen hatten, wären noch am Leben. Keiner hätte sterben müssen. Nichts von all dem wäre passiert, gar nichts, Blum hätte einfach ein anderes Leben gehabt, ein besseres, vielleicht. Je mehr sie darüber nachdachte, desto besessener wurde sie von dieser Vorstellung, die mit jedem Glas Wein schöner wurde.

Bis zur Sperrstunde blieb sie sitzen. Dann legte sie sich in ein Hotelbett in der Nähe des Museums. Durcheinander war sie, da waren so viele Gefühle in ihr zur selben Zeit, Tränen, Anspannung, Blum versuchte zu schlafen, aber es ging nicht. Die halbe Nacht lag sie wach, wenn sie einnickte, schreckte sie kurze Zeit später wieder auf, zu viel war alles, die Vorstellung, dass ihre Schwester nur zweihundert Meter weiter in einer Vitrine saß, dass vielleicht irgendwo die kleine Möglichkeit auftauchen könnte, die Familie dieser Frau kennenzulernen. Dass es sein konnte, dass diese Menschen etwas darüber wussten, wo sie herkam, wer ihre leiblichen Eltern waren, wo sie geblieben waren, warum sie ihre Kinder weggegeben hatten. Blum hatte ein Leben lang darüber nachgedacht, warum sie es getan hatten, warum sie im Kinderheim gelandet war. Ob ihre Eltern bei einem Unfall gestorben waren, ob sie drogensüchtig oder gewalttätig gewesen waren, ob man ihnen die Kinder weggenommen hatte, ob es eine jugendliche Mutter gewesen war, die sich nicht in der Lage gesehen hatte, ein Kind großzuziehen. So viele Antworten waren möglich, doch noch nie waren diese Antworten so nahe. Blum wollte die Wahrheit hören, es gab so viele unerfüllte Wünsche in ihr, so viele unberührte Stellen auf ihrer Haut, dieses Gieren nach Liebe, mit dem sie aufgewachsen war, diese unbändige Sehnsucht nach einer anderen Familie als der, in der sie gelitten hatte. Die Enttäuschung darüber, dass es ihr verwehrt geblieben war. Dieses kleine bisschen Glück.

Kurz bevor es hell wurde, stand Blum auf. Mit einem flauen Gefühl im Bauch und leichtem Kopfweh fuhr sie durch das morgendliche Wien, bis zur Autobahnauffahrt überlegte sie noch, doch dann bog sie ab Richtung Nürnberg. Die Kinder waren versorgt, es ging ihnen gut, sie würde bald wieder zurück sein. Nur mit ihm reden, nur herausfinden, wer sie war. Vier Stunden Fahrtzeit waren es, sie musste diesen Kuhn dazu bringen, ihr weiterzuhelfen, sie durfte keine Zeit verlieren. Kurz blieb sie noch an einer Tankstelle stehen, trank Kaffee und googelte ihn, Leo Kuhns Körper-Kunst, das Labor, die Adresse. Dann stieg sie auf das Motorrad und gab Vollgas. Blum wollte die Leichenfabrik sehen, den Bunker, in dem all die Freiwilligen lagerten, bevor sie mit Plastik vollgepumpt und zerschnitten wurden. Das Körper-Kunst-Institut, Wirtschaftsfaktor, Arbeitgeber, gehasst und geliebt, besucht von Tausenden. Weil alle es sehen wollen. Was ist, wenn man tot ist. Wie Leichen aussehen. Kurz der eigenen Angst begegnen, einen Albtraum sehen, für einen Augenblick lang das Grauen spüren, dem Tod überlegen sein, ihn unter Kontrolle wissen. Kuhn machte es möglich, er spielte mit ihm, Leo Kuhn machte sich lustig über den Tod. Ein Künstler, der sich über alle Grenzen hinwegsetzte, um Neues zu schaffen. Oder nur ein Arschloch, Blum wusste es nicht, sie wusste nur, dass er reich damit geworden war und dass sie ihn bald treffen würde. Dass er ihr vielleicht sagen würde, ob er die Frau auf dem Zebra wirklich gekannt hatte. Er würde ihr sagen, wo sie gelebt hatte und mit wem. Und warum sie tot war. Blum hoffte es, sie betete darum, sie malte sich die Szenarien aus, in denen sie mit ihm redete. Freundlich wollte sie sein, ihn nicht verurteilen, ihn nicht abschrecken, Blum wollte nur diese Informationen, alles andere war nicht wichtig. Dass sie es abartig fand, was er machte, dass sie ihn eigentlich dafür hasste, was er den Toten antat. Sie wollte nur einen Namen, eine Adresse vielleicht. Irgendetwas.

Fahrtwind. Blum fuhr zu schnell. Viel zu schnell. Sie wollte nicht mehr nachdenken, sie wollte einfach nur bei der alten Wollspinnerei ankommen, das Motorrad abstellen und ihre Fragen stellen. Keine Zweifel, ob es richtig war, was sie tat, keine Angst, dass er vielleicht nicht da sein, dass er sie nicht empfangen könnte, dass sie vielleicht den ganzen Tag auf ihn warten musste. Dass er vielleicht gar nicht in Deutschland war. Blum fuhr einfach, dreieinhalb Stunden lang Freiheit, ein Ritt ins Ungewisse, ein Ziel, das sie nicht kannte. Das alte Gebäude aus Backstein, Glas und Metall, das riesige Firmenschild, das ihr sagte, dass sie angekommen war. Ein imposanter Eingangsbereich, alles glänzte und strahlte. Las

Vegas, dachte Blum, die Show begann hier, Kuhn wollte den Lemmingen, die durch seine Produktionshallen geschleust wurden, schon beim Betreten etwas bieten, er wollte ihnen ein gutes Gefühl geben, dem Tod das Grauen nehmen. Glitzer, bunte Fahnen, alles erinnerte an einen Zirkus, an ein altes Spiegelzelt aus den Zwanzigerjahren. Fast schön war es, Blum parkte und schaute. Das Institut öffnete erst in dreißig Minuten, alle Türen waren verschlossen, niemand hörte ihr Klingeln, das Gebäude schien leer. Sosehr Blum auch brannte, sie musste warten, sie stöberte weiter im Netz, sie legte sich ins Gras und las über Kuhn, seinen Lebenslauf, über seine künstlerische Intention, völlig verrückte Erklärungen für das Unfassbare, Rechtfertigungen, leidenschaftliche Brandreden für das, was er tat. Blum starrte auf ihr Smartphone und hasste ihn. Den Mann, der dieser Frau den Brustkorb aufgeschnitten und ihr das angetan hatte, der ihr Herz pink angemalt und ihr die Haut abgezogen hatte. Sie googelte weiter, sie sah Bilder von ihm, sah den Totenmagier bei Ausstellungseröffnungen, den Designer im blauen Kittel bei der Arbeit, bei Interviews. Es gab Hunderte Fotos von ihm, und dann plötzlich war er ganz nah. Von einem Moment zum anderen. Leo Kuhn.

Ein roter Ferrari, der in die Einfahrt kam. Schicksal, dachte Blum. Nur sie und er vor dem großen Gebäude, sein Gesicht hinter der Scheibe, ein attraktiver Mann, der aus dem Wagen stieg. Es war so einfach, wie ein Geschenk war es, Blum musste ihn nicht suchen, nicht darum bitten, dass sie ihn zu Gesicht bekam, Zufall war es, aus irgendeinem Grund passierte es einfach, Kuhn kam auf sie zu.

So wie auf den Bildern im Netz, perfekt gekleidet, Leinen-

hose, weißes Hemd, Hosenträger, in polierten Lederschuhen
ging er an Blum vorbei zum Eingang. Kuhn schien in Gedanken, er nahm die Frau, die da im Gras saß, gar nicht wahr,
bemerkte nicht, dass sie aufstand und hinter ihm herschlich.
Erst als sie sanft ihre Hand auf seine Schulter legte, drehte er
sich um. Er war gerade dabei, den Code in das Schloss an der
Eingangstür zu tippen, als Blum ihn berührte. Sie wollte ihm
wortlos begegnen, nur sein Gesicht sehen, seine Augen, wenn
er sie zum ersten Mal sah. Blum wollte wissen, was es mit ihm
machte, sie war sich sicher, dass sie es sehen konnte, wenn
er diese Frau in der Vitrine tatsächlich gekannt haben sollte.
Das Exponat und sein Schöpfer.

Kuhn. Er spürte ihre Hand und drehte sich um. Nur eine
Sekunde lang brauchte er, um die Situation zu erfassen, das
Gesicht, das vor ihm stand, zu erkennen. Kuhn wich erschrocken zurück, alarmiert, seine Augen musterten sie, seine Blicke gingen von oben nach unten. Er hatte sie erkannt, Blum
war sich sicher. Fast taumelte er. Kurz, ganz kurz nur, verlor
der göttliche Kuhn die Fassung.

– Gehen Sie weg.
– Geht leider nicht.
– Sie sollen weggehen.
– Nein.
– Was wollen Sie von mir? Wer sind Sie?
– Ich muss mit dir reden, Leo.
– Wer sind Sie?
– Aber das weißt du doch.
– Das ist nicht möglich.
– Doch, Leo.

- Nein.
- Mir war langweilig in meiner Vitrine.
- Aufhören. Gehen Sie weg.
- Ach, komm schon, Leo. Ich dachte, du freust dich, mich wiederzusehen.
- Wer sind Sie?
- Mein pinkes Herz schlägt wieder, Leo.
- Schluss jetzt, das ist doch Unsinn. Ich kenne Sie nicht, und ich habe keine Ahnung, was Sie von mir wollen.
- Bist du dir sicher?
- Definitiv. Wie auch immer Sie das gemacht haben, es hat nichts mit mir zu tun.
- Was soll ich gemacht haben?
- Diese Ähnlichkeit.
- Einen Moment lang haben Sie daran geglaubt, stimmt's? Ich habe es in Ihren Augen gesehen.
- Ist das eine dieser Sendungen mit versteckter Kamera? Wollen Sie mich vorführen?
- Nein, keine Kameras, ich will nur mit Ihnen reden.
- Worüber?
- Über die Frau auf dem Zebra.
- Die Ähnlichkeit ist wirklich verblüffend.
- Sie kannten sie.
- Ja, ich kannte sie.
- Wer war sie?
- Das wissen Sie nicht?
- Nein.
- Was soll ich sagen. Irgendwer hat hier wohl ein Kaninchen aus dem Hut gezaubert. Etwas Großartiges scheint sich hier abzuzeichnen. Sie werden zweifelsohne das Highlight meines Tages werden.

– Ich bin nicht hier, um Sie zu unterhalten.

– Ob Sie es wollen oder nicht, Sie tun es bereits. Mich hat schon lange nichts mehr so begeistert. Fantastisch ist das. Ich wusste nicht, dass Björk eine Schwester hat.

– Björk?

– Ja.

– Ich wusste nicht, dass sie so heißt. Ich weiß gar nichts über sie. Deshalb bin ich hier.

– Möchten Sie frühstücken?

– Ich möchte wissen, wie sie gestorben ist.

– Alles mit der Ruhe, kommen Sie mit in unser Café, wir machen es uns gemütlich und unterhalten uns. Hier entlang, bitte.

– Kannten Sie Björk gut?

– Sie war die Schwester meines besten Freundes.

– Sie hatte einen Bruder?

– Ja. Ingmar.

– Wo finde ich ihn?

– Wir sollten die ganze Sache nicht zu stürmisch angehen, das ist auch für mich alles sehr außergewöhnlich. Ihr Besuch, Ihr Aussehen, dass Sie jetzt vor mir stehen und nach Björk fragen.

– Sie werden mich nicht mehr los, bevor ich nicht alles weiß.

– Ich werde Ihnen gerne weiterhelfen, ich muss aber trotzdem darauf bestehen, dass Sie den ersten Stein werfen.

– Wie meinen Sie das?

– Sie erzählen mir erst mal, wer Sie sind, wo Sie herkommen, warum Sie nichts über Björk wissen. Wie das alles sein kann. Zuerst Sie, und dann erzähle ich.

– Von mir aus.

– Nehmen Sie den Kaffee mit Zucker?

- Ohne.
- Dann legen Sie mal los.
- Mein Name ist Blum.

5

Zwei Stunden lang war sie allein mit ihm. Nur was er sagte, war wichtig, nur sein Mund, auf den sie starrte, seine Hände, wenn er die Dinge beschrieb. Blum stillte ihre Neugier, sie saugte alles auf, was er ihr erzählte, jede kleine Information war wie ein Geschenk, ein Schlüssel zu bisher versperrten Türen. Blum machte sie auf, eine nach der anderen, sie betrat neue Räume, spannend war es, aufregend. Kuhn nahm sich Zeit, es machte ihm sichtlich Freude, das Staunen in Blums Gesicht zu sehen. Aufmerksam war er und höflich. Mit allem hatte sie gerechnet, aber nicht damit, dass dieser Mann, der Kunstwerke aus Leichen machte, ihre Sympathie gewinnen würde, dass er charmant war, sie umgarnte. Kuhn saß da und hörte ihr zu, er interessierte sich für ihren Beruf, er zeigte sich begeistert, dass auch sie mit Toten zu tun hatte. Blum musste ihm ihre Welt öffnen, er wollte wissen, mit wem er es zu tun hatte, was er ihr sagen konnte und was nicht.

Ein Leben im Schnelldurchlauf war es. Hagen, Herta, das Bestattungsinstitut, die Kinder, Mark. Wie sie nach Nürnberg gekommen war, Blum war ehrlich, weitgehend jedenfalls, sie wollte, dass er ihr vertraute, sie brannte darauf, mehr zu erfahren, über Björk, über den Bruder, sie beantwortete eine Frage nach der anderen. Bis Kuhn zufrieden war und den Sack mit den Süßigkeiten endlich öffnete. Zuerst sprach er über seine Exponate, darüber, wie sein Vater das Unternehmen gegründet hatte. Dass er mit medizinischen Präparaten begonnen hatte und dass er dann, wie so viele andere zu dieser Zeit auch, ganze Körper präpariert und sie ausgestellt hatte. Das Plastinieren von Menschen, die Neugier von Millionen Besuchern, die dem Tod ins Gesicht schauen wollen. Ein gutes Geschäft war es früher gewesen, doch irgendwann waren die Besucherzahlen eingebrochen, Kuhns Vater war gestorben, und die Firma hatte nach einer Neuausrichtung geschrien. Irgendetwas hatte passieren müssen, damit das Schiff nicht untergehen würde. Kuhn musste einen neuen Weg gehen, mit Leidenschaft hatte er das Ruder herumgerissen und das Unternehmen modernisiert. Der Kunststudent hatte alles auf den Kopf gestellt, ein steiler Aufstieg war es gewesen, die ganze Welt hatte irgendwann nach Nürnberg geschaut, ein Skandal hatte den nächsten gejagt. *Kuhns Körper-Kunst.* Von Anfang an war es ein Magnet gewesen, Kuhn hatte gewusst, dass der Voyeurismus der Menschen noch viel weiter ging, dass sie bereit waren, mehr zu sehen, tiefer zu tauchen. Dass jede Grenze ohne große Mühe überschritten werden konnte. Ein Welterfolg war es, Kuhns Ausstellungen wanderten seit Jahren von Stadt zu Stadt, überall fanden sich Freaks, die sich anschauten, was Kuhns Fantasie entsprungen war, der Mensch war nur noch Rohstoff, Material, mit dem der Künstler arbeitete. Und trotzdem war es das Grauen, das sie anzog, die Tatsache, dass es ganz normale Menschen gewesen waren früher. Das Leben, und was danach passierte. Horror im Mantel der Kunst.

Sie liebten ihn. Und sie hassten ihn. Kuhn musste mit Anfeindungen und Todesdrohungen leben, aber er hatte weitergemacht. Kuhn holte weit aus, er erzählte mehr, als Blum hören wollte, immer wenn sie versuchte, zu Björk und ihrer Familie überzuleiten, stoppte er sie. Kuhn nahm sich Zeit, er wollte, dass Blum verstand, was er machte, worum es ihm ging. Er wollte, dass Blum ihn mochte, dass sie aufhörte, ihn dafür zu verurteilen, was er machte. Verständnis wollte er, Nähe. *Ich behandle die Toten mit Respekt*, sagte er. *Ich mache nur das, wozu die Spender ihr Einverständnis gegeben haben, es geht im Grunde darum, gemeinsam ein Bild zu malen. Die Wünsche der Spender ernst zu nehmen, jeder kann sich sein Traumszenario ausmalen. Und ich bemühe mich, es umzusetzen. Ganz im Sinne der Verstorbenen.* Ein Magier, dachte Blum. Er schaffte es, sie davon zu überzeugen, dass nichts Schlechtes an dem war, was er machte. Dass es ihm um die Verbindung zwischen Wissenschaft und Kunst ging, um Wissensvermittlung und Schaffen. Kuhn war charismatisch, ein Teufel, jedes Mal, wenn er merkte, dass Blum zum Gegenschlag ausholen wollte, gab er ihr recht, widerlegte im selben Moment aber, was sie sagen wollte. Blum staunte. Und trotzdem konnte sie ihre Neugier kaum im Zaum halten. Als Kuhn kurz abgelenkt war, weil eine Mitarbeiterin mit einer Frage zu ihm kam, scherte Blum aus und überholte.

– Sie wollten mir doch weiterhelfen.
– Das mache ich doch.
– Bis jetzt haben wir fast nur über Ihre Freakshow geredet.
– Es ist mir nicht entgangen, dass Sie ein bestimmtes Interesse daran haben. Deshalb dachte ich mir, ich gebe Ihnen ein paar kurze Einblicke in meine Welt.
– Von mir aus ist es jetzt genug.
– Geduld, meine Liebe.
– Zu Hause warten zwei Kinder auf mich.

– Dann sollten Sie besser Bescheid geben, dass Sie noch ein oder zwei Tage unterwegs sein werden.

– Werde ich das?

– Ich bin überzeugt davon.

– Warum?

– Ich habe Ihnen doch erzählt, dass ich in Berlin Kunst studiert habe.

– Fangen Sie jetzt wieder von vorne an?

– Ingmar war mein Studienkollege.

– Björks Bruder?

– Ja.

– Aber Björk wurde doch adoptiert.

– Ja, Ingmars Eltern konnten keine Kinder bekommen, deshalb haben sie Björk zu sich geholt. Zwei Jahre später kam aber Ingmar auf die Welt. Doch noch ein leibliches Kind. War wohl wie ein Wunder damals.

– Wo finde ich ihn?

– Im Schwarzwald.

– Wo genau?

– Ich werde Sie hinbringen.

– Das müssen Sie nicht.

– Sie werden es mir nicht glauben, aber ich muss heute sowieso dorthin. Ingmars Vater wird siebzig, er hat ein großes Fest für den Alten organisiert. Wenn das keine göttliche Fügung ist.

– Sein Vater lebt noch?

– Sie werden Alfred heute noch kennenlernen.

– Das geht doch nicht.

– Warum nicht? Sie müssen keine Angst haben, das sind alles sehr angenehme Menschen.

– Ich kann doch nicht einfach dort auftauchen.

– Sie kommen in meiner Begleitung, das wird bestimmt eine
  unvergessliche Überraschung.
– Ich muss mehr wissen.
– Sie werden alles erfahren, nur mit der Ruhe.
– Wie ist Björk gestorben?
– Das sollte Ingmar Ihnen sagen.
– Was ist mit der Mutter?
– Sie ist gestorben, als Ingmar neun war.
– Wie?
– Wie gesagt, ich bin mir sicher, Ingmar wird sich sehr
  freuen, Ihnen alles zu erklären.
– Warum diese nordischen Namen?
– Die Mutter der beiden war Schwedin.
– Und Björk? Wie war sie?
– Lassen Sie uns einfach hinfahren.
– Sie sagten, Sie erzählen mir, was ich wissen will.
– Das mache ich doch.
– Wie sie war, will ich wissen.
– Sie war wundervoll.

Kuhn verschwieg ihr etwas. Blum war sich sicher. So viel
Angst hatte sie. Vor dem, was er nicht sagte, was er zurück-
hielt, nackt war sie, hilflos, ungeschützt. Kuhn wand sich, versuchte auszuweichen, viele Antworten, die er hatte, wollte er
für sich behalten, er vertröstete sie, nur kleine Happen warf er
ihr hin. Obwohl Blum zwei Stunden mit ihm in diesem Café
saß, hielt er sich bedeckt. Nur über die grundlegenden Dinge
sprach er, keine Details, immer wieder kam derselbe Satz aus
seinem Mund. *Das wird Ihnen die Familie beantworten. Wenn
wir gleich losfahren, sind wir in drei Stunden dort. Es ist besser, wenn Ingmar Ihnen alles erzählt, ich möchte ihm nicht vor-*

greifen. Nur ein bisschen Geduld noch. Er informierte sie nur über das Nötigste, über alles andere schwieg er. Aber die Aussicht, dass sie in wenigen Stunden schon die Familie dieser Frau kennenlernen würde, besänftigte sie. Kuhn gab ihr das Gefühl, dass alles gut werden würde, dass sie bald alles erfahren würde. Nur einmal noch auf das Motorrad steigen, dann würde sich diese Welt offenbaren. Die Antworten, nach denen sie suchte, waren ganz nah. Blum vertraute ihm, Kuhn war ihr Freund in diesem Moment, sie ließ sich führen von ihm, egal, ob er Brustkörbe aufschnitt und Organe bemalte, sie nickte, als er sie aufforderte loszufahren. *Der Schwarzwald ist wirklich schön um diese Jahreszeit. Lassen Sie uns keine Zeit verlieren, die Vergangenheit wartet auf Sie.* Kuhn lächelte. Blum lächelte zurück, anstatt ihn anzuspucken. Sie folgte ihm einfach, tat, was er sagte, irgendwie fühlte es sich richtig an. Keine Zeit mehr zu verlieren, loszufahren, tiefer zu tauchen. Ohne weitere Worte setzte sie ihren Helm auf und gab Gas.

Ein schwarzes Motorrad und ein roter Ferrari. Einfach so zwei Punkte von oben. Eine Landstraße im Sommer, Asphalt und Sonne, eine Fahrt ins Ungewisse. Sie war einfach aufgestiegen und losgefahren, Blum überlegte nicht mehr, ob es klug war oder nicht, sie hatte keine Wahl mehr, gierig fuhr sie hinter Kuhn her. *Kommen Sie schon, je früher wir dort sind, desto besser.* Auf dem Weg in ein fremdes Leben. Björks Familie, der Bruder, der Vater. Blum sollte sie kennenlernen, sie sollte mit Leo Kuhn die Welt ihrer Schwester betreten, das Festzelt, in dem ihr Vater Geburtstag feierte. Der Mann, der Björk adoptiert hatte, ein völlig Fremder, dem sie in zwei Stunden die Hand schütteln, mit dem sie über alles reden sollte. Ganz nah, diese Familie, die die ihre hätte sein können. Ein Vater, der nicht von ihr verlangt hätte, toten Menschen die Nägel zu feilen, Watte in ihren Anus zu schieben. Ein ganz normales Leben wäre es vielleicht gewesen. Blum donnerte über den Asphalt und stellte es sich vor, laut und bunt träumte sie und fuhr dem roten Ferrari hinterher. Kuhn und Blum, sie ließ sich nicht abschütteln, sie spielte sein Spiel mit, ein Wettrennen war es. Hundertachtzig Stundenkilometer und die Hoffnung, dass sie willkommen war, dass die Menschen, auf die sie treffen würde, herzlich waren. Dass Blum sie mögen würde. Dass sie mehr erfahren würde, als Kuhn ihr erzählt hatte. Viel mehr.

Was hinter ihr lag. Was auf sie zukommen sollte, wenn sie gleich parken würde. Wenn sie absteigen, den Helm abnehmen, sich zeigen würde. Blum hatte Angst davor, mit zweihundertzwanzig Stundenkilometern in diesem anderen Leben anzukommen, kurz vor dem Ziel wäre sie so gerne stehen geblieben und hätte umgedreht. Wie leicht es gewesen wäre, zurück zu ihren Kindern zu fahren, so zu tun, als wäre nichts passiert. Nichts wissen, nicht auf dieser Landstraße dahinrasen, mitten in diesen Wäldern alles abbrechen, ihre Neugier ersticken. Keine Bäume, einfach weitermachen, dieses Bild vergessen, das Foto, die Frau in der Vitrine, Björk. Mit ihrem Leben zufrieden sein, wie es war, die Augen zumachen im Garten, lange einfach unter dem Apfelbaum liegen, glücklich sein. Blum dachte eine Sekunde lang darüber nach, aber sie entschied sich dagegen, sie drehte nicht um, sie blieb nicht stehen. Mit dem Kopf voraus sprang sie ins kalte Wasser, in Serpentinen fuhr sie einen letzten Hügel hinauf, noch zwei Minuten durch dichten Wald, dann öffnete sich plötzlich der überwältigende Blick.

Blum bremste. Was sie sah, nahm ihr die Luft. Anstatt weiter hinter Kuhn herzufahren, blieb sie stehen, sie stieg ab. Blum stand auf dem Hügel und schaute hinunter auf das Anwesen. Was ihr Kuhn erzählt hatte, war untertrieben, eine Lüge fast. Von einem Hotel in schöner Lage hatte er gesprochen, was sich aber vor Blum auftat, war weit mehr als das. Ein Koloss mitten auf einer Lichtung, ein riesiges Gebäude, ein Ungetüm, Hunderte Balkone, mindestens zehn Stockwerke, Tennisplätze, Pools, ein Park, Personalhäuser. Eingebettet in die Natur stand es da. Das Haus, in dem Björk aufgewachsen war, die Heimat ihrer Zwillingsschwester. Ein Paradies. Das *Solveig*.

Ein nordischer Mädchenname, der von weitem lesbar war. In großen Lettern stand der Name von Björks Mutter auf dem Dach des Hauses. Solveig. *Ich wollte, dass Sie es mit eigenen Augen sehen. Ist in der Tat jedes Mal wieder beeindruckend, wenn ich hierherkomme.* Kuhn war zurückgekommen, er stand neben ihr und schaute mit ihr hinunter auf das Hotel. Er ließ ihr Zeit, sich an dieses Bild zu gewöhnen, ruhig und gelassen erzählte er ihr, wie alles gekommen war. Während Blums Augen sich nicht sattsehen konnten, sprach Kuhn von Alfred und Solveig. Das andere Ehepaar, das vor vierunddreißig Jahren ein Kind aus dem Waisenhaus geholt hatte. Eine Schwedin, die Mutter geworden war und einem Hotel ihren Namen gegeben hatte. *Sie ist vor fünfundvierzig Jahren nach Deutschland gekommen und geblieben. Die große Liebe war es, sie und Alfred haben sich gefunden damals. Das ganze Land hat über sie berichtet, über die Eröffnung des Hotels, über den Palast zwischen den Bäumen.* Kuhn erklärte ihr, dass das Projekt durchaus umstritten gewesen war, dass sich Alfred Kaltschmied aber durchgesetzt hatte, er hatte sich von den anderen abheben und etwas noch nie Dagewesenes schaffen wollen, etwas Monumentales. *Fünf Jahre lang haben sie gebaut*, sagte Kuhn, er beantwortete alle Fragen, die Blum einfielen. Wie groß das Grundstück war, wie viele Zimmer das Hotel hatte, warum es so verlassen wirkte. *Zweihundert Hektar. Sechshundert Betten. Betriebsurlaub.* Blum sah kein Wasser in den Pools, keine Menschen auf den Balkonen, niemanden in dem großen Park und auf den Terrassen. Nur auf der Wiese unterhalb der Personalhäuser tummelten sich Hunderte Festgäste, eine Blasmusikkapelle spielte, überall Stehtische, ein riesiges Buffet, Bars und ein überdimensionales Zelt, falls es zu regnen beginnen würde. *Alfred wird siebzig heute*, sagte Kuhn. *Auch wenn er es hasst, zu feiern, Ingmar hat es sich nicht nehmen lassen. Sie können sich ja vorstellen, dass so eine Vater-Sohn-Beziehung nicht immer ganz einfach ist, deshalb ist es umso reizender, dass Ingmar den guten Alfred mit diesem kleinen Fest hier überrascht.* Kuhn grinste. Blum nickte nur. Beinahe musste sie sich übergeben.

Das hier wäre die Alternative gewesen. Björk war hier aufgewachsen, sie hatte in einem Park mit einem künstlich angelegten Teich gespielt und nicht in einem Kühlraum mit Leichen. Wie es Blum mit einem Mal wieder einfiel, die unzähligen Stunden mit den Toten allein, ihre kindliche Neugier, die sie damit stillen musste, toten Menschen Nadeln in die Haut zu stechen, ihnen mit einem Feuerzeug die Haut zu versengen, weil sie sehen wollte, ob sie sich bewegen würden, ob sie tatsächlich keinen Schmerz mehr empfanden. Keine Außenpools, keine Minigolfanlage, keine Hundertschaft an Mitarbeitern, mit denen sie hätte reden können. Blum hatte nur ihre Leichen gehabt. Keine Gäste aus aller Herren Länder, kein Besuch in der alten Villa, keine Freunde der Eltern, auf deren Schoß sie hätte sitzen können, nur Angehörige mit Tränen in den Augen, nur diese Sehnsucht nach Liebe und Berührung. Kein Herumtollen im Wald, keine Solveig, kein Alfred, keine Kindheit. Nur das Bestattungsinstitut. Nichts sonst. Gar nichts.

Blum war wütend. Ohne Worte enttäuscht. Kuhn stand neben ihr. Als könnte er ihre Gedanken lesen, legte er seinen Arm um sie. *Lassen Sie uns dem Teufel in die Augen sehen und eine Flasche Wein zusammen trinken. Das wird uns jetzt guttun.* Dann schob er sie zu ihrem Motorrad und klopfte ihr auf die Schulter. *Sie schaffen das, ich bin bei Ihnen.* Dankbar schaute sie ihn an, drehte den Schlüssel und fuhr den Hügel hinunter.

6

Drei Stunden hatte sie geschlafen, dann war sie aufgewacht. Ein Traum hatte sie gequält, sie saß aufrecht im Bett und sah es vor sich. Die Bilder von damals, alles, was sie getan hatte. Es war so, als würde es noch einmal passieren, ganz nah war es, der Priester, der um sein Leben bettelte, wie er log. Einer der Mörder ihres Mannes. Wie sie ihm den Kopf abtrennte, ihn einfach abschlug. Wie der Kopf nach unten fiel. Wieder und wieder hörte Blum das Geräusch, als der Schädel auf dem Boden aufschlug, es war wie der Ton eines Weckers, den man nicht ausstellen kann. Das dunkle Geheimnis, das dunkle Geheimnis, das sie vor der Welt verbarg, hatte sie aus dem Schlaf gerissen. Obwohl Blum gedacht hatte, dass es nicht noch schlimmer werden konnte, als es noch vor ein paar Stunden gewesen war, diese Bilder von damals überdeckten kurz alles, was am Abend passiert war. Blum sah nur den Kopf des Priesters, den sie in einen Plastiksack stopfte, seinen Leib, den sie verschwinden ließ. Überall war Blut, es war ein Traum, der keiner war, ein Traum, der noch mehr wehtat als Ingmar und Alfred, als der Alkohol, der in ihr wütete. Sechs Stunden nachdem Blum ins Bett gegangen war, wünschte sie sich einmal mehr in ihrem Leben ein einfaches Ende. Tot zu sein, weil das Leben zu schwer war.

Blum wollte alles auslöschen, nicht weiterträumen, die Vergangenheit, die so nah war, machte ihr Angst. Allein war sie.

Mit dem, was sie getan hatte. Allein im *Solveig*. Blum schlug sich ins Gesicht, sie hasste sich, sie wollte irgendwo anders sein, nicht hier, sie wollte, dass es hell wurde, wollte nüchtern sein, zurückfahren zu den Kindern, zurück in ihre Welt. Wieder so tun, als wäre nichts passiert, weg aus dem Schwarzwald, weg von diesen Menschen, einfach auf ihr Motorrad steigen und verschwinden. Irgendwohin, wo alles gut war, ohne ein weiteres Wort, nie wieder zurückkommen, sie wollte alles, was passiert war, aus ihrem Gedächtnis streichen, den Abend, den zitternden alten Mann, seinen blutleeren Sohn, die Zebrafrau. Es ausradieren, jeden Gedanken daran. Weil es sie wehrlos machte, hilflos.

Blum im Personalhaus. Blum betrunken in einem fremden Bett, die Hoffnung, die da gewesen war, lag in Trümmern. Was sie sich gewünscht hatte, war nicht in Erfüllung gegangen, nichts davon. Am Ende war es nur der Wein gewesen, der den Abend erträglich gemacht hatte, das Festzelt, die wunderschön gedeckten Tische, der Blumenschmuck und die Musik. Alles war so gewesen, als hätte jemand geheiratet, ein wundervolles Sommerfest mitten im Wald war es gewesen, Alfred Kaltschmieds Geburtstag, ein Ereignis. Ein Überraschungsfest für den großen Förderer der Region, für den Visionär, der vor zwanzig Jahren Geld und Arbeitsplätze gebracht hatte, eine Ehrerbietung war es gewesen. Sie hatten ihn gefeiert, ob er wollte oder nicht, Alfred Kaltschmied hatte im Mittelpunkt gestanden. Widerwillig, gnädig, Blum hatte ihn lange beobachtet, bevor sie zu ihm gegangen war.

Aufgeregt im Sommerkleid. Sie hatte sich noch umgezogen, dann mischte sie sich mit Kuhn unter die Gäste. Sie war dankbar, dass er bei ihr war, nebeneinander streiften sie durch die Menschenmenge, das Fest war in vollem Gange. Alles schien gut zu gehen, auch wenn Blum sich kurz wunderte, warum auf der Wiese gefeiert wurde und nicht auf der imposanten Terrasse des Hotels, alles fühlte sich richtig an. Lachende Gesichter, Champagner und Alfred. Was Kuhn behauptet hatte, woran Blum naiverweise geglaubt hatte, es hätte einfach passieren können. Sie hätte Ingmar und Alfred kennengelernt, und Tusch, mit einer Fanfare wäre sie in die Familie aufgenommen worden. Das Drehbuch für den Abend hatte sich wunderbar gelesen, Blum war nervös, aber zuversichtlich gewesen. Sie lächelte. Schaute sich gierig um und drückte den Schauer, der in ihr aufstieg, immer wieder nach unten.

Alfred Kaltschmied. Blums Augen folgten ihm, sie wollte die erste Begegnung noch kurz aufschieben, einmal noch einatmen, ausatmen. Blum trug ein Kopftuch und eine Sonnenbrille, einen Augenblick lang noch verbarg sie sich, zwischen Fremden war sie nur eine Frau an Kuhns Seite. Keiner ahnte etwas, niemand wusste, wer sie wirklich war, was sie hier wollte, Blum stand einfach nur da. Schaute ihn an. Björks Vater, der Mann, der ihre Schwester adoptiert hatte. In einem beigen Sommeranzug unterhielt er sich, am Rande der Menschenmenge, ein gebrochener Mann. Blum saugte alles auf, jede Bewegung, jede Geste, seine Scham und wie er versuchte, sein Zittern zu verbergen, wenn er das Glas hob. Alfred Kaltschmied wollte nicht, dass man es sah, verstohlen gingen seine Blicke nach links und rechts, wenn er den Suppenlöffel zum Mund führte. *Parkinson*, hatte Kuhn gesagt, der schleichende Verfall, den der alte Mann nicht zur

Schau stellen wollte. Blum sah es in seinem Gesicht, wie er sich überwinden musste, mit all diesen Menschen zu reden, sie sah diesen Widerwillen, die Abscheu bei jedem Schluck Bier, den er nahm. Abscheu vor den Menschen.

An Kuhns Arm ging sie zu ihm. Genau in dem Moment, in dem Ingmar sich neben seinen Vater gestellt hatte, waren sie losgegangen. Alfred und sein Sohn, etwas abseits, kurz allein gelassen von den anderen Gästen, der perfekte Moment, um sich zu zeigen. Kuhn umarmte seinen Freund und schüttelte Alfred die Hand, liebevolle Geburtstagsglückwünsche kamen aus Kuhns Mund, bevor er die Bombe platzen ließ. Von einer großen Überraschung sprach er, davon, dass Blum den beiden Männern gleich den Atmen rauben würde. Kuhn kündigte Blum an, wie ein Marktschreier es getan hätte, er sprach von einer unfassbaren Sensation, von einem unvergesslichen Moment. Kuhn war der Moderator im Boxring, er übertrieb, er war laut, Blum hätte ihm am liebsten dafür in die Seite gestoßen, ihm den Mund zugehalten, aber sie tat nichts dergleichen, wartete nur, bis er fertig war. Bis er sie mit einem breiten Grinsen bat, das Kopftuch und die Brille abzunehmen.

Sie tat es einfach. Wie ein kleines Kind fühlte sie sich. Die Angst davor, bewertet zu werden, die Angst, nicht zu genügen, nicht angenommen zu werden, sie drückte wie eine Zentnerlast auf ihre Brust. Die Angst vor dem Schweigen, das da plötzlich war. Es war nicht schön, es war grausam. Dieser Moment, in dem plötzlich alles offenlag, in dem Blums Gesicht lauter sprach als alle anderen auf dem Grundstück. Alfreds Mundwinkel sackten tief nach unten, seine Augen verstanden es nicht, sie wehrten sich, fürchteten sich. Es war

Entsetzen, Blum konnte es sehen, es musste ihm ähnlich ergangen sein wie ihr vor ein paar Tagen am Strand. Alfred Kaltschmied sah einen Geist, er ignorierte die Hand, die Blum ihm entgegenstreckte, da war kein Wort, es war einfach nur kalt. Er starrte sie nur an. Und dann drehte er sich einfach um und ging davon. Kuhn redete auf ihn ein, aber es nützte nichts. Alfred verschwand. Alle schauten dem alten Mann nach, wie er über die Wiese nach oben rannte und, ohne sich umzudrehen, von dem riesigen Haus verschluckt wurde. Nur knapp eine Minute lang dauerte es. Eine Minute, die wie eine Ewigkeit war.

Blum bekam kaum Luft. Das kleine Mädchen versuchte zu verdauen, was passiert war. Wieder hatte sie sich nach einer Umarmung gesehnt, wieder hatte sie sie nicht bekommen. Keine Liebe, keine Zuneigung für Blum. Nur Schläge, einer nach dem anderen. Zuerst Alfred, dann Ingmar. Auch er ließ sie im Stich, auch er schlug ihre Hand aus. Der stille, blasse Ingmar, zurückhaltend, scheu fast, anstatt sie aufzufangen, ließ er sie fallen. Ein Bruder, der keiner war, ein Moment, der unendlich wehtat. Ingmar, wie auch er sich wortlos von ihr abwandte und ging, wie er sich unter die Leute mischte, sich vor ihr versteckte. Ingmar Kaltschmied. Er war das komplette Gegenteil von Leo Kuhn, zwei Freunde, die unterschiedlicher nicht sein konnten, sie waren wie Ebbe und Flut. Kuhn überschwemmte den Strand, Ingmar zog sich zurück. So wie sein Vater, hatte auch er Blum nur angestarrt, Kuhn hatte zwar versucht, die Situation zu retten, es hatte aber nichts geholfen. Mit wenigen Worten hatte er erklärt, was passiert war, warum Björks Gesicht plötzlich wieder da war. Kuhn verstand nicht, warum sie so reagierten, warum Ingmar nichts gesagt, warum er sich abgewandt hatte. Alles war schiefgegangen, alle Erwartungen waren enttäuscht. Und Blum musste es ertragen, sie fühlte sich gefangen, wie ein Tier im Zoo kam sie sich vor, keinen Augenblick länger wollte sie es aushalten. Keine Sekunde mehr.

Blum hüllte sich wieder ein und setzte die Brille auf. Das Kopftuch verhinderte einen Aufruhr, das Raunen, das durch die Menge gegangen wäre, blieb aus. Blum wollte einfach nur weg, sie wollte Wein, wollte sich betäuben, es vergessen, den Schmerz so schnell wie möglich stillen. Sie ging zur Bar und nahm dem Kellner eine Flasche Rotwein aus der Hand. Kein Glas, egal, was sie dachten, egal, wie es aussah, einen langen, großen Schluck nahm sie. Schnell alles leichter machen und dann weglaufen für immer. Weil es demütigend war, die Abweisung, die Kälte, keine Spur von Familie, nichts, nur schönes Porzellan und weiße Tischdecken. Ein Geburtstag ohne Jubilar, ein Sohn, der nicht in der Lage war zu sprechen, der nur dastand und sie aus der Ferne angaffte, während sie sich betrank. Ingmar. Auch er hatte sich gegen sie entschieden, er wollte sie nicht kennenlernen, den ganzen Abend lang nicht, stundenlang war da nur Rotwein, kein Stiefbruder, der sich neben sie stellte und mit ihr redete. Keine Fragen, keine Antworten, nur Kuhn, der sie aufheitern, der verhindern wollte, dass sie endgültig zusammenbrach. Dass sie einfach umfiel. Weil der Alkohol ihr mit jedem Schluck mehr den Boden unter den Füßen wegzog.

Jetzt im Bett erinnerte sich Blum. Das Pochen in ihrem Kopf brachte alles wieder zurück, was am Vorabend passiert war. Dass Kuhn sie nach oben gebracht und sie hingelegt hatte.

Ohne mehr von ihr zu wollen, hatte er sie auf die Stirn geküsst. Dann war er gegangen. Hatte sie allein gelassen, sie abtauchen lassen ins Dunkel. Blum wollte nichts mehr spüren.
Blum wollte gar nichts mehr.

7

– Es tut mir so leid.

– Geh weg.

– Ich möchte nur kurz mit dir reden.

– Du sollst weggehen. Mich in Ruhe lassen. Geh einfach.

– Ich wollte dich um Verzeihung bitten.

– Zu spät.

– Ich hatte einfach keine Worte gestern.

– Und heute hast du welche?

– Ja.

– Spar sie dir für jemand anderen auf.

– Ich versuche bis jetzt, es zu begreifen.

– Du hättest mit mir reden können. Die Antworten sind sehr einfach, du hättest nur hinhören müssen.

– Was wir gemacht haben, muss dich sehr verletzt haben. Es tut mir aufrichtig leid. Auch im Namen meines Vaters möchte ich mich entschuldigen, wir haben uns beide danebenbenommen.

– Ich denke, es ist besser, wenn ich jetzt fahre.

– Das ist es nicht. Ich bin sehr froh, dass du gekommen bist, dass ich dich kennenlernen darf. Ich danke dir dafür.

– Wir sollten es so belassen, wie es ist.

– Bitte bleib noch.

– Warum?

– Weil ich seit zwei Stunden hier sitze und dich anschaue. Weil du genauso schön bist, wie sie es war.

- Lassen wir das.
- Du heißt Blum, richtig?
- Ja.
- Ich bin Ingmar.
- Ich weiß.
- Es ist wie ein Wunder.
- Ja, das ist es.
- Es ist so, als würde sie hier sitzen. Sogar die Stimme ist ähnlich.
- Erzähl mir von ihr.
- Alles, was du willst, lass uns runtergehen, Gertrud hat Frühstück für uns gemacht.
- Wer ist Gertrud?
- Unsere Hausdame, sie hat unten vor dem Haus für uns gedeckt. Wir können uns in Ruhe unterhalten, du hast bestimmt viele Fragen.
- Ja, die habe ich.
- Wir sind unter uns, alle Gäste sind bereits abgereist, wir sind also ungestört.
- Und Kuhn?
- Leo musste zurück in sein Labor, ich soll dich grüßen.
- Und dein Vater?
- Ist drüben im Hotel.
- Und wo sind wir hier?
- Im Personalhaus.
- Warum habe ich nicht im Hotel geschlafen? Platz habt ihr ja genug hier, oder?
- Das Hotel wird saniert.
- Er will mich nicht sehen, stimmt's?
- Du darfst das nicht so ernst nehmen.
- Warum will er nicht mit mir reden?

– Er ist alt und müde. Und er leidet immer noch darunter. Unter Björks Tod, er hat es bis heute noch nicht verwunden.
– Wie lange ist das her?
– Drei Jahre.
– Wie ist sie gestorben?
– Ein Unfall.
– Wie?
– Lass uns hinuntergehen und in Ruhe frühstücken, ich verspreche dir, dass ich dir alles erzählen werde.

Sanft seine Stimme, verwundbar. Eine Stimme, der Blum blind durch einen Wald gefolgt wäre. Es war so, als wären ihr alle Reflexe abhandengekommen, sie dachte nicht nach, sie fühlte nur und vertraute darauf, dass es richtig war. Da war nichts Böses, sie konnte ihm vertrauen, da war nichts, wovor sie Angst haben musste. Blum wollte es so.

Kurz stellte sie sich noch unter die Dusche, dann ging sie mit einem flauen Gefühl im Bauch nach unten. Immer noch tat ihr Kopf weh, sie zwang sich, klar zu denken, sie hatte nicht mehr damit gerechnet. Dass das passieren würde, dass Ingmar vor dem Haus in der Sonne auf sie warten würde, dass er ihr erzählen würde, was in den letzten dreißig Jahren passiert war. Blum strich Butter auf ein Brot, trank Wasser und schob den Teller von sich, sie lehnte sich in ihrem Sessel nach hinten und schloss die Augen. Über eine halbe Stunde lang erzählte Ingmar, nur selten unterbrach sie ihn. Was sie hörte, war wie ein Film, den sie sich ansah, ein Drama, eine Familiengeschichte, die am Anfang wie ein Märchen klang.

Schauplatz war das Hotel. Das *Solveig.* Dieses mächtige Haus, das alles überstrahlte, die unglaubliche Geschichte, die dahintersteckte. Wie alles begann, wie es dazu gekommen war. Ingmar holte weit aus, ließ nichts aus, er ahnte, was Blum ihn hatte fragen wollen, er erzählte über sein Leben. Über das von Alfred. Dass er Koch war früher, dass er bei den Besten gelernt hatte, dass es immer sein Wunsch gewesen war, Hotelier zu werden. Alfred träumte groß, sehr groß, obwohl da ursprünglich nur eine kleine Gaststätte gewesen war, wo jetzt sechshundert Betten standen, hatte er immer daran geglaubt. Mitten im Schwarzwald auf einem Hügel wuchs sein Traum, er betete um ein Wunder und wurde dafür belohnt. Er bekam, was er brauchte, um aus der kleinen Jausenstation ein Imperium zu machen, ein Vorzeigeprojekt, das erste Haus im Land. Über Nacht kamen das Geld und die Liebe. Solveig, die Tochter eines Großindustriellen aus Schweden, eine Millionärin, der Alfred bei einem Spaziergang im Wald begegnete.

Mein Vater sagt, dass sie sich sehr geliebt haben. Er sagte immer, dass Solveig wie ein Stern war, der einfach vom Himmel gefallen ist. Und er hat diesen Stern aufgefangen. Ingmar erzählte, und Blum stellte sich vor, wie das Glück auf den Hügel kam, Solveig, die mit einem Koffer voll Geld aus Stockholm zu Alfred in das kleine Gasthaus zog. Hochzeit, Flitterwochen, Ingmar umriss es, erzählte das, was er wusste, was man auch ihm erzählt hatte. Die Zeit, bevor er geboren wurde, die Geschichte von Alfred und Solveig, die Liebesgeschichte zweier Menschen, die gemeinsam ein großes Loch aushoben und Ziegelstein über Ziegelstein legten. Ein Hotel, das sie aus dem Boden stampften, Alfreds Fantasie, die Solveig ernst nahm. Sie unterstützte ihren Mann, sie ließ sich von seiner

Begeisterung anstecken, gemeinsam bauten sie ein Hotel, wie es weit und breit keines gab. Sie bekamen jede Unterstützung, die man sich wünschen konnte, alle wollten vom großen Kuchen etwas abhaben, alle beneideten die beiden. Alfred und Solveig. Die große Liebe war es am Anfang. Bis das Paradies Risse bekam.

Ingmar betonte immer wieder, dass es nur das war, was sein Vater ihm immer wieder erzählt hatte. Dass er nicht wusste, wie es wirklich gewesen war, dass er nur vermuten konnte, was damals passiert war, wie groß das Glück gewesen war, der Schmerz, die Sehnsucht. Blum hatte das Gefühl, dass Ingmar nicht gerne darüber sprach, dass er sich bemühte, sich so kurz wie möglich zu fassen. Im Schnelldurchlauf beschrieb er die Schicksale zweier Menschen, nur das Nötigste, fast teilnahmslos nacherzählt, für Blum auf den Punkt gebracht. Der Erfolg mit dem Hotel, die vielen Tausend Gäste, die das Paradies stürmten, und der unerfüllte Kinderwunsch, der alles zu überschatten begann. Die unzähligen Versuche, schwanger zu werden, Solveigs Traum, ein Mädchen in die Arme nehmen zu können. Verzweifelt waren sie, egal, wie schön das Hotel war, das Glück war getrübt, irgendwann konnte Solveig an nichts anderes mehr denken, Alfred konnte sie nicht beruhigen, sie nicht trösten, sie nicht auf andere Gedanken bringen. Nur eines zählte noch. Das Kind, das sie nicht bekamen. Diese Traurigkeit, die Solveig überschwemmte. Die Adoption, die irgendwann unausweichlich war.

Alfred setzte Himmel und Hölle in Bewegung, er nutzte seine Kontakte, und binnen weniger Monate war es so weit. Sie bekamen ein Mädchen. Drei Jahre war sie alt, ein Waisenkind, die Sonne, die wieder aufging über dem Hotel, das Glück, das zurückkam. Björk. Und ein halbes Jahr später Ingmar. Entgegen allen Voraussagen der Ärzte, die eine natürliche Geburt ausgeschlossen hatten, wurde Solveig schwanger. Das Märchen war perfekt, Alfred und Solveig waren im siebten Himmel, er führte das Hotel, sie sorgte sich um die Kinder, alles hätte gut ausgehen können, es fehlte an nichts, das Leben hätte einfach nur schön sein können. Wäre da Solveigs Schwermut nicht gewesen. Wäre sie nicht einfach so für immer verschwunden.

Ingmar. Er zögerte. Blum sah, dass es ihm schwerfiel, es auszusprechen. *Sie hat sich umgebracht. Von einem Tag auf den anderen war sie nicht mehr da. Ich war damals neun.* Wie er seinen Bericht plötzlich unterbrach, die Kontrolle verlor. Wie Blum den neunjährigen Jungen vor sich sitzen sah, der seine Mama verloren hatte. Wie dieser Junge mit seinen Tränen kämpfte. Ingmar wollte nicht mehr darüber reden, die Fragen nicht beantworten, die im Raum standen. Wie es passiert war. Ob sie krank gewesen war, depressiv, warum sie ihre Kinder alleingelassen hatte. Kein Wort mehr. Nur, dass sie tot war, dass er und Björk ohne Mutter aufgewachsen waren. Und dass da keine andere Frau mehr gewesen war an Alfreds Seite. Nur der trauernde Vater, der sich in sein Schneckenhaus zurückgezogen hatte, der seine Kinder alleingelassen, es nicht fertiggebracht hatte, für sie da zu sein. Wie laut Ingmar es herausschrie, obwohl er schwieg, Blum konnte es spüren, es sehen, es zwischen den Zeilen hören. Die Verletzung, dass Alfred ihn alleingelassen hatte. Ihn und Björk. Dass sie nicht bekommen hatten, was sie sich über alles gewünscht hatten. Liebe.

Jahrelang nur die Trauer in Alfreds Augen. Ingmar und Björk, die versuchten, in dem wunderschönen Hotel zu überleben. Und Gertrud, die sich darum kümmerte, dass das Schiff nicht unterging. Die beleibte Hausdame, von der Ingmar zu schwärmen begann, während er ein Glas Wasser nach dem anderen trank. Blum war neugierig, sie versuchte ihre Kopfschmerzen zu ignorieren, das Gift aus ihrem Körper zu schwemmen, die Neuigkeiten, die auf sie einprasselten, zu ordnen. Gertrud. Hausdame. Mutterersatz. *Ohne sie hätten wir das nicht überlebt. Sie hat alles zusammengehalten, uns in den Arm genommen, sich um alles gekümmert. Seit ich denken kann, ist sie da. Auf Gertrud konnte ich mich immer verlassen.* Ingmar lächelte sie an, als sie kam, um den Tisch abzuräumen. Mit den schmutzigen Tellern in der Hand stand sie da und schaute Blum an. Mit strengen Augen musterte sie den Eindringling, die Frau, die Björk so ähnlich sah. Gertrud schaute nur, ohne etwas zu sagen, dann ging sie wieder. Sie kommentierte es nicht, verbarg ihre Verwunderung, sie hielt sich zurück. Obwohl Blum es spüren konnte, obwohl es offensichtlich war, dass Gertrud ein Problem mit dem ungebetenen Gast hatte, Gertrud sagte nichts. Sie ließ nur ein unangenehmes Gefühl zurück.

Neben Ingmar, Alfred und Kuhn war sie die Einzige, die Blums Gesicht gesehen hatte, sie wusste, wer Blum war und was sie hier wollte, sie hatte Kuhn am Vorabend das Zimmer gezeigt, in dem er Blum dann abgeladen hatte. Kuhn hatte ihr alles erzählt, verschwommen konnte sich Blum noch daran erinnern, dass auch sie entsetzt gewesen war, dass auch sie mit dieser Ähnlichkeit im ersten Moment nicht hatte umgehen können. Dass ihre Augen gesagt hatten, dass Blum verschwinden sollte. *Du wirst dem Jungen nicht den Kopf verdrehen,* hatten diese Augen gesagt. *Verschwinde von hier, wir wollen dich hier nicht. Was tot ist, ist tot. Geh weg.* Blum spürte es. Sie hörte es immer noch, auch noch, als Gertrud mit den Frühstückstellern längst im Haus verschwunden war.

– Sie mag mich nicht.
– Gertrud meint es nur gut.
– Nicht mit mir.
– Gertrud hält hier alles zusammen.
– Was muss man hier zusammenhalten? Mehr geht nicht, oder? Das hier ist das Paradies.
– Der Schein trügt, Blum. Nach dem Tod meiner Mutter war nichts mehr so wie vorher, alles hat irgendwie aufgehört damals.
– Ich kenne das.
– Was?
– Das Sterben.
– Deine Eltern?
– Sind tot.
– Das tut mir leid.
– Muss es nicht.
– Ich weiß, dass es anders aussieht, aber auch hier war nicht immer alles schön.
– Schwer zu glauben.
– Björk hat sich ebenfalls umgebracht. So wie meine Mutter.
– Nein.
– Doch. Sie ist gesprungen, vom obersten Stock aus in die Hotelhalle. Und ich habe sie gefunden.
– Mein Gott.

– Ich konnte nichts mehr für sie tun, sie hat einfach nur dagelegen und war tot. Sie hat sich nicht mehr bewegt, nichts
mehr gesagt.

– Das tut mir leid.

– Wenn ich dein Gesicht sehe, ist alles wieder da. Wie ich sie
immer wieder geschüttelt habe. Weil ich nicht wusste, was
ich tun sollte, wie ich ihr helfen konnte. Ich habe immer
wieder ihren Kopf genommen und ihn geschüttelt. Dann
lag er in meinen Armen. Ganz leise war alles.

– Ich bin also drei Jahre zu spät hier.

– Ja. Ich verstehe es bis heute nicht. Warum sie sich umgebracht hat. Ich dachte immer, es geht ihr gut. Sie hatte doch
ein schönes Leben.

– Zeigst du mir, wo es passiert ist?

– Das geht leider nicht.

– Warum nicht?

– Mein Vater will nicht, dass du ins Haus kommst. Er
möchte, dass du abreist.

– Hat er das gesagt?

– Ja.

– Das ist hart.

– Tut mir sehr leid, Blum, aber wenn er sich etwas in den
Kopf gesetzt hat, dann gibt es keinen Weg daran vorbei.

– Wie ihr meint.

– Ich habe versucht, ihn umzustimmen, aber er ist ein sturer
alter Mann.

– Ich will jetzt hier weg. Sofort, ich will keine Minute länger
mehr hierbleiben.

– Ich könnte dich begleiten.

– Bitte?

– Wir könnten reden. Leo hat mir gesagt, dass du Bestatterin bist, dass du Kinder hast. Ich würde gerne mehr über dich erfahren. Dir mehr erzählen über uns.

– Ich denke, ich habe genug von dieser Familie.

– Wir könnten mit meinem Wagen fahren, das Motorrad stellen wir auf den Hänger. Bitte lass uns reden, Blum. Es sind nur noch wir beide übrig.

– Wozu sollte das gut sein?

– Weil du wissen willst, wer sie war. Wie sie gelebt hat, was sie gearbeitet hat, was ihr wichtig war. Und warum sie jetzt auf einem beschissenen Zebra sitzt.

– Ich hätte sie so gerne kennengelernt.

– Das kannst du.

Auch wenn er es verbergen wollte, Blum sah es. Er ging vor ihr und zog sein linkes Bein hinter sich her. Auf dem Weg zu seinem Auto versuchte er, seine Behinderung vor ihr zu verstecken. Ingmar wollte offensichtlich nicht mit Blum darüber reden, er wollte nicht, dass sie ihn darauf ansprach, jede seiner Bewegungen verriet es, dass er Angst davor hatte, es ihr erklären zu müssen. Er wich ihren Blicken aus, sein Makel war ihm unangenehm, er schämte sich. *Frag mich bitte nicht danach,* sagten seine Augen. Eine Lähmung war es, ein Bein, das er wie ein lebloses Stück Holz hinter sich herzog. Es war nur eine weitere unbeantwortete Frage neben vielen, eine Frage, die er ihr irgendwann beantworten würde. Blum vertraute darauf, sie versuchte nicht hinzustarren, sie half ihm, das Motorrad auf dem Hänger festzubinden, und stieg in den Wagen.

Neben einem Fremden durch den Wald. Landstraße, dann Autobahn. Blum hatte nicht lange überlegt und einfach Ja gesagt. Sie hatte nichts zu verlieren. Eine lange Fahrt zurück, ein liebenswerter Mensch, der alles versuchte, um wiedergutzumachen, was sein Vater angerichtet hatte. Geschlagen und gedemütigt bemühte sie sich, nicht zu weinen, es zu ertragen, dass Alfred sie weggejagt hatte wie einen streunenden Hund. Ingmar tat ihr gut, er brachte sie zurück in ihre Welt, zurück in Sicherheit, in vertrauter Umgebung wollte sie ihm begegnen, alles erfahren, was er wusste. Blum ließ das Hotel Solveig hinter sich zurück, sie flüchtete aus dem Paradies und zwang sich, mit ihrem Leben, wie es war, zufrieden zu sein. Fünf Stunden lang im Auto. Blum genoss Ingmars Nähe, lange schwiegen sie einfach, dann begann er zu erzählen. Harmlose Geschichten aus seiner Kindheit, Geschichten über Ingmar und Björk. Lange, stille Blicke zurück. Ingmar tat alles dafür, die offene Wunde in Blum zu schließen.

Wie er über sie sprach. Björk. Was er alles erzählte. Wie sie gewesen war. Wie einfach alles klang, das Leben, das sie gehabt hatten, bevor das Unglück über die Familie hereingebrochen war. Geschwister, die in dem riesigen Haus herumgetollt waren, eine Kindheit zwischen Touristen und Natur, Baumhäuser, die sie gebaut hatten, Kinder von Gästen aus aller Welt, mit denen sie gespielt hatten. Ingmar zeichnete ein Bild, das Blum an Uma und Nela erinnerte, unbeschwerte Jahre, bevor der Tod einen Strich durch alles gezogen hatte. Die Zeit, bevor Solveig aus dem Leben der beiden verschwunden war. Rührend war es. Wie er sich mit Freude an diesen Teil seines Lebens erinnerte. Von Stunde zu Stunde mochte sie ihn mehr. Wie schüchtern er war, wie zuvorkommend. Ob sie Durst habe, ob sie zur Toilette müsse. Er bedankte sich dafür, dass sie ihn mitnahm, er sagte ihr, dass er sich auf die Kinder freue. Darauf, zu sehen, wo sie lebe. Auf Reza und Karl. Er interessierte sich für ihren Beruf, ihren Alltag, was sie gerne gegessen hatte, als sie ein Kind war, ob sie gerne kochte, er gab und nahm. Seine Erinnerungen und die von Blum. Sein Leben und das ihre, es verschwamm, ein Gespräch entstand, fast unterhielten sie sich wie Freunde, die sich seit einer Ewigkeit nicht gesehen hatten.

Ingmar war wie ein offenes Buch, aus dem er ihr vorlas. Er schien nichts zu verbergen, er sprach über sich, was ihn antrieb, was er sich wünschte, seine Träume. Über die Kunstakademie, über seine Arbeit, darüber, dass er ihr irgendwann seine Arbeiten zeigen würde. Moderne Kunst, Aktionsmalerei, er stand kurz vor dem Durchbruch, sagte er. Zögerlich und bescheiden war er, als sie mehr über seine Bilder wissen wollte. *Es ist schwer zu beschreiben, aber ich glaube fest daran, dass ich auf dem richtigen Weg bin. Schon so lange Zeit arbeite ich daran. Irgendwann besuchst du mich in meinem Atelier, und dann sagst du mir, was du davon hältst. Wie es dir gefällt.* Fast beschämt wich er ihrer Neugier aus und redete weiter über Björk. *Deine Schwester ist jetzt wichtiger als meine Kunst.* Dann lachte er und erzählte, dass Björk Medizin studiert hatte und dass sie die letzten vier Jahre vor ihrem Tod in Afrika gewesen war. Ärzte ohne Grenzen, weil sie helfen wollte, weil ihr Herz schon immer größer gewesen war als das aller anderen. Schon als Kind hatte sie sterbende Vögel nach Hause gebracht und sie gesund gepflegt. Überhaupt hatte sie Tiere geliebt, sagte er. Deshalb auch das Zebra.

Björks Liebe zu Afrika. Alles über ihre Zeit in einem kleinen Dorf in Tansania. Wie sie von der Steppe geschwärmt hatte, von den vielen Safaris, die sie gemacht hatte. Björk war ein glücklicher Mensch gewesen, sagte er. Das hätten sie zumindest immer alle geglaubt. Niemand hatte verstanden, warum sie sich umgebracht hatte, warum sie nie ein Wort gesagt hatte. Warum sie so weit gegangen war. Nichts, da war immer nur ihr Lächeln gewesen. Björk hatte keine Probleme gehabt, um Björk musste man sich keine Sorgen machen. Gut in der Schule, die Beste an der Universität. Das bessere Kind.

Blum hörte es heraus. Dass er sich ungeliebt gefühlt hatte. Dass er sich mehr gewünscht hätte von seinem Vater, mehr Liebe, mehr Zuwendung. Blum spürte es zwischen seinen Zeilen. Dass er unglücklich gewesen war. Es war das Drama eines kleinen Jungen, das Drama einer reichen Familie, ein Drama, das im Eiltempo an ihr vorüberzog, während sie über die Autobahn fuhren. Das Glück auf dem Hügel, das keines war. Zwei Selbstmorde im Paradies, Schicksale, mit denen sie bis vor zwei Tagen nichts zu tun gehabt hatte. Gar nichts.

Ganz nah war alles. Zu nah plötzlich. Zu viel alles. Der Blick aus dem Fenster und Ingmars Worte in ihren Ohren. Wie sie alles in sich aufsog, was er erzählte, und wie sie es gleichzeitig von sich wegstieß. Dreißig Kilometer vor Innsbruck fragte sie sich, was sie sich eigentlich erwartete, warum sie unbedingt in diese kaputte Welt eintauchen wollte. Warum sie ihn mitnahm zu ihren Kindern, in ihr Haus. Innerlich schüttelte sie den Kopf, sie wusste, dass sie es schaffen würde, damit zu leben, dass ein alter fremder Mann nichts von ihr wissen wollte. Dass sie eine Schwester hatte, die jetzt tot war. Blum wusste, dass auch er ihr nicht beantworten konnte, warum sie und Björk getrennt worden waren, warum nicht beide Mädchen in den Schwarzwald gekommen waren. Oder beide in den Kühlschrank zu den Leichen. Ingmar war nur der Rest einer Geschichte, nichts mehr ließ sich ändern, es gab kein Zurück mehr, Björk saß auf einem Zebra und würde nie wieder absteigen. Sie würde weiterreiten, so wie sie es sich gewünscht hatte. Björk war dort, wo sie hingewollt hatte. In einer Vitrine im Museum.

Alles drehte sich. Da war Chaos in ihrem Kopf. Ein Kopf, der immer noch wehtat, weil der Wein immer noch in ihr toste. Blum atmete tief ein und aus. Sie wollte Ordnung schaffen, sie wollte nur noch ankommen und die Kinder in den Arm nehmen. Sie wollte Karl und Reza erzählen, was passiert war, und ihnen Ingmar vorstellen. Sosehr sie auch etwas anderes gewollt hatte, aus dem Bauch heraus entschied sie sich, dass sie noch zwei oder drei Tage mit ihm verbringen wollte, dann würde sie sich verabschieden von ihm. Ingmar würde zurückfahren und sein Leben leben. Ohne sie. Je länger sie Ingmar zugehört hatte, desto klarer wurde es. Was gewesen war, war vorüber. In ihren Gedanken an die Zukunft sollte er nicht mehr vorkommen. Dieses Hotel nicht, Alfred nicht, Ingmar nicht. Blum konnte sich vorstellen, dass sie sich irgendwann wieder treffen würden, in ein paar Jahren wieder ein paar Worte, aber mehr nicht. Als sie in Innsbruck von der Autobahn abfuhren, war Blum sich sicher. Sie wollte keine Veränderung, keine Vergangenheit, keine neuen Wunden. Alles war gut, wie es war. Fast alles.

9

Seine Haut war Heimat. Ihre Körper ineinander verschlungen, leise und langsam, kleine Bewegungen, behutsam, weil keiner den anderen verletzen wollte. Ohne Worte ein langes und schönes Gefühl. Vertraut mitten in der Nacht. Ihre Münder, die sich berührten. Ganz still.

Den ganzen Abend lang hatte Blum darauf warten müssen, auf diesen Moment mit ihm allein, auf seine Nähe, seine Stimme in ihrem Ohr. Nur sie und er nach einer langen Ankunft. Zuerst waren da die Kinder und Karl gewesen, das gemeinsame Essen, Blum hatte alle lange umarmt, sie hatte sich unbeschwert in der vertrauten Umgebung fallen lassen. Wie schön es gewesen war, wieder zurück zu sein, ihre Lieben um sich zu haben. Und wie schön es gewesen war, dass Ingmar keine Sekunde lang für Verwirrung gesorgt hatte, dass sie ihn aufgenommen hatten wie einen Freund. Blum wollte es so, sie hatte ihnen den Fremden vorgestellt, ihnen erzählt, wer er war, wo er herkam, was sie in der Zeitschrift gesehen hatte. Im Schnelldurchlauf ließ sie Karl und Reza teilhaben an dem, was sie in den letzten Tagen erlebt hatte. Sie beschrieb ihre Angst, die Hoffnung, die sie gehabt hatte, und die Enttäuschung. So schön war es zu sehen, wie selbstverständlich Karl und Reza es hinnahmen, wie sie das Neue umarmten, ihr das Gefühl gaben, dass sie, egal was passieren würde, immer für sie da waren. Dass sie ihr Entsetzen teilten, dass da Verständnis war und Mitgefühl. Die irrsinnige Geschichte, die Blum erzählte, löste Staunen aus, brachte das Schiff aber nicht ins Wanken. Karl und Reza standen an Deck und lächelten sie an. *Wir sind deine Familie,* sagten sie. *Und Ingmar ist hier immer willkommen.* Es war Geborgenheit, alles war gut, nichts war schwierig. Als sie alles erzählt hatte, ließ sie die Männer reden und kochte mit den Kindern. Dann saßen sie alle gemeinsam an einem Tisch und aßen. Lange ging es, schön war es, zusammenzusitzen, zu trinken, unbeschwert miteinander zu reden. Bis alle Lichter im Haus ausgingen und sie sich zu ihm legte.

Rezas Haut. Sie hatte sie vermisst. Blum schmiegte sich an ihn. An ihren Vertrauten. Drei Wochen lang hatte sie ihn nicht gesehen, nicht mit ihm geredet. Dieser wortkarge Mann, der alles für sie getan hätte. Sie war zu ihm hinuntergeschlichen, hatte angeklopft, und er hatte aufgemacht. Wie sie gemeinsam atmeten. Wie sie auf ihm liegen blieb und wie er sie umarmte. Weil er ihr jeden Wunsch erfüllt hätte. Blum. Er nahm, was sie ihm gab. Weil er sie nicht ganz haben konnte, weil sie ihm nicht mehr geben konnte. *Es tut mir leid,* sagte sie. *Schön, dass du wieder da bist,* sagte er und strich mit seinen Fingern über ihren Rücken. Reza und Blum.

– Wenn ich bei dir bin, ist alles einfach.
– Ich weiß.
– Der Gedanke war so schön, Reza.
– Welcher?
– Eine Schwester zu haben. So wie Uma und Nela. Der Gedanke, dass da noch jemand anderer war in meinem Leben. Außer Hagen und Herta. Jemand wie ich.

– Ich bin immer für dich da, Blum, das weißt du.

– Ja.

– Du bist traurig.

– Nein.

– Aber du weinst.

– Ich weine nicht.

– Tränen sind gut, Blum.

– Das musst du gerade sagen, ich habe dich in all den Jahren doch nie weinen sehen.

– Innen, Blum. Da waren viele Tränen. Sehr viele.

– Ich weiß.

– Wenn Tränen allein sind, ist es schlimmer.

– Was meinst du?

– Wenn niemand sie auffängt.

– Danke, Reza.

– Wofür?

– Für alles.

Reza. Mark hatte ihn mit nach Hause gebracht vor Jahren. Ein Bosnier mit Kriegstrauma, obdachlos war er gewesen und gerade dabei, das Gesetz zu brechen, als Mark ihm begegnet war. Mark hatte aus dem Bauch heraus entschieden, ihm ein Zuhause zu geben, anstatt ihn einzusperren, es war Mitleid und Marks Gespür für das Gute im Menschen. An keinem Tag hatten sie bereut, dass sie ihn aufgenommen hatten, dass sie ihn hatten einziehen lassen im Souterrain. Es war Glück, dass er und Mark einander begegnet waren. Dass er jetzt neben ihr lag. Dass er Bestatter wurde wie sie. Er hatte keine Angst vor dem Tod, keine Scheu, er hatte angepackt vom ersten Tag an. Reza. Wie gut er roch, seine Haut, was er sagte. Was er nicht sagte. Immer schweigsam und zurückhaltend immer, mit wenigen Worten erklärte er seine Welt, den Krieg. Wenn er aufschrie mitten in der Nacht und sie ihn beruhigte. Ihn in den Arm nahm, so wie er es immer tat. Jugoslawien, die Familie, die er verloren hatte, Menschen, die er dafür getötet hatte, Narben, die immer wieder schmerzten. Alles, was er erlebt hatte. Was ihn zum Mörder gemacht hatte. Und die Sonne, die mit Blum jeden Tag wieder aufging, die Sonne, die mit ihm jeden Tag wieder unterging.

Reza und Blum. Bis es hell wurde, blieb sie bei ihm, dann schlich sie sich wieder nach oben. Am Kinderzimmer vorbei, kurz der Blick auf die Mädchen, der sie glücklich machte. Vorbei am Gästezimmer, in dem Ingmar schlief. Während sie in der Küche Frühstück machte, wunderte sie sich, wie alles gekommen war. Dass der Fremde in ihrem Haus übernachtete, dass er mit ihr gekommen war, sich so offenherzig auf ihre Welt eingelassen hatte. Der Bruder ihrer Schwester, der nun mit einem Lachen auf den Lippen in die Küche kam und ihr half, den Tisch zu decken. Kurze Zeit später saßen sie alle wieder wie selbstverständlich um den Tisch und begannen gemeinsam den Tag. Fast war es wie im Märchen, Blums Enttäuschung, dass sie die Schwester, nach der sie sich gesehnt hatte, nicht mehr hatte kennenlernen können, wich der Freude darüber, dass da plötzlich noch jemand war, der zur Familie gehörte. Jemand, der lebte und freundlich war. Auch wenn er völlig fremd war, aus irgendeinem Grund fühlte sich alles richtig an, Blum fühlte sich ihm nahe, ihre Geschichten trafen sich, das Leid, das sie beide empfunden hatten, Menschen, die sie verloren hatten. Sie wusste, was er gefühlt haben musste, als Björk tot in seinen Armen gelegen hatte. Sie kannte diesen Schmerz. Mit ihm zusammen zu sein tat gut.

Drei Tage lang waren sie verbunden. Ingmar beim Mittagessen, Ingmar, wie er den Rasen mähte, Ingmar, wie er mit den Kindern im Garten Fangen spielte und ihnen vorlas. Wie er mit Blum auf der Bank vor dem Haus saß und wie sie immer weiterredeten. Noch mehr über Björk, über dieses Hotel, in dem sie aufgewachsen waren, über Alfred. Und auch darüber, was Blum machte, wenn sie im Versorgungsraum verschwand. Ingmar wollte es wissen, Blum musste ihm alles zeigen. *Die Vorstellung ist faszinierend. Was du mit den Verstorbenen machst. Ich würde es sehr gerne sehen, bitte zeig es mir, Blum.* Ingmar war wie ein Kind, das vor einem Schrank voll mit Süßigkeiten stand, als Blum die Kühlraumtür öffnete und einen Transportsarg herausschob.

Es war die Welt der Toten, die sie ihm zeigte. Er stand da und schaute ihr zu, gefasst war er, ruhig und interessiert, die alte Frau, die vor ihm auf dem Tisch lag, schockierte ihn nicht. Man spürte, dass er dem Tod bereits nah gewesen war, er machte ihm keine Angst, im Gegenteil, Ingmar war neugierig, er nutzte die Gelegenheit und tauchte tiefer. *Darf ich das machen?*, fragte er. *Darf ich es versuchen? Ich würde sie gerne berühren.* Blum tat einen Schritt zur Seite und ließ ihn, Ingmar begann liebevoll die Kopfhaut der toten Frau zu massieren, die dünnen grauen Haare mit Shampoo einzuschäumen. Ohne Scheu tat er es, bedächtig, demütig, fast war es so, als würde er nichts mehr um sich herum wahrnehmen, da waren nur noch er und diese Frau auf dem Tisch. Ihre Haare, die er föhnte, und Blum, die ihn dabei beobachtete. Schön war es, ihm zuzusehen, wie wissbegierig er war. Er bestand darauf, der Frau das Gesicht einzucremen und dabei zu helfen, sie anzuziehen. Ein grünes Sommerkleid, in dem sie am Ende

dalag, ein Rosenkranz zwischen ihren Fingern, Ingmar half
ihr, sie in den Sarg zu legen. Er hatte den Raum betreten und
entschieden, zu helfen, nicht nur zu gaffen, er wollte Blum
das Gefühl geben, dass es schön war, was sie tat, er bewun-
derte sie dafür, dass sie den Verstorbenen mit Respekt begegnete. Mit jedem Wort sagte er es. *Danke, dass ich dir helfen
durfte. Ein wunderschöner Beruf ist das.* Dann umarmte er sie.

Blum blieb nach dem Essen mit ihm sitzen, sie konnte nicht
verbergen, dass sie beeindruckt war. Ingmar hatte keine Skrupel gehabt, so unbeschwert war er der toten Frau begegnet,
da war keine Abscheu gewesen, kein Ekel. *Du bist ein Natur-
talent*, sagte sie. *Du kannst morgen bei uns anfangen, wenn du
willst.* Blum lachte und genoss es. Mit Björks Bruder gemütlich auf der Couch, nachdem sie die Kinder ins Bett gebracht
hatte. Details über seine Familie, Details über ihre eigene. Je
mehr Ingmar preisgab, desto mehr öffnete sich auch Blum.
Es gab nichts, das dagegensprach, Blum vertraute ihm, sogar über Mark sprach sie. Ohne Umschweife erzählte sie ihm,
was damals passiert war, wie sie sich kennengelernt hatten
auf dem Segelboot ihrer Eltern, wie sie sich zum ersten Mal
geküsst hatten im Versorgungsraum. Und wie sie ihn verloren hatte an einem Dienstag. Der Autounfall, das Blut und
wie er vor ihr auf dem Tisch gelegen hatte. Ihr nackter toter
Mann, den sie versorgt hatte, seine Wunden, die sie geschlossen hatte. *Es tut immer noch weh*, sagte sie. Ein Schmerz, der
nicht wegging, Ingmar verstand das, Blum spürte, dass er genau wusste, was mit ihr los war. Wie schwer es war.

Lange blieben sie sitzen, einfach, weil es sich so ergab, weil
der Tag es mit sich gebracht hatte. Weil Blum wider Erwarten

weitergegangen war, als sie wollte, Ingmar hatte viel mehr von ihr bekommen als beabsichtigt. Blum war offen, verwundbar, sie konnte es nicht mehr kontrollieren. Was sie sagte, was mit ihr passierte, die Tränen. Sie rannen einfach über ihre Wangen nach unten. Und Ingmar fing sie auf. Verzweifelte Tränen im Wohnzimmer, es brach einfach heraus aus ihr, minutenlang weinte sie. Reza war nicht da, seine Haut, seine Arme, in die sie sich hätte legen können. Obwohl er nur unten im Souterrain in seiner Wohnung war, Reza war viel zu weit weg in diesem Moment, Blum konnte keine Sekunde mehr länger warten. Irgendjemand musste sie halten, wie ein hilfloses Kind bettelte sie um Liebe. *Lass mich jetzt nicht allein, Ingmar. Geh nicht weg.* Sie schluchzte, ganz leise sagte sie es, doch Ingmar hörte es. Ohne zu zögern, hob er sie hoch und trug sie in ihr Schlafzimmer. Dann kam die Nacht. Und dann kam Reza.

10

– Bist du verrückt geworden?
– Verdammt noch mal, du sollst mir zuhören, Blum.
– Bitte hör auf, hier herumzubrüllen, Reza.
– Du musst ein paar Sachen packen und verschwinden. Bitte steh endlich auf und komm.
– Was um Himmels willen willst du? Du stürmst in mein Schlafzimmer und redest wirres Zeug.
– Es wird nicht lange dauern, dann sind sie da, vertrau mir. Du musst so weit wie möglich von hier weg.
– Was redest du da, Reza?
– Sie haben den Schauspieler gefunden.
– Welchen Schauspieler?
– Du weißt, wen ich meine.
– Nein.
– Doch, Blum. Es war eine Exhumierung, ich war eben auf dem Friedhof. Ich habe die Feierhalle geschmückt, da habe ich es mitbekommen, der Friedhofsverwalter hat es mir erzählt. Sie haben das Grab geöffnet, überall ist Polizei.
– Ich habe keine Ahnung, wovon du sprichst.
– Doch, das hast du.
– Wir können das später besprechen, Reza.
– Nein, das können wir nicht. Du darfst keine Zeit verlieren, je eher du verschwindest, desto besser.
– Ich komm gleich runter, dann reden wir.
– Du hörst mir nicht zu. Sie haben zwei Köpfe im Grab ge-

funden. Zwei Köpfe und vier Beine, hast du das verstanden, Blum?

– Sei still, Reza.

– Ein Erbschaftsstreit. Ein uneheliches Kind ist plötzlich aufgetaucht, die Frau des Verstorbenen wollte eine DNA-Analyse. Das Grab ist wieder offen, Blum.

– Halt deinen Mund, Reza.

– Es war ein Einzelgrab, du weißt, was das bedeutet. Das sind ein Kopf und zwei Beine zu viel. Die Mordkommission ist vor Ort, es wird keine zwei Stunden dauern, dann sind sie hier.

– Ich möchte nicht mehr darüber reden, Reza. Nicht jetzt und nicht hier, bitte. Wenn uns jemand hören kann.

– Wer soll uns in deinem Schlafzimmer hören?

– Reza, ich flehe dich an, sprich jetzt nicht weiter. Kein Wort mehr, verstehst du. Kein verdammtes Wort mehr.

– Wir sind die Einzigen, die die Möglichkeit hatten, die Leichenteile im Sarg zu deponieren. Nur wir beide, Blum. Du und ich.

– Bitte hör endlich auf damit.

– Sie werden so lange suchen, bis sie etwas finden, was dich mit den Leichen in Verbindung bringt. Du weißt, dass ich recht habe. Sie werden herausfinden, was passiert ist.

– Du spinnst ja. Ich werde bleiben, ich habe nichts getan.

– Du hast fünf Menschen umgebracht, Blum. Drei davon werden sie finden, wenn sie weitergraben.

– Gar nichts habe ich getan. Nichts ist passiert, alles ist in bester Ordnung. Du wirst mich jetzt in Ruhe duschen lassen, und dann komm ich runter, und wir frühstücken.

– Sie werden die DNA des unbekannten Toten in dem Grab mit ihrer Datenbank abgleichen und herausfinden, dass es unser Benjamin Ludwig ist. Das wird nicht lange dauern, Blum, und dann werden Hunderte von Beamten hier einfallen und alles auf den Kopf stellen, das verspreche ich dir.

– Wo sind die Kinder?

– Unten im Garten.

– Und Karl?

– Oben in seiner Wohnung. Nur Ingmar ist nicht mehr in seinem Zimmer, ich habe ihn überall gesucht, keine Ahnung, wo er ist.

Alles überschlug sich, zerfiel in Teile. Blum wollte nicht hören, was Reza sagte. Sie wollte ihm den Mund zukleben, sie wollte, dass er still war, sie wünschte sich ihn weit weg. Reza. Er flüsterte, schrie, er war verzweifelt, versuchte Blum zu erklären, dass es die Endstation war, an der sie angekommen waren. Liebevoll zog er sie aus dem Bett, er bat sie, sich zu beeilen, er umarmte sie. Rezas Lippen brannten auf ihrer Stirn, während Ingmar lautlos im Badezimmer stand und alles mitanhörte.

Jedes Wort aus Rezas Mund. Wie Blum reagierte. Ein trauriges Schauspiel war es. Alles, was passiert war, nachdem er an die Zimmertür geklopft hatte. Blum war aufgesprungen, sie hatte Ingmar angefleht, sich im Bad zu verstecken, es war die einzige Möglichkeit, Reza nicht zu verletzen, zu verbergen, dass Ingmar bei ihr geschlafen hatte. In ihrem Bett, ganz nah an ihrer Seite, ein Mann, den sie bis vor ein paar Tagen noch gar nicht gekannt hatte. Blum versteckte ihn wie einen Geliebten, sie wollte Reza nicht erklären müssen, dass nichts passiert war. Dass sie nur nebeneinander eingeschlafen waren, dass sie schwach war und sich einfach hatte fallen lassen.

Ingmar hatte sie nur gehalten und ihre Tränen aufgefangen. Mehr nicht.

Björks Bruder. Er hatte sein kaputtes Bein wie selbstverständlich neben sie gelegt, sein Gesicht, seinen Mund, diese zerbrechlichen Augen, er war ein Freund gewesen in dieser Nacht. Ingmar. Jetzt stand er halbnackt im Badezimmer und erfuhr mehr, als er jemals hätte erfahren sollen. Blum konnte es nicht verhindern, sie konnte Reza nicht stoppen, die Sätze, die aus seinem Mund kamen, nicht ungesagt machen. *Du hast fünf Menschen umgebracht. Wir sind die Einzigen, die die Möglichkeit hatten, die Leichenteile im Sarg zu deponieren. Deshalb musst du jetzt gehen, Blum.* Sie hörte es. Was Reza sagte und was bei Ingmar ankam. Die Wahrheit, die sie unfreiwillig mit ihm teilten. Die Wahrheit, die von einem Satz zum anderen alles veränderte.

Plötzlich war es egal. Sie konnte es nicht mehr rückgängig machen, Ingmar hatte alles mitangehört. Und er hörte immer noch zu. Er war da, aber es änderte nichts mehr. Plötzlich war nur noch wichtig, was sie zu ihren Kindern sagen würde. Zu Karl. Es war egal, was Ingmar sich dachte, was er jetzt tun würde. Blum würde verschwinden, und Ingmar würde am Ende einfach nur ein Mensch mehr sein, der Bescheid wusste. So einfach war es, so schnell ging es, eben war noch Spätsommer, jetzt schneite es. Blums Sorge, Reza zu verletzen, war von einem Moment zum anderen lächerlich geworden, den falschen Mann umarmt zu haben, war wie ein Kinderstreich im Vergleich zu dem, was sie jetzt überrollte. Ihr Leben stand auf dem Spiel, alles, was sie noch hatte, war dabei, sich aufzulösen, ihre Familie, das Bestattungsunternehmen, das Haus.

Die Polizei wird bald hier sein, Blum. Panik stieg in ihr auf. Angst machte sich plötzlich breit.

– Und was sage ich den Kindern?
– Ich weiß es nicht, Blum.
– Und was sagst du der Polizei?
– Ich werde ihnen sagen, dass du Urlaub machst. Du bist irgendwo in den Bergen, bist nicht erreichbar. Und wann du wiederkommst, wissen wir nicht.
– Und dann?
– Wird uns irgendetwas einfallen.
– Sie werden dich einsperren, Reza.
– Und sie werden mich wieder gehen lassen. Ich bin nur ein kleiner, ahnungsloser Angestellter. Sie werden mich in Ruhe lassen, weil sie dich wollen. Du wirst auf der Flucht sein, und ich werde hier sein. Das wird sie überzeugen. Ich werde sagen, dass ich von nichts gewusst habe.
– Du musst mitkommen, Reza.
– Nein.
– Warum nicht?
– Ich bin hier zu Hause, Blum. Ich will nicht noch einmal flüchten.
– Aber ich kann die Kinder doch nicht hierlassen.
– Du musst.

11

– Wo willst du denn hin, Mama?

– In die Berge.

– Uma und ich kommen mit, Mama. Wir packen unsere Schlafsäcke ein und die Taschenlampen. In der Nacht können wir rausgehen und Gespenster spielen. Das wird unheimlich, Mama.

– Das geht leider nicht, Nela.

– Warum nicht?

– Es ist zu steil und zu gefährlich.

– Uma und ich, wir können klettern, Mama, das weißt du. Wir sind auf den großen Apfelbaum im Garten geklettert. Ohne runterzufallen.

– Ich bin ja bald wieder da.

– Wir wollen aber nicht, dass du verreist.

– Ich weiß, aber es geht nicht anders.

– Haben wir etwas falsch gemacht, Mama?

– Nein, um Himmels willen, ihr habt nichts falsch gemacht.

– Warum dürfen wir dann nicht mit?

– Bitte, Nela, mach es mir nicht so schwer.

– Was denn, Mama?

– Eure Mama muss einfach mal ein paar Tage für sich sein. Und wenn ich zurück bin, spielen wir wieder gemeinsam.

– Was spielen wir?

– Ihr könnt es euch aussuchen, ich werde alles mit euch machen, was ihr euch wünscht. Wir könnten neue Pyjamas für eure Puppen nähen, und wir könnten den Bauernhof neu aufbauen. Oder mit dem Zug spielen, ihr überlegt euch einfach schon mal, was ihr alles machen wollt. Was meint ihr? Das wäre doch toll.

– Wir nähen neue Pyjamas, Mama. Das wollen wir, das gefällt uns. Stimmt's, Uma?

– Stimmt.

– Und wir könnten gemeinsam ins Stoffgeschäft gehen und uns einen tollen Stoff aussuchen, Mama.

– Das machen wir. Wenn ich wieder zurück bin.

– Wann, Mama?

– Ganz bald. Nur ein paar Tage, dann komm ich wieder.

– Winkst du uns?

– Wie meinst du das?

– Wenn du oben bist auf dem Berg, winkst du uns dann?

– Ja, ich winke euch, versprochen.

– Dann fahr jetzt, Mama, und komm ganz schnell wieder zurück.

– Das mache ich.

– Wir haben dich lieb, Mama. Stimmt's, Uma?

– Stimmt.

Zwei lange Umarmungen, die ihr Herz zerrissen. Nie wieder wollte sie die beiden loslassen, aus dieser Umarmung gehen. Wie weh es tat. Weil sie ihnen nicht die Wahrheit sagen durfte, weil sie glauben mussten, dass Blum tatsächlich in die Berge fuhr, ihre Mutter, die zwischen Gämsen und Berggipfeln herumkletterte, während sie zu Hause saßen und auf sie warteten. Eine kleine Auszeit für Mama, eine Lüge, die notwendig war, unschuldige Kinderwangen, die sie küsste. Für lange Zeit zum letzten Mal, sie spürte es, mit Gewalt hielt sie ihre Tränen zurück. *Ich bringe euch was Schönes mit,* sagte sie, dann drehte sie sich um und stieg in den Wagen.

Mach ihnen keine Angst, hatte Reza gesagt. *Kein Wort darüber, dass du erst mal nicht wiederkommst.* Blum hasste sich. Kein Wort über Flucht und Angst, kein Wort über den toten Schauspieler auf dem Friedhof, den sie vor zwei Jahren rasend in Teile zerschnitten hatte. Da war nichts mehr von dieser Frau, die fähig gewesen war, alle Grenzen zu überschreiten, nichts von dieser Blum, die kaltblütig und ohne zu zögern fähig gewesen war, Menschen zu töten. Nichts davon. Sie war nur eine Mutter, die ihre Kinder über alles liebte, die in diesem Moment alles getan hätte, um ihren Rachefeldzug von damals rückgängig zu machen. Bei ihnen bleiben zu können. Wie gerne hätte sie die beiden Zauberwesen einfach in ihre Tasche gepackt und wäre losgelaufen. Zurück an den Strand nach Griechenland, zurück in das schöne Haus am Meer, zurück in das Bett am Morgen, in dem sie mit Mark und den Kindern herumbalgte. Irgendwohin zurück.

Doch das ging nicht. Das Einzige, das sie tun konnte, war, zu Ingmar in den Wagen zu steigen und zu winken. Ihnen ein letztes Mal zuzulächeln. Sie wusste, dass Reza recht hatte. Solange nicht klar war, was passieren würde, musste sie alleine damit klarkommen, sie durfte die Welt ihrer Kinder nicht in Gefahr bringen, ihnen keine Angst machen. Nur ein paar Tage in den Bergen, alles war wie immer, Mama ging, und Mama würde zurückkommen. Mama log. Da waren so viele Gedanken, so viel konnte passieren, da waren so viele Fäden, die sie nicht mehr in der Hand hatte. Sie starrte nur noch aus dem Fenster. Sagte nichts. Blum konnte nichts mehr tun.

Kein Telefon, hatte Reza gesagt. *Keine Anrufe. Du wirst dir so schnell wie möglich irgendwo zwei Prepaid-Handys besorgen. Eines der beiden schickst du hierher, dann können wir reden.* Kein Kontakt mehr. Ohnmacht und Ungewissheit. Mit jedem Kilometer, den sie sich entfernten, wurde es schlimmer. Dieses Gefühl, verurteilt zu sein zum Nichtstun. Nur weglaufen, sich verstecken, gejagt werden, wie ein wildes Tier, da waren nur Befürchtungen, die von Minute zu Minute lauter wurden, fürchterliche Szenarien, die sie sich ausmalte, während sie wieder auf die Autobahn fuhren.

Sie stellte sich vor, was Reza der Polizei sagen würde, dass er vielleicht in wenigen Tagen schon in einer Zelle sitzen würde. Blum war übel. Nur ein Wunder konnte noch helfen. Nichts sonst.

Die Landschaft zog an ihr vorbei. Mit der Tasche, die sie gepackt hatte, saß sie im Auto, Ingmar neben ihr. Ohne Worte, Blum wollte es hinauszögern, sie wollte so lange wie möglich die Luft anhalten, untertauchen, nichts hören, nicht mit ihm darüber reden müssen. Mit dem Fremden aus dem Bad, der alles gehört hatte, dem Bruder der Zebrafrau, ihrem Retter in diesem Moment, dem einzigen Vertrauten, den sie noch hatte. Blum schwieg. Sie hatte sein Angebot angenommen, sie hatte einfach nach dem nächsten Ast gegriffen und sich treiben lassen. Ohne zu urteilen, zog er sie mit sich, er hatte sie nur gefragt, ob sie mit ihm kommen wolle. Verrückterweise war da keine Angst, da war nur Mitleid in seinem Gesicht, als Reza den Raum verlassen hatte und Blum auf dem Bett zusammengebrochen war. Völlig gelassen war er, da war keine Spur von Entsetzen, fast schien es so, als hätte Ingmar nicht wirklich begriffen, was Reza alles gesagt hatte. Da war nur seine freundliche Stimme. *Wir ziehen uns jetzt an, Blum, dann fahren wir.* Keine Fragen, nur dieses freundliche Gesicht und sein Bein, das er hinter sich herzog, als er vor ihr zum Auto gegangen war.

Asphalt, Bäume, Berge. Gemeinsam gen Norden. Blum war wie betäubt, sie wollte, dass man für sie entschied, dass man ihr half. Sie verbündete sich mit demjenigen, der sie in der Hand hatte, sie zwang sich, ihm zu vertrauen. Ingmar. Er hätte sie niederstrecken, er hätte mit einem Telefonat alles beenden können. Blums Leben in Freiheit. Aber er hatte geschwiegen, nichts gesagt, im Gegenteil. *Ich werde dir helfen. Ich bringe dich in Sicherheit. Komm.* Der blasse Mann mit dem Handtuch um die Hüften, der fremde Mann, neben dem sie eingeschlafen war, in dessen Armen sie geweint hatte. Er war einfach da gewesen, hatte sich angezogen und ihr geholfen zu packen. Ohne sich weiter aufzudrängen, hatte er bei seinem Wagen auf sie gewartet. *Ich bin unten. Wenn du so weit bist, können wir los.* Dann passierte alles andere. Der Abschied von den Kindern, von Karl, ihr letzter Blick auf das Haus. Reza, der sie umarmt hatte. Die vertrauten Lippen auf ihrer Stirn. Ihr Freund, ihr Vertrauter, sie hatte ihn zurückgelassen, sie hatte seine Bedenken einfach ignoriert. Mit Ingmar zu gehen, er wollte es ihr ausreden, doch Blum entschied. *Ich habe keine andere Wahl, Reza.* Dann verschwand sie.

Ein Unglück ist kein Baum, hatte Hagen immer gesagt. *Es wächst nicht langsam über Jahre, meistens kommt es über Nacht.* So wie jetzt. Rasend schnell veränderte sich alles. Was eben noch laut gewesen war, war jetzt still. Das Leben und Treiben im Haus, das aufgehört hatte, als sie aus der Einfahrt gefahren waren, der Alltag, den sie miteinander gehabt hatten. Alles blieb zurück, Blum war von Bord gesprungen, bevor sie das Schiff zum Sinken brachte. Einfach ins Meer gesprungen, nur mit einem Rettungsring um den Bauch, nur Ingmar, der sie immer wieder fragte, ob sie etwas brauchte, ob er stehen bleiben sollte an der nächsten Raststätte. Hilflos und still war sie. Sie konnte nichts sagen, nichts hätte es wiedergutgemacht, die Kinder in ihrem Kopf zum Schweigen gebracht. Egal, wie weit Blum es von sich wegschob, wie sehr sie versuchte, sich ein gutes Ende auszumalen, Uma und Nela hörten nicht auf, immer wieder dieselben Sätze zu sagen. *Wir wollen nicht, dass du gehst. Wir haben dich lieb, Mama. Wir werden ganz brav sein, Mama.* Es zerriss ihr das Herz. Was sie ihnen angetan hatte, was die kleinen, unschuldigen Wesen alles mitgemacht hatten seit Marks Unfall. Sie hatten ihren Vater verloren, jetzt verloren sie ihre Mutter. Je mehr sie über alles nachdachte, desto klarer wurde, dass sie keine andere Wahl hatte. Dass die Kinder nicht aufhören würden, immer dieselben Fragen zu stellen. *Wann kommt Mama endlich zurück? Was ist passiert, Opa? Warum hat sie uns nicht mitgenommen?* Blum bekam kaum Luft. Immer wieder dasselbe Bild sah sie vor sich. Zwei Mädchen ohne Eltern. Zwei Mädchen in einem Waisenhaus. Wie ein Tritt in den Magen war es. Die Vorstellung, dass sie zu einer Pflegefamilie kamen, dass wildfremde Menschen sie in den Arm nahmen, dass sie allein waren, so wie sie selbst damals. Diese verschwommene Erinnerung, die seit Tagen wiederkam. Blum und Björk. Nur ein Gefühl war es, eine Ahnung, dass sie eine Zeit lang nicht allein gewesen war, eine Art Glück, bevor sie in die Hölle zu Hagen gekommen war. Björk und Blum. Schwestern.

Blum ertrug es kaum. Dieses Bild einer Familie, das sie schwarzmalte, weil da keine Farben mehr waren, keine Perspektive, keine Hoffnung, keine Gutenachtküsse, keine Umarmungen mehr. Mit einem Mal war da nur noch der Wunsch, dass es aufhörte. Der Gedanke, das Lenkrad herumzureißen, durch die Luft zu fliegen. Tot zu sein, wie Mark. Nicht mehr zu hören, was Ingmar sagte, ihm nichts erklären müssen, ihre Tränen hinunterschlucken und ihm eine Lügengeschichte erzählen müssen. Sie würde alles dafür tun, damit sie irgendwo im Fegefeuer weiterleben durfte. Sie wollte es nicht, aber sie musste. Überleben, damit sie zurückkommen konnte irgendwann. Sie wiedersehen. Alles dafür tun. Uma und Nela um jeden Preis.

– Danke, Ingmar.
– Was auch immer ist, Blum, ich helfe dir.
– Du hast gehört, was Reza gesagt hat?
– Ja.
– Dir ist klar, dass das Unsinn ist.
– Ist es das?
– Ja.
– Warum sitzt du dann neben mir im Auto?
– Ich habe niemanden umgebracht.
– Du musst mich nicht anlügen, Blum.
– Ich lüge nicht.
– Ich werde niemandem etwas sagen.
– Warum nicht?
– Weil ich dich nicht verlieren möchte. Ich habe dich eben erst kennengelernt.
– Es wäre dir egal, wenn ich jemanden getötet hätte?
– Es wäre mir egal.

– Wie kannst du so etwas sagen?

– Ich glaube, dass du ein guter Mensch bist.

– Wie könnte jemand gut sein, der getötet hat?

– Du bist Björks Schwester.

– Und das reicht?

– Ja.

– Ich bin ein Monster, Ingmar.

– Bist du das?

– Ich habe fünf Menschen umgebracht.

– Du bist kein Monster, Blum.

– Du hast keine Angst, dass ich dir etwas antun könnte?

– Nein.

– Jeder vernünftige Mensch würde jetzt zur Polizei gehen.

– Ich habe nie gesagt, dass ich vernünftig bin.

– Willst du gar nicht wissen, wer die Toten waren? Warum sie gestorben sind?

– Ich werde dich nicht danach fragen.

– Warum nicht?

– Du wirst es mir sagen, wenn du es für richtig hältst. Zuerst bringe ich dich aber in Sicherheit.

– Bist du ein Engel, oder was?

– Vielleicht.

– Und wo fahren wir jetzt hin?

– Zurück ins Hotel. Dort wird dich niemand finden.

– Und dein Vater?

– Da muss er durch.

– Und die Gäste?

– Es gibt keine Gäste.

– Der Betriebsurlaub wird irgendwann enden.

– Nein, das wird er nicht.

12

Da war es wieder. Dieses Haus, das sie anzog wie eine fleischfressende Pflanze, es war wie eine Wunde, in die Blum kopfüber hineinflog. Wie eine Fliege. Angezogen vom Geruch, fasziniert von dem Luxus, der Großzügigkeit, mit der hier alles zelebriert wurde. Das faszinierende Reich eines alten Mannes, der Ort, an dem ihre Schwester gelebt hatte, es war der Himmel irgendwie.

Blum war erneut beeindruckt, als sie den Hügel hinunterfuhren, von diesem gewaltigen Anwesen, von der Lage, von diesem Größenwahn, dem hier Ausdruck verliehen worden war. Die vielen Nebengebäude und das mächtige Haupthaus zwischen den Bäumen. In einem der über dreihundert Zimmer würde sie sich verkriechen, bis der schlimmste Sturm vorüber war. *Du wirst dich ganz ruhig verhalten, Blum, du bleibst unter dem Radar, du wirst nichts tun, das dich in Gefahr bringt.* Blum hörte Rezas Stimme, als sie in die Tiefgarage einfuhren. Rezas Sorge neben all dem Luxus. Sie staunte, als sie an bemalten Betonwänden entlangfuhren, überall waren rote Teppiche und Gold. Dort wo normalerweise nur Beton und Asphalt waren, zeigte sich hier, was Klasse war, das unterirdische Eingangstor zum Solveig öffnete sich, vom ersten Augenblick an sollte man sich hier wohlfühlen. Direkt aus dem Auto in den Fahrstuhl, direkt vom Fahrstuhl in die Halle. Luxus.

Alles, was Blum nicht sehen sollte, alles, was Alfred Kaltschmied vor ihr verbergen wollte, diese barocke Welt, in die
sie eintauchte, diese Flut an Eindrücken, Blum sog sie in sich
auf. Ihr Blick flog durch den Raum, sie versuchte alles zu erfassen, es war wie der Eintritt in eine Traumwelt. Marmor,
Messing, orientalische Teppiche, Gemälde, Stuck, Samt. Es
überwältigte sie, die Größe der Halle, die überdimensionale
Treppe in Schneckenform, das Übermaß. Dies war der Ort,
an dem Björk und Ingmar als Kinder herumgelaufen waren.
Blum stand einfach nur da und schaute. Ingmar neben ihr.
Er ließ sie, wartete geduldig, wartete, bis sie bereit war weiterzugehen. Wie ein guter Geist war er, der auf sie achtgab,
auf ihre Gefühle, die sie überschwemmten. Verzweiflung und
Begeisterung, alles vermischte sich, Blum konnte es nicht
mehr kontrollieren, es war zu viel alles. Zu viele Gedanken,
zu viel Angst. Sie wollte sich dem Unglaublichen, das sich
vor ihr auftat, kurz hingeben, sie wollte die Welt kurz vergessen, die da draußen vor dem Hotel nach ihr schrie. Eine Auszeit nehmen, staunen, alles aufsaugen, was Ingmar ihr zeigte.
Offenherzig führte er Blum herum, zeigte ihr alles. Raum für
Raum, wie im Märchen war es. Einen Augenblick lang wollte
sie sich ablenken, mit Gewalt versuchte sie alles zu vergessen.
Weil dieser Ort so unglaublich schön war. Sie tat so, als wäre
alles gut. Wie eine Schauspielerin war sie, die durch das Hotel
tanzte. Ausgelassen, manisch, Blum.

Wie verwandelt war sie. Süchtig nach dieser Traumwelt. Von
einem Moment zum anderen tanzte sie wild und übermütig durch den Ballsaal. Ein wunderschöner hoher Raum, unzählige in Gold gefasste Spiegel und Bilder an den Wänden,
wie in einem französischen Schloss aus dem siebzehnten

Jahrhundert fühlte sie sich, juchzend lief sie durch die Speisesäle, vorbei an mit Silber und Kristall gedeckten Tischen, von der Lobby in die Bibliothek, Blum drehte sich im Kreis und staunte, sie trieb Ingmar an, ihr noch mehr zu zeigen, sie immer noch weiter wegzuführen von dem, was wehtat. Es war eine neue Welt, in die sie eintauchte, und Ingmar schien es zu genießen. Dass sie diese Schwere kurz verlor. Dass sie lachte, dass sie über das Treppengeländer in der großen Halle nach unten rutschte. Wie ein Kind war sie plötzlich, ein Kind, das den neuen Abenteuerspielplatz erkundete, das von dem riesigen Haus einfach verschluckt wurde. Still war es, niemand wusste, dass Blum hier war. Keiner hörte sie. Sie waren allein. Nur sie und Ingmar, nur diese wunderschönen Jugendstilmöbel, die persischen Teppiche überall, die roten schweren Samtvorhänge, kein Mensch weit und breit, keine Spur von Ingmars Vater, von Gertrud. Keine Gäste, niemand, der sie mit strengen Blicken stoppte, keiner, der ihr sagte, dass sie sich benehmen sollte. Blum war außer sich, tat Dinge, die sie immer schon einmal hatte tun wollen in einem Hotel, sie war laut statt leise. Sie lotete die Grenzen aus, fand heraus, wo sie gelandet war, erkundete ihr Versteck. Ein verlassenes Hotel. Es war so, als wäre sie über einen Zaun geklettert und irgendwo eingedrungen, unwirklich war alles.

Ingmar ließ sie. Anstatt Fragen zu stellen, schaute er einfach zu. Er genoss es, ihre Begeisterung zu sehen. Und Blum schob alle Entscheidungen auf, sie wollte sich später darum kümmern, nicht jetzt. Vielleicht würde sich alles in Wohlgefallen auflösen, wenn sie kurz nicht hinsah, vielleicht war alles wieder gut, wenn sie die Augen wieder aufmachte. Kurz atmen, Hoffnung schöpfen zwischen Brokatstoffen und vergoldeten

Kerzenständern. Einatmen. Ausatmen. In dem herrlichen Himmelbett verschwinden. In der Suite unter dem Dach. Blum bekam das beste Zimmer im Haus. Ein wunderbarer Ort, eine Terrasse über den Bäumen, Luxus, wo Blum hinschaute, ein Gefängnis sah anders aus.

Eine Achterbahnfahrt war es gewesen. Was alles passiert war an diesem Tag. Und was Ingmar sagte. *Fühl dich wie zu Hause, Blum, hier bist du sicher.* Er zeigte ihr alles, er gab ihr das Gefühl, dass alles gut war. Sie redeten nicht über das, was draußen passierte, sie taten so, als gäbe es nur dieses Hotel, in dem sie gerade eingecheckt war. *Hier sind wir aufgewachsen, Blum. Es ist alles noch genau so, wie es damals gewesen ist. Es steht alles noch an seinem Platz. Es ist so, als wäre keine Zeit vergangen. Als wäre nie etwas passiert.* Ingmar. Ohne sich aufzudrängen, begann er weitere Geschichten aus seiner Kindheit zu erzählen. Er schien zu spüren, dass Blum sich ablenken lassen wollte, dass ihr alles lieber war, als sich an ihr eigenes Leben zu erinnern. Und Blum folgte ihm, durch das Haus, zurück in seine Vergangenheit, die Ingmar vor ihr ausbreitete. Wie sie hier gespielt hatten, was sie kaputt gemacht hatten vor zwanzig Jahren. Wie sie den Gästen Streiche gespielt und die Hotelbar geplündert hatten, als sie fünfzehn waren. Schnaps für Björk und Ingmar. Schnaps für Ingmar und Blum.

Blum nahm eine Flasche und schenkte zwei Gläser voll. Sie trank in einem Zug, betäubte sich. Damit sie es nicht spüren musste. Damit es nicht wiederkam. Alkohol, weil Vergessen nicht möglich war. Da waren Uma und Nela. Und Benjamin Ludwig, der tote Schauspieler, den sie wieder ausgegraben hatten, der Fernsehliebling der Nation, der vor zwei Jahren einfach von der Bildfläche verschwunden war. Keiner hatte gewusst, was mit ihm passiert war. Bis heute. Dass er umgebracht worden war, getötet, zerstückelt, vergraben. Ein Geheimnis, das jetzt keines mehr war. Die Tatsache, dass man seine Leiche gefunden hatte, war wie ein Urteil, das bereits gefällt war. Blum musste nur noch abwarten, jedes Gericht der Welt würde sie schuldig sprechen. Keine Gnade, kein Missverständnis, Blum war am Ende. So wie Reza. Wahrscheinlich saß er in diesem Moment bereits in einem Verhörraum und log. Versuchte, es wiedergutzumachen. Schwieg, um sie zu beschützen. Blum.

Da war nur der Schnaps in ihrem Mund, während ihr Leben zerfiel. Nichts half, die Gedanken führten nirgendwohin, sie stand am Abgrund und trank. Es war das Einzige, was sie gegen diese Ohnmacht tun konnte. Trinken, bis alles wieder gut war, bis der letzte dunkle Gedanke aus ihrem Kopf verschwunden war. Nur noch Ingmar und Blum in einem leeren Hotel. Wie dankbar sie war, dass er sie hierhergebracht hatte. Sie versteckt hatte. Blum schaute ihn an, ohne Worte sagte sie es. Ihre Augen. *Danke, Ingmar. Warum auch immer. Danke. Trink mit mir, Ingmar. Hör nicht auf, bei mir zu sein, Ingmar. Lass mich nicht allein. Ich höre dir zu. Wie schön es ist, was du erzählst. Wie du dieses leere Haus mit deinen Worten zum Leben bringst. Bleib. Geh nicht weg, Ingmar.* Den ganzen Abend nicht. Blitzlichter, Einblicke in fremde Leben, wie Björk, als sie ein Kind gewesen war. Ingmars Mutter. Sein Vater. Das berühmte Hotel Solveig, Familiengeschichte im Schnelldurchgang. Wieder und wieder. Bis Blum nicht mehr konnte. Bis sie vom Hocker fiel.

13

Stunden später, diese Dunkelheit. Blum lag in einem großen Bett, wälzte sich hin und her, versuchte sich zu erinnern, wo sie war. Wie sie hierhergekommen war. Warum es anders roch als sonst. Ein fremdes Laken an ihrer Wange, wieder dieser fremde Mann neben ihr im Bett, Ingmars Haut. Zu nah.

Mitten in der Nacht wachte sie auf und spürte ihn. Ein erneuter Schlag in die Magengrube war es, ein Schlag, den sie sich selbst zugefügt hatte, dieses Gefühl, sich übergeben zu müssen, dieser verzweifelte Wunsch, es ungeschehen zu machen. Blum saß wach im Bett und verfluchte sich, sie verfluchte den Schnaps, den sie getrunken hatte, alles, was sie gesagt und getan hatte. Sie hasste sich. Wie schwach und wie dumm sie doch war. *Du bist ja nicht mehr ganz normal, Blum! Warum hast du das getan?* Alles fiel ihr jetzt wieder ein. Dass sie ihn mit nach oben genommen hatte, mit in ihre Suite. Dass sie ihn gebeten hatte zu bleiben, ohne nachzudenken hatte sie ihren Mund aufgemacht und seine Zunge genommen. Sein Bein, das wie ein lebloses Stück Fleisch neben ihr gelegen hatte. Betrunken war sie, da war nur Ingmars Mund auf ihrem gewesen, seine Hände, und Blum, die nach Zärtlichkeit geschrien hatte. Sie hatte es sich einfach genommen, hatte sich fallen lassen, sich halten lassen. Wie Trost war es gewesen, Leidenschaft irgendwo im Nebel, ein Gefühl, das stärker sein sollte als alles andere in ihr, stärker als diese Angst, die da war. Stärker und lauter als die Gedanken an ihre Kinder. Blum und Ingmar. Eine Nacht lang.

Jetzt aber fühlte sie sich leer. Wie gerne hätte sie die Arme, die schlafend neben ihr lagen, einfach verschwinden lassen. Wie ein Kind war sie, sie wollte es rückgängig machen, wollte allein in diesem Bett liegen, nicht darüber nachdenken. Sie wusste, dass es falsch gewesen war, dass es ihr Leben, an das sie sich plötzlich wieder erinnerte, nur noch komplizierter machte. Der nackte Mann neben ihr war die Zugabe, er krönte das Drama. Schlimmer konnte es nicht mehr kommen, alles war nun egal, ihre Dummheit füllte den Raum, die brutale Wirklichkeit nach dem Rausch schlug sie nieder. Ein naives, kleines Mädchen, das sich wünschte, ihn nie kennengelernt, den Strand in Griechenland nie verlassen zu haben, nie diese Leichenteile in fremde Gräber gelegt zu haben. Es war alles nur ein Traum. Sie wollte die Augen schließen und sie wieder öffnen, so oft, bis alles wieder gut war. So lange, bis der Traum vorüber war. Augen auf. Augen zu. Doch Ingmar ging nicht weg. Blum blieb in diesem Hotel, in diesem Bett. Es war Nacht. Und es wurde nicht hell.

Er schlief. Er wachte auch nicht auf, als sie aufstand und sich aus dem Zimmer schlich. Blum hatte Hunger, sie musste etwas essen, den ganzen vorigen Abend hatte sie nur getrunken, dieses flaue Gefühl im Bauch machte alles noch schlimmer, ihr Magen brüllte. Ihr Kopf, ihr Mund, alles schrie. *Ich will essen. Ich will zu Hause anrufen und wissen, ob es den Kindern gut geht. Ich will zurückfahren. Ich will, dass sie dieses Grab wieder zuschaufeln und das Dreckschwein da unten verrotten lassen. Ich will nicht, dass alles wieder von vorne an-*

fängt. Ich will nicht. Etwas essen. Die Küche finden, den Kühl-
schrank. Ich will mich nicht verstecken. Nicht hier sein. Verzweiflung und Hunger. Blum ging die Treppen nach unten,
sie benutzte nicht den Fahrstuhl, sie wollte keinen Lärm machen, der Hausdame nicht über den Weg laufen, nicht noch
mehr schlafende Hunde wecken. Nur essen. Wasser trinken
und nachdenken. Nur sie allein in dieser riesigen Küche. Alu-
minium und Stahl, alles poliert auf Hochglanz, alles bereit
zu funktionieren. Nur das Licht der Parkbeleuchtung schim-
merte durch die Fenster. Blum schlich durch den halbdunk-
len Raum, sie suchte den Kühlschrank, vorsichtig, leise, sie
kannte sich nicht aus, die Küche hatte er ihr nicht gezeigt, nur
einen Blick hatte sie hineingeworfen. Ein Stück Brot wollte
sie, Wurst oder Käse, sie musste das Loch in ihrem Bauch
füllen, ihren Körper wieder zum Funktionieren bringen, sie
musste klar denken, Entscheidungen treffen. Eine Lade nach
der anderen öffnete sie, aber da war nichts. Leere Laden, kein
Brot, nichts, das ihren Hunger stillte. Nur diese Stimme, die
da plötzlich neben ihr war.

Sein Gesicht, das direkt vor ihr auftauchte, sein zitternder
Körper, seine Schritte, die sie nicht gehört hatte, weil sie so
mit Suchen beschäftigt gewesen war, weil sie nicht wirklich
damit gerechnet hatte, dass noch jemand in diese Küche
kommen würde. Alfred Kaltschmied, der Patriarch, der sie
nicht hatte sehen wollen, Ingmars Vater, der Mann, der Björk
adoptiert hatte. Von einem Moment zum anderen war er
neben ihr, mitten in der Nacht. Wie er sie ansprach, sie anstarrte. Und wie Blum kurz der Atem stockte, bevor sie begann, mit ihm zu reden. Sie konnte nichts anderes tun, nicht
davonlaufen, nicht verschwinden, sich seinen Blicken nicht

entziehen, Blum redete mit ihm, antwortete, fragte. Anstatt sich zu fürchten, tat sie so, als würde sie sich nicht wundern, ihn hier anzutreffen, als wäre es selbstverständlich, sich mit ihm zu unterhalten. Sie tat es einfach, sie hatte nichts mehr zu verlieren. Egal ob er sie aus dem Haus jagen würde, sie griff an, anstatt sich zu verteidigen.

– Sie haben mich erschreckt.
– Was machst du hier?
– Ich habe Durst. Und ich habe Hunger. Aber in dieser Küche scheint nicht gekocht zu werden.
– Blum. Richtig?
– So heiße ich, ja.
– Du wirst dir schwertun, hier etwas Essbares zu finden, Gertrud hat ihre eigene Ordnung.
– Wir duzen uns?
– Ja. Alfred heiße ich, aber das weißt du ja bestimmt schon.
– Dein Sohn hat mich eingeladen.
– Es ist gut, dass du da bist.
– Ist es das?
– Ja.
– Du wolltest, dass ich abreise. Du wolltest mich nicht sehen, mich nicht kennenlernen. Hast mich weggeschickt. Warum jetzt?
– Weil ich Zeit hatte, darüber nachzudenken. Ich freue mich, dass du dich in meine Küche verirrt hast.
– Du freust dich?
– Ja. Und ich kann uns Spiegeleier machen, wenn du willst. Oder ein Omelett vielleicht?

Mit allem hatte sie gerechnet, aber nicht damit. Dass er so freundlich war und still. Dass er mit ihr redete, dass er für sie kochte, dass er ihr sein Zittern zeigte. Ohne Scheu schlug er Eier auf, schnitt Schinken und Schnittlauch. Es war ihm egal, dass er Wasser verschüttete, dass sie sah, wie unbeholfen er mit dem Schneebesen hantierte, während er über seine Vergangenheit sprach. Ohne Aufforderung erinnerte er sich, ließ Blum teilhaben an den Geschichten, die dieses Haus zu erzählen hatte, überraschenderweise hieß sie der Mann, der sie noch vor wenigen Tagen fortgejagt hatte wie einen Hund, willkommen.

Unwirklich schien alles, das leere Hotel, diese Küche, die Zwiebel, die in der Pfanne glasig wurde, und diese Freundlichkeit, die ihr unvermittelt entgegenschlug. Alfred. Seine Fragen, seine Antworten. Er schob Blum den Teller mit dem Omelett hin. Es gab ihr ein gutes Gefühl. So als würden sie sich schon lange kennen. Gemeinsam ruderten sie zurück, sie sprachen über sein Leben, über Ingmar und Björk. Über Solveig. Und über dieses Kinderheim irgendwo am Bodensee.

– Du warst nicht da.
– Wo war ich?
– Ich weiß es nicht, da war nur Björk. Nur ein Mädchen, nicht zwei. Keine Zwillinge, ich habe das wirklich nicht gewusst.
– Sie haben euch nichts gesagt?
– Nein.
– Nichts über eine Schwester?
– Ich schwöre es dir, kein Wort über dich. Da war nur Björk.
– Ich war also schon weg?

- Wir hätten euch niemals getrennt, wenn wir es gewusst hätten. Das musst du mir glauben.
- Ihr hättet beide Kinder genommen?
- Ja. Solveig hat sich so sehr Kinder gewünscht.
- Und Sie?
- Ich wollte, dass sie glücklich ist. Ich habe nie etwas anderes gewollt.
- Ingmar hat mir erzählt, was passiert ist.
- Hat er das?
- Er hat gesagt, dass du sie sehr geliebt hast.
- Ja, das habe ich.
- Er hat gesagt, dass du sie im Wald gefunden hast.
- Sie wollte von einem Baum springen, als ich sie das erste Mal gesehen habe. Ich habe sie überredet weiterzuleben.
- Bitte?
- Da war eine Frau hoch oben in einem Baum. Sie stand auf einem Ast, ohne sich festzuhalten. Mit geschlossenen Augen. Sie hatte ein weißes Kleid an. Und sie war wunderschön.
- Was ist passiert?
- Sie ist heruntergeklettert.
- Warum?
- Ich weiß es nicht. Ich habe nur mit ihr geredet. Ich habe ihr vom Wald erzählt, ich habe ihr gesagt, dass es eine Eiche ist, auf die sie geklettert ist. Und dass sie den Eichhörnchen Angst macht. Ich habe irgendwelchen Unsinn geredet.
- Vielleicht hat sie dort auf dich gewartet.
- Ja, das hat sie wohl.
- Du hast ihr das Leben gerettet.
- Nein, das habe ich nicht.
- Sie ist doch von dem Baum wieder heruntergeklettert, oder?

– Und trotzdem ist sie jetzt tot.

– Das tut mir leid.

– Du sagtest doch, dass Ingmar es dir erzählt hat, oder?

– Ja, das hat er.

– Ich habe ihr Leben nicht gerettet. Und auch das von Ingmar nicht.

– Wie meinst du das?

– Wenn das damals nicht passiert wäre, hätte er sich bestimmt anders entwickelt. Wahrscheinlich wäre sein Leben anders verlaufen.

– Wenn was nicht passiert wäre?

– Er war über zwei Jahre im Krankenhaus. Das tut niemandem gut. Alles ist damals auseinandergebrochen, von einem Tag auf den anderen war alles kaputt.

– Was meinst du?

– Ingmar ist immer mit dem Rad durch die Hotelhalle gefahren. Wir haben es ihm verboten, aber er hat es trotzdem getan. Bei jeder Gelegenheit, nichts hat ihm mehr Spaß gemacht. Vorbei an den Gästen, durch die Halle in den Speisesaal und wieder hinaus in den Garten. Er hat dabei gelacht, er war glücklich, verstehst du? Wir konnten ihm nicht böse sein.

– Es ist ihm etwas zugestoßen?

– Ingmar fuhr mit dem Rad durch die Halle, als sie gesprungen ist.

– Nein.

– Doch.

Grausam und brutal war dieses Bild. Alfred beschrieb es. Der Junge, der unter seiner Mutter lag und sich nicht rührte. Überall ihr Blut am Boden, Ingmar und Solveig, Mutter und

Sohn. Alle hatten gedacht, dass beide tot waren. Dass sie ihn erschlagen hatte, weil er sich nicht mehr bewegte. Da waren nur die hysterischen Schreie der Rezeptionistin gewesen und die offenen Münder der Gäste, die in der Halle gesessen hatten. Nur ein dumpfes Geräusch, das man gehört hatte. Ingmars Lachen, das plötzlich verstummt war.

Alfred weinte, während Blum aß. Er wollte es verbergen, aber sie sah es. Eine Träne, die er sich aus dem Gesicht wischte, eine Geschichte aus der Vergangenheit, die bis heute wehtat. Er hatte seine Frau verloren, sein Sohn hatte sieben Monate lang im Koma gelegen. Beinahe gestorben wäre er. Ingmar, für immer verwundet, sein Bein, das alle an damals erinnerte. Dieses schöne Leben, das einfach aufgehört hatte, und die Gäste, die Alfred aus dem Haus geworfen hatte. Sie mussten abreisen, alle, sofort, sie sollten das Blut auf dem Marmorboden nicht sehen, sie nicht anstarren. Solveig und Ingmar. Alfred wollte nicht, dass sie begafft wurden, er hatte die Fassung verloren. *Ich kam aus dem Garten und habe zuerst nur die Gäste gesehen. Wie sie herumstanden und schauten. Nichts haben sie getan, niemand hat geholfen. Sie haben sie nur angestarrt, wie Tiere im Zoo. Die Löwin, die ihr Junges zerfleischt hat. Ich habe laut geschrien. So laut, dass sie ihre Koffer gepackt haben und gegangen sind.*

Alfred in der Küche. Zwanzig Jahre später. Immer noch rang er nach Luft, als er ihr davon erzählte. So als hätte er zwanzig Jahre lang darüber geschwiegen, so als wäre sie die Erste, der er es sagen konnte. Es war unerträglich. Dass Solveig sich davongemacht hatte, ihn alleingelassen hatte mit den Kindern, mit Ingmar im Krankenhaus, monatelang hatten sie an seinem Bett gesessen, Alfred und Björk, hatten Ingmars Hand gehalten und geweint. Bis er wieder aufgewacht war. Wie verzweifelt Alfred gewesen sein musste, Blum konnte es spüren, diese Hilflosigkeit. Sie sah es in seinen Augen, sie sah, wie er die zitternde Hand hob und die nächste Träne verschwinden ließ. Ein alter, kranker Mann, der sich an das Leben in einem wunderschönen Hotel am Ende der Welt erinnerte. An einen Jungen im Rollstuhl, der die leeren Gänge entlanggefahren war. Der kleine Fortschritte gemacht hatte und wieder gelernt hatte, zu gehen. Alle hatten versucht, weiterzuleben im Paradies. Alfred, Ingmar und Björk.

14

Es war alles zu viel. Auf die Euphorie, dass er mit ihr sprach, folgte die Ernüchterung. Blum hatte ihre eigene Geschichte, die sie in die Knie zwang und nach unten zog, da war kein Platz mehr für Mitgefühl, für das Leid der anderen. Viel zu viel alles. Trotzdem hörte sie Alfred zu, bis es hell wurde, sie machte ihm vor, dass bei ihr alles in Ordnung war, Blum tat so, als wären da keine Kinder, die nach ihrer Mama schrien, keine Polizei, die den Friedhof umgrub, nichts. Nicht daran denken. Auch nicht an Ingmar. An seine Zunge in ihrem Mund, seine Haut an ihrer Haut. Blum hörte dem alten, zitternden Mann einfach zu, aus irgendeinem Grund vertraute er sich ihr an. Alfred.

Dann verschluckte das Hotel ihn wieder. Er umarmte sie noch, bevor er mit dem Lift nach oben fuhr und in seinen Gemächern verschwand. Er hatte sich mit traurigen Augen verabschiedet und Blum zurückgelassen. *Ich muss schlafen*, hatte er gesagt. Dann war sie wieder allein. Still in der Hotelhalle. Da war kein Laut, keine Tür, die auf- und zuging, kein Stimmengewirr, kein Geschirr, das klapperte. Nichts. Nur Blum. Ingmar und Alfred waren irgendwo oben im Haus. *Niemand sonst ist hier*, hatte er gesagt. *Nur mein Sohn und ich leben in diesem Haus. Die anderen sind tot.* Keine Gäste seit über zwanzig Jahren, Alfred hatte das Hotel damals geschlossen und nie wieder aufgesperrt. Betriebsurlaub seit zwei Jahrzehnten.

Blum stellte es sich vor. Den Alltag in diesem Hotel, die Einsamkeit, die unendlich laut war, weil dieses Haus so groß war, weil alles ständig daran erinnerte, dass hier einmal Leben gewesen war. Hunderte leere Sessel und Betten, Hunderte Räume, die ohne Worte waren, kein Atmen, kein Lachen, nur ein reicher Mann, der es sich leisten konnte, das Haus einfach leer stehen zu lassen. Keine freundliche Dame am Empfang, die Schlüssel verteilte, keine Kellner, die Essen servierten, keine Armada an Stubenmädchen, die Betten machten. Da war nur Gertrud. Alfreds Vertraute, sie kümmerte sich um alles, seit Solveig tot war. Sie sorgte dafür, dass alles sauber war, dass alles blitzte und glänzte, Gertrud kümmerte sich darum, dass kaputte Dinge repariert wurden, Gertrud koordinierte alles, Gertrud erhielt den Schein aufrecht, sie war die Seele des Hauses. *Sie passt auf uns auf,* hatte Alfred gesagt. *Sie gehört zur Familie. Und sie wird Frühstück für dich machen.* Die gute Gertrud. Bald schon würde sie aus dem Personalhaus ins Hotel kommen. Bald. Doch vorher träumte Blum ihren Albtraum noch weiter. In allen Farben träumte sie das Unfassbare.

Die Vorstellung, dass da sechshundert ungenutzte Betten waren, die Schwimmbäder, die Gärten, dass da eine Mutter gewesen war, die ihren Sohn fast erschlagen hatte. Zwei Selbstmorde im Haus, Leid und goldene Treppengeländer, kristallene Kronleuchter, die von der Decke hingen, und nichts als Erinnerungen, die die Räume füllten. Überall war Vergangenheit, Zeit, die stillstand, der perfekte Ort war es, um zu verschwinden. Das Hotel Solveig. Keiner suchte sie hier, niemand außer Kuhn brachte sie mit diesem Ort in Verbindung. Blum schob die Geschichten der anderen von sich weg, so gut sie es konnte, und beschloss, hier zu warten, bis sie wusste, was los war. Was vor sich ging in Innsbruck. Sie würde Ingmar bitten, ihr zwei Telefone zu besorgen, sie würde eines davon nach Hause schicken und anschließend dort anrufen. Alles so, wie Reza gesagt hatte, sie wollte nichts mehr falsch machen, sie wusste, dass er recht hatte. Blum musste noch zwei Tage warten, dann erst konnte sie mit ihnen reden. Mit Reza, mit Karl, mit den Kindern. Sosehr sie sich auch danach sehnte, sie verbot es sich, das nächstbeste Telefon zu nehmen und einfach anzurufen. Egal, wie sehr sie die Neugier quälte, wie sehr sie die Mädchen vermisste, sie hielt sich zurück. Kein unnötiges Risiko, keine Mail, kein Anruf.

Still war alles. Da war nur ihre eigene Stimme, sonst keine. Und auch wenn sie gewollt hätte, es wäre nicht möglich gewesen. Vor zwanzig Jahren hatte das Leben noch anders funktioniert, keine Schlüsselkarten, kein Internet, keine schnellen kleinen Rechner, die einem die Welt ins Haus brachten. Kein Skype, kein FaceTime, nichts, da waren nur eine Telefonanlage und ein dickes Reservierungsbuch gewesen. Familie Goldstein aus Berlin, zwei Wochen im Juli 1993. Der letzte Eintrag, danach hatte alles stillgestanden. Bis heute, bis jetzt, unfassbar die Tatsache, dass er das Hotel nicht verkauft hatte, dass er es künstlich am Leben erhalten hatte, dass er nicht weggezogen war mit den Kindern. Alfred Kaltschmied hatte sein Geld dafür ausgegeben, in der Vergangenheit zu leben. Er war gezeichnet von der Krankheit, Parkinson, bis heute erschüttert von dem Tod seiner Frau. Ein Einsiedler, ein liebevoller Mensch, wenn er sagte, dass er sie geliebt hatte. Solveig. Und Björk.

Aber darum ging es nicht. Egal, wie tragisch, wie furchtbar und grotesk diese Geschichte war, deshalb war sie nicht hier. Blum sammelte sich. Sie war hier, weil sie weggelaufen war, weil Reza gesagt hatte, dass sie flüchten und sich verstecken musste. Deshalb. Nicht wegen Solveig und Björk, nicht wegen Ingmar und Alfred, nicht wegen einem Gästebuch, in das seit 1993 nicht mehr geschrieben worden war. Blum war hier wegen dem toten Schauspieler, wegen Benjamin Ludwig, dem ehemaligen Fernsehstar. Und wegen den anderen Schweinen, die ihren Mann auf dem Gewissen hatten. Darum war sie hier. Diese Männer hatten Mark umgebracht, ihn ihr weggenommen. Weil er Polizist gewesen war, weil er an das Gute geglaubt hatte, daran, dass er die Welt vor dem Bösen beschützen konnte. Mark. Dieser Träumer. Er hatte sich geirrt, sie haben ihn totgefahren, Blum hat sich dafür gerächt, und jetzt sollte sie dafür bezahlen. So einfach war es.

Blum verkroch sich. Hier suchte sie niemand. Egal was sie alles falsch gemacht hatte, was sie alles getan hatte, wichtig war nur noch, in Deckung zu gehen. Blum begriff, dass es das Beste war, das ihr hatte passieren können, dass es ein Glücksfall war, dass die beiden Männer sie aufgenommen hatten. Dieses Haus war wie eine Insel, auf der sie herumirrte, Blum erkundete das fremde Territorium, verschaffte sich einen Überblick, diesmal aber nüchtern und methodisch. Sie ging von Zimmer zu Zimmer und versuchte ein Fernsehgerät zu finden, einen Sender, der ihr zeigte, was draußen passierte. Auf vielen Bildschirmen war nur ein Rauschen zu sehen, kein Empfang, keine Nachrichten, erst im vierten Stock war sie erfolgreich. Ein Gerät funktionierte, im deutschen Fernsehen stöberte sie nach Neuigkeiten aus der Heimat, nach einer Meldung über einen Leichenfund in Österreich. Unerklärliches auf einem Innsbrucker Friedhof. Bestattungsunternehmerin auf der Flucht. Vermisster Schauspieler wieder aufgetaucht. Vergeblich suchte Blum nach Schlagzeilen, nach Nachrichten über einen spektakulären Kriminalfall in Tirol. Aber da war nichts. Nichts über den Mörder ihres Mannes, den sie aus dem Verkehr gezogen hatte, nichts darüber, dass sie ihn getötet und zerteilt hatte. Nichts über diese anderen Männer, die vergewaltigt, geschlagen, getreten und gedemütigt hatten. Die sie gerichtet hatte. Nichts. Blum schöpfte wieder Hoffnung.

Die Vergangenheit. Wie nah alles wieder war. Und wie richtig es sich immer noch anfühlte. Blum war sich jetzt sicher, sie hätte es wieder getan. Die Männer aufgehalten, sie unter die Erde gebracht. Sie erinnerte sich an diese Ungeheuer, die Wut von damals kam wieder nach oben, die Ohnmacht. Es war so, als wäre es eben erst passiert, als hätten sie das Dreckschwein gerade erst beerdigt. Den Saubermann, der gemeinsam mit seinen Freunden zwei moldawische Zimmermädchen und einen Küchenjungen entführt hatte, um sie jahrelang zu missbrauchen, zu schlagen, sie mit Narben zu übersäen, sie ganz allmählich zu töten. Blum hatte wieder Grund unter ihren Füßen.

Sie erinnerte sich. Blum hatte es nicht zugelassen, dass sie so einfach davonkamen, sie hatte sie ausfindig gemacht und sie ausradiert, so wie sie Mark ausradiert hatten. Einen nach dem anderen. Sie hatte sie entführt, getötet und zerlegt, im Versorgungsraum des Bestattungsinstitutes hatte sie die Körperteile säuberlich verpackt und in die Särge zu irgendwelchen Verstorbenen gelegt. Blum hatte das Böse einfach begraben. Keine Sekunde lang hatte sie damit gerechnet, dass es wieder nach oben kommen würde.

15

Blum im Wasser. Sie hatte sich einfach ausgezogen und war
ins Becken gesprungen, für einen Augenblick war sie unter-
getaucht, hatte die Luft angehalten und die Augen geschlossen. Nun trieb sie nackt im Blau, nur leichte Bewegungen,
damit sie nicht unterging. Sie konnte nicht anders, sie wollte
alles abwaschen von sich, Ingmars Berührungen, alles, was
Alfred ihr erzählt hatte, Blum wollte allein sein. Nur sie. Nur
ihre eigenen Gedanken, keine anderen, sie wollte nicht mehr,
dass sich alles vermischte. Zu viel Schicksal, zu viele Gesichter, die verliebten Augen von Ingmar, die zitternden Lippen
von Alfred, Benjamin Ludwig und all die anderen. Reza, Karl
und die Kinder. Blum wollte untergehen, sich in einem dunk-
len Schrank verstecken, die Decke über ihren Kopf ziehen,
sich am Meeresgrund verbergen, nur das warme Wasser auf
der Haut spüren. Nur ab und zu kleine Bewegungen mit den
Händen. Bis es wieder Nacht werden würde. Bis der Fernseher im vierten Stock etwas anderes sagen würde. Nackt sein
im Dunkeln. Sich treiben lassen. Bis alles wieder gut war.

Zehn Minuten lang, zwanzig vielleicht. Blum wusste nicht,
wie lange sie schon dagestanden und ihr zugesehen hatte.
Gertrud. Sie wartete am Beckenrand ab und rauchte. Gelassen und ruhig, sie sagte kein Wort, auch nicht, als Blum den
Kopf zur Seite drehte und sie ansah. Ein seltsames Bild war
es. Blum im Wasser, nackt, sie rührte sich nicht vom Fleck.

Und auch Gertrud stand still. Fremd und vertraut war es, aus irgendeinem Grund war es Blum egal, dass die alte Frau sie begaffte. Blum entschied, zu bleiben, sich nicht einschüchtern zu lassen, sie wollte nicht davonlaufen, sich nicht demütigen lassen. Sie trieb nur im Wasser, schaute Gertrud an und überlegte.

In einem leeren Schwimmbad zwei Frauen, nur ihre Blicke, die sich trafen. Keine von beiden wollte den ersten Schritt tun, sich in die Richtung der anderen bewegen, sie wahrten den Sicherheitsabstand. Gertrud drückte in einem Handaschenbecher ihre Zigarette aus und zündete eine neue an. Ein paar Minuten lang war da nur Schweigen, es war so, als würden sie miteinander spielen. Wer den längeren Atem hat. Wer das erste Wort sagt. Wer es zuerst nicht mehr aushält. Unangenehm war es, doch Blum rührte sich nicht. Bis die nächste Zigarette abgebrannt war. Bis Gertrud sie plötzlich aufforderte, mit ihr in den Wintergarten zu kommen. Freundlich streckte sie Blum ein Handtuch entgegen und wartete, bis sie aus dem Wasser gestiegen war. *Es gibt Frühstück*, sagte sie. Sonst nichts.

Beharrlich und bestimmt war sie. *Kommen Sie schon, es wird Zeit, dass wir zwei Hübschen uns unterhalten.* Gertrud lächelte und Blum folgte ihr. Sie stieg aus dem Becken, zog sich an und ging hinter ihr her durch die leeren Gänge. Alfred musste Gertrud über den unerwarteten Besuch informiert haben, bevor er eingeschlafen war, er musste ihr den Befehl erteilt haben, freundlich zu Blum zu sein. Gertrud bemühte sich. Im wunderbaren Wintergarten servierte sie ein üppiges Frühstück, dann setzte sie sich wie selbstverständlich zu Blum und zündete sich erneut eine Zigarette an. Da war niemand, der es ihr verbot. Gertrud umkreiste Blum wie ein Raubvogel, der jederzeit bereit war, sich gnadenlos auf sein Opfer zu stürzen. Blum konnte es in ihren Augen sehen, wie ein alter Jagdhund war sie, ein Waschweib, das einen Augenblick lang innehielt und tratschen wollte, bevor sie sich wieder um das riesige Haus kümmern musste, Alfreds treue Gefährtin, der Mutterersatz für Ingmar, die Frau, die zur Bestie werden konnte, wenn es sein musste. Blum spürte es. Egal wie freundlich sie war, sie war bereit, zuzuschlagen.

– Ich weiß, warum Sie hier sind.
– Das bezweifle ich.
– Sie wollen Geld.
– Unsinn.
– Was dann?
– Ich hätte gerne eine Kopfschmerztablette.
– Sie wollen Geld, ich weiß es.
– Ich habe andere Sorgen, das können Sie mir glauben.
– Welche?
– Das wollen Sie nicht wissen.
– Doch, das will ich.
– Müssen wir uns unterhalten?
– Ja, das müssen wir.
– Gertrud, richtig?
– Ja.
– Danke für das Frühstück, Gertrud, aber ich würde jetzt einfach gerne alleine sein, ich möchte hier sitzen und aus dem Fenster schauen. Zwei oder drei Tage lang, dann bin ich wieder weg, versprochen.

– Nein, wir beide werden uns jetzt unterhalten.

– Warum sollten wir das tun?

– Weil Sie neugierig sind, weil Sie noch mehr wissen wollen, weil Ihnen Alfred bestimmt nicht alles erzählt hat.

– Ich bin mir sicher, dass es nichts mehr zu sagen gibt.

– Vielleicht doch.

– Ich denke, ich habe wirklich genug.

– Wollen Sie nicht noch mehr über Ihre Schwester wissen?

– Was könnten Sie mir schon sagen?

– Sie müssen doch neugierig sein?

– Das ändert doch nichts mehr. Sie ist tot, oder?

– Ja, das ist sie. Aber vielleicht hilft es Ihnen, zu wissen, was für ein Mensch sie war.

– Ich denke eher, Sie möchten wissen, was *ich* für ein Mensch bin. Deshalb sitzen Sie doch hier. Um herauszufinden, was ich hier will, was ich vorhabe, ob ich den guten Alfred um seine Millionen bringen will. Stimmt's?

– Ihre Schwester war gut.

– Gut?

– Ein feiner Mensch. Bescheiden. Sie hat eigentlich nicht hierher gepasst.

– Wie meinen Sie das?

– Sie ist immer anders gewesen, sie war etwas Besonderes.

– Deshalb hat sie sich wahrscheinlich auch ausstopfen lassen.

– Hören Sie auf damit.

– Womit?

– So über sie zu reden.

– Warum? Sie reitet wie eine Barbie auf einem Zebra durch Wien. Ausgestopft wie ein Tier.

– Ich weiß. Und das tut mir sehr leid.

– Warum?

– Weil das nicht zu ihr passt.

– Kuhn hat sie nach ihren eigenen Wünschen designt.

– Das habe ich nie verstanden.

– Was?

– So war sie nicht. Sie hat das immer abgelehnt, was Leo da macht. Ich habe nie verstanden, warum sie sich dafür hergegeben hat.

– Sie finden also nicht gut, was Kuhn da macht?

– Spielt das eine Rolle?

– Ich denke schon, immerhin hat er die gute Björk gehäutet und zerschnitten, er hat ihr den Brustkorb aufgerissen und ihr Herz pink bemalt.

– Ja, das hat er.

– Er hat ein Monstrum aus ihr gemacht.

– Leo ist Ingmars Freund, er gehört fast zur Familie, seit Jahren geht er hier ein und aus. Was er macht, ist seine Sache. Und wenn Björk es so gewollt hat, dann wird es wohl so stimmen. Also, Punkt und Ende.

– Was war mit den beiden?

– Mit wem?

– Mit Björk und Kuhn.

– Was soll mit ihnen gewesen sein?

– Hatten sie etwas miteinander?

– Er hat sie verehrt, immer schon. Seit er das erste Mal das Haus betreten hat. Björk war wohl so etwas wie seine Traumfrau.

– Und hat er seine Traumfrau bekommen?

– Nein.

– Warum nicht?

– Warum, warum? Ich konnte nie hineinschauen in das

Mädchen. Warum sie weggegangen ist. Nach Afrika. So
weit weg. So allein muss sie gewesen sein.
– Warum hat sie sich umgebracht?
– Ich weiß es wirklich nicht. Ich dachte immer, ich kenne
meine Kinder.
– Ihre Kinder?
– Wir leben seit sehr langer Zeit hier zusammen. Ich habe sie
aufwachsen sehen. Das hier ist meine Familie.
– Wenn es Ihre Familie ist, warum wohnen Sie dann im Per-
sonalhaus?
– Ich bin die Hausdame und nicht Alfreds Frau. Ich küm-
mere mich nur um alles. Um Ingmar. Um Alfred. Früher
auch um Björk.
– Sie war Ihr Liebling, stimmt's?
– Wie kommen Sie darauf?
– Weil Sie mich so anschauen.
– Wie schaue ich Sie denn an?
– So als würden Sie mich mögen.
– Unsinn.
– Ich schaue aus wie Björk. Sie erinnern sich, ich sehe es in
Ihren Augen. Fast ist es so, als wäre sie wieder da, oder?
– Hören Sie auf damit.
– Frühstücken mit der guten Björk im Wintergarten. So wie
früher, stimmt's?
– Bitte hören Sie auf damit.
– Aber warum denn? Sie wollten sich doch unbedingt unter-
halten. Lassen Sie uns doch noch ein bisschen in der Ver-
gangenheit schwelgen. Ist doch so schön, oder?
– Nein.
– Dann können wir das Gespräch jetzt abbrechen?
– Ja.

– Wie gesagt, ich werde noch zwei oder drei Tage hierbleiben, dann werde ich verschwinden.

– Das müssen Sie nicht.

– Doch, das muss ich.

– Wir könnten uns kennenlernen.

– Wozu sollte das gut sein?

– Weil Sie vielleicht doch recht haben.

– Womit?

– Dass ich Sie mag.

Dann war es still. Keine von beiden sagte etwas. Sie saßen nur da und schauten sich an, da waren wieder nur ihre Blicke, die sich begegneten, der Geruch von Kaffee und frisch aufgebackenem Brot. Nur Gertrud und Blum. Ebenbürtig, Waffenstillstand, plötzlich war alles vertraut. Eben noch hatten sie einander misstraut, jetzt waren sie still und friedlich. Die Gefühle, die Gertrud zugelassen hatte, klärten die Situation. Von einem Moment zum anderen war da nichts Feindseliges mehr, kein Argwohn, keine Skepsis, da war nur Gertruds Trauer, ihre Sehnsucht nach Björk, ihr Wunsch, sie wieder zu berühren, sie wieder atmen zu sehen. Da war plötzlich so etwas wie Nähe zwischen Blum und Gertrud. Sehnsucht nach einer Tochter, Sehnsucht nach einer Mutter. Eine liebevolle Frau, die Ingmar und Björk nach Solveigs Tod großgezogen hatte, es waren ihre Hände gewesen, die die Kinder berührt hatten, ihre Umarmungen, ihre Stimme, die sie getröstet hatte. Gertrud. Sie sorgte dafür, dass es weiterging, dieses kaputte Leben im Paradies. Sie hielt das Böse fern, beschützte die beiden Männer, kochte und sorgte für sie. Der Wachhund, der nicht bellte. Obwohl die Erinnerungen sie lähmten, wollte sie die Gefühle nicht länger verbergen. Die Liebe zu Björk. Wortlos streckte Gertrud ihre Hand aus, nahm die von Blum und hielt sie fest. *Es ist unglaublich, wie ähnlich ihr euch seht. Wie sehr ich sie vermisse,* sagte sie. Ein paar Minuten lang schaute sie Blum einfach nur an und hielt ihre Hand. Wunderschön war es. Da war diese einfühlsame Mutter, die Blum immer gern gehabt hätte, kurz tauchte ein Gefühl von Familie in ihr auf, kurz ließ sie sich wieder hinreißen, sie taumelte. Bis Gertrud aufstand und davonging. Ohne sich umzudrehen. Einfach so.

Blum blieb. Ihre leere Hand auf dem Tisch. Die Zigarettenschachtel, das Feuerzeug und dieses riesige Loch, das Gertrud in sie hineingebrannt hatte. Sie erinnerte sich an ihre Kindheit, spürte die Sehnsucht, die zwanzig Jahre lang wehgetan hatte. Keine Zärtlichkeit, keine Liebe, keine Mutter, die sie gehalten hatte, keine Umarmung, kein schönes Wort, nur Pflichten. Sie war immer nur Hagens Nachfolgerin für das Bestattungsinstitut gewesen, sein kleiner Soldat, der nach Liebe schrie. Ein kleines Mädchen, das im Kühlraum gekauert und mit den Toten geredet hatte. Weil ihr sonst niemand zugehört hatte. So viele Jahre nur Einsamkeit.

Blum nahm eine Zigarette und zündete sie an. Sie schaute aus dem Fenster und blies Rauch in die Luft. Die Vergangenheit holte sie wieder ein. Sie dachte daran, wie ihr Leben hätte sein können, was sie anders hätte machen können, wie sie hätte verhindern können, was demnächst wohl passieren würde. Aber es gab keine Möglichkeit, die Uhr zurückzudrehen, keine anderen Eltern für die kleine Blum, es gab keine Begnadigung für sie, keine Hoffnung, alles würde ans Licht kommen, Blum würde in einer Zelle enden, man würde ihr die Kinder wegnehmen. So einfach war das. So einfach wie der Rauch, der aus ihrem Mund kam, so einfach wie Ingmars Lächeln, als er zu ihr an den Tisch trat.

Ingmar Kaltschmied. Er war aufgewacht und erschien froh und heiter zum Frühstück. Für ihn war alles nur ein Spiel, waren es aufregende Tage, die er erlebte, Blum brachte Abwechslung in das Leben des reichen Jungen. Es war ihm egal, was morgen sein würde, Ingmar wollte nur mit Blum an diesem Tisch sitzen. Der kleine Ingmar mit dem steifen Bein, eines von Gertruds Kindern, der Mann, der beinahe von seiner eigenen Mutter erschlagen worden war. Mit diesem kindlichen Lächeln wollte er die Hand nehmen, die Gertrud losgelassen hatte. Doch Blum zog sie zurück. *Nein*, sagte sie. *Nicht, Ingmar. Du musst jetzt etwas anderes für mich tun. Ich muss mich auf dich verlassen können. Ich weiß nicht, wen ich sonst fragen soll. Ich habe nur dich.*

Blum bat ihn einfach. Sie wusste, dass er nicht Nein sagen würde, nur er konnte die Telefone besorgen, nur er konnte eines davon an Karl und Reza schicken. Ohne aufzufallen, Ingmar war nur ein Kunde in einem Elektrofachmarkt, der Prepaid-Handys kaufte und anschließend ein Paket zur Post brachte. Nicht mehr. Bereitwillig stimmte er zu. *Ich würde alles für dich tun. Mach dir keine Sorgen, Blum. Irgendwie bekommen wir das hin. Du bleibst hier und versuchst, dich zu entspannen. Gertrud wird dir alle Wünsche erfüllen. Ich komme bald wieder. Dann reden wir.*

Blum schwieg, starrte aus dem Fenster und rauchte. Eine Zigarette nach der anderen, egal, ob es ihr schmeckte oder nicht. Egal, ob sie mit ihm geschlafen hatte oder nicht. Egal, was Ingmar sich dachte. Blum wischte sich seinen Kuss von den Lippen, als er ging. Sein Mund, der sie zum Abschied berührt hatte. Sie wollte ihn nicht.

16

Zeit, die nicht vergehen wollte. Unendlich lang war der Tag. Die Sonne ging bald unter, die Zeit quälte sie, jede Minute, in der sie auf ihn wartete. Keine Spur von Ingmar. Er sollte längst wieder zurück sein, für den Weg in die Stadt und zurück hätte er nicht länger als eine Stunde brauchen dürfen. Die Telefone kaufen, ein Paket schnüren, es zur Post bringen, Ingmar hätte bereits wieder neben ihr sitzen und ihr sagen sollen, dass alles gut werden würde, dass es einen Weg gab, aus der Sache heil herauszukommen. Aber seine zerbrechliche Stimme war nicht da, Ingmar nahm auch sein Telefon nicht ab, Blum hatte es schon unzählige Male versucht, doch keine Antwort. Immer wieder ging Blum zur Rezeption und wählte seine Nummer, immer wieder war da nur die Mobilbox, nichts, das sie beruhigte, nichts, das ihr versicherte, dass Ingmar nicht zur Polizei gegangen war und sie verraten hatte. Blum hatte Angst, dass er ihnen alles erzählt hatte, was er in ihrem Badezimmer gehört hatte. Dass Blum gemordet, dass sie ihre Opfer zerstückelt und vergraben hatte. Diese unscheinbare Frau, diese Bestatterin aus der Provinz, Ingmar hatte sie in der Hand.

Panik machte sich breit. In immer noch dunkleren Farben malte sie sich aus, was passieren würde. Sie hatte Zeit dazu, weil sie nichts anderes zu tun hatte. Nur warten, tatenlos herumsitzen, ohnmächtig hinter einem Fenster. Sie stand da und schaute. Hinaus in die Wälder, hinunter in den Park, beobachtete Gertrud. Diese Frau, die ihre Hand gehalten hatte und die jetzt eine Motorsäge hielt. Sie stand auf einer Leiter und schnitt Äste von den Bäumen. Wie ein Mann tat sie es, sie zögerte nicht, sie packte an, sie hatte keine Angst vor der Säge, Ast für Ast sägte sie ab. Zweige fielen nach unten. Zeit verging. Blum beobachtete jeden Handgriff, jeden Schritt, sie schaute zu, wie Gertrud sich auf den Traktor setzte und mit Leichtigkeit den Hänger zwischen den Bäumen hindurchmanövrierte. Wie sie sich die Stirn abwischte und kurz nach oben schaute. Zu Blum. Hoch zu dem Fenster, hinter dem sie stand. Kurz sahen sie sich in die Augen, dann nahm Gertrud wieder die Säge in die Hand und fuhr durch das Holz. Blum schloss die Augen.

Kurz noch blieb sie stehen, dann begann sie wieder durch das Haus zu streifen. So gerne wäre sie nach draußen gegangen, wäre durch den Wald gelaufen, hätte Gertrud mit den Bäumen geholfen. Aber das ging nicht. *Niemand darf dich sehen, Blum. Kein Wanderer, niemand, der zufällig vorbeikommt. Versprich mir, dass du im Haus bleibst.* Blum war gefangen im goldenen Käfig. Sie konnte nichts tun, außer durch dieses Haus zu laufen. Unerträglich war es. Die Stille und die Einsamkeit, die wehtat. Egal wie viele Türen sie öffnete, um sich abzulenken, nichts machte es besser. Sie sprang auf Tische, sie hüpfte auf den Sofas herum, sie schrie. Laut hallte ihre Stimme im Haus, doch niemand hörte sie, keiner kam und sagte ihr, dass sie still sein musste. Alles war wie tot. Nur Schein war es, Erinnerungen, die Alfred unbedingt behalten wollte, nur noch ein konserviertes Gefühl. Die Erinnerung an seine Frau, die über den riesigen Perserteppich in der Lobby gegangen war, Solveig, die das Haus liebevoll dekoriert hatte, Solveig, die vom zwölften Stock nach unten gesprungen war.

Blum stand genau dort, von wo sie gesprungen sein musste. An der Brüstung, den Blick nach unten gerichtet. So einfach wäre es gewesen. Fallen und Sterben. Doch Blum blieb. Sie ertrug es. Dass es Abend wurde. Dass nichts in diesem Haus mit Leben erfüllt war, dass alles nur Kulisse war, ein Museum, in dem sie darauf wartete, dass irgendjemand kam, um mit ihr zu reden. Alfred, der den ganzen Tag nicht wieder aufgetaucht war, Gertrud, die immer noch draußen in den Bäumen herumkletterte. Ingmar, den sie erneut zu erreichen versuchte. Erneut stand Blum am Fenster und wählte seine Nummer. Verzweifelt versuchte sie es immer wieder, während die Bäume im Park ihre Äste verloren. Das Einzige, was blieb, war, zu warten, bis Ingmar zurückkam. Doch er kam nicht. Stundenlang nicht. Und deshalb ging sie.

Blum musste weg. Ingmar hatte sie im Stich gelassen. Keine Sekunde länger wollte sie in diesem Haus bleiben. Blum wollte zu ihren Kindern, sie sehen, nur einen kurzen Blick auf sie werfen, still, aus dem Verborgenen. Sie beobachten, ihre Gesichter sehen. Egal, ob es vernünftig war oder nicht, sie tat es einfach. Endlich wieder handeln, selbst entscheiden. Schnell rannte sie zu dem kleinen Friseursalon am Eingang zum Wellnessbereich. Sie war schon einige Male daran vorbeigelaufen, an den alten Trockenhauben, an den altmodischen Sesseln, den barocken Spiegeln. Auch hier glänzte alles, als sie das Licht anmachte. Auch hier hatte Gertrud den Staub von den Lampen gewischt, von den Regalen, alles lag an seinem Platz, es war so, als müsste Blum nur ihren Kopf nach hinten legen, als würde eine freundliche Stimme gleich mit ihr über das Wetter reden, über den Herbst im Schwarzwald. Nur ein Friseurbesuch war es, ein neuer Haarschnitt, eine neue Farbe. Jetzt sofort.

Blum öffnete den Glasschrank mit den Färbemitteln, sie griff nach dem Blondiermittel, Wasserstoffperoxid, strohblond wollte sie sein. Ein Kurzhaarschnitt, sie wollte sich nicht wiedererkennen. Eine andere sein mit der Schere in der Hand. Sie schnitt ab, was war. Das Vertraute verschwand mit jedem Schnitt. Wie ein Baum im Park war sie, überall waren Äste, die lautlos zu Boden fielen. Blums Haare. Sie trug das Blondiermittel auf und setzte sich auf den Stuhl, lange wartete sie, es sollte nichts übrigbleiben von früher, alles sollte sich verändern. Schrill, auffallend, anders. Kein Mensch würde sie so erkennen, niemand. Die Frau mit den strohblonden kurzen Haaren, wie sie dastand und in den Spiegel starrte. Plötzlich war da eine Fremde. Wie sehr es sie verändert hatte, die verschwundenen Haare, die Farbe, Blum posierte vor dem Spiegel in der Lobby, versuchte, sich an ihr neues Aussehen zu gewöhnen. Eine andere war sie. Und trotzdem immer noch Blum. Innen immer noch das Monster, das sich im Wald versteckte.

Blum ging nach oben, um ihre Sachen zu packen, dann lief sie, ohne sich noch einmal umzudrehen, die Treppen nach unten in die Tiefgarage. Sie war froh, dass sie die Lobby und alles andere hinter sich lassen konnte, so gut dieses Versteck auch sein mochte, so verborgen sie in diesem Haus auch war, Blum spürte, dass es kein guter Ort war. Vom ersten Moment an hatte das Hotel Solveig sie an diesen Film erinnert, den sie als Kind gemeinsam mit ihrem Vater hatte ansehen müssen. *Shining*. Einer von jenen Filmen, die Blum hatten abhärten sollen, einer der Filme, die Blum nie wieder aus ihrem Kopf bekam. Dieses leere Hotel in den Bergen, in dem eine Familie überwinterte, ein glückliches Paar, das sich im Auftrag der Besitzer um das Haus kümmern sollte, schöne Monate hätten es werden sollen, doch es kam anders. *Shining* war ein Horrorfilm, in dem viel Blut floss, da war dieser unheimliche Junge auf dem Dreirad, der tagelang durch die endlosen Gänge fuhr, und sein Vater, der die Familie ausrottete, weil das Haus ihn langsam verrückt machte. All diese Bilder fielen Blum jetzt wieder ein, tief innen machten sie ihr Angst. Diese Parallelen, der kleine Ingmar auf seinem Rad, die Familie in dem leeren Hotel, die Toten. Blum wollte weg, sie wollte ihr Schicksal nicht länger in fremde Hände legen. Blum ging.

In der Tiefgarage suchte sie nach einem Wagen, der sie zu ihren Kindern bringen würde, doch alle waren verschlossen. Kein Auto, keine Möglichkeit, von hier wegzukommen. So sehr hatte Blum gehofft, dass Ingmar oder Alfred vergessen hatten, einen der Schlüssel abzuziehen. Doch sie hatte kein Glück, es gab kein vollgetanktes Fluchtauto, das auf sie wartete, es gab nur ein blaues Fahrrad, das an der Betonmauer lehnte. Sie strampelte damit aus der Garage und rollte den Berg hinunter. Was sollte sie auch sonst tun, im Tal würde sie in einen Zug steigen und in Innsbruck zu Fuß vom Bahnhof nach Hause gehen. Blum war sich sicher, dass sie es schaffen würde, dass sie unerkannt bleiben würde. Und auch wenn sie wusste, dass es falsch war, was sie tat, sie konnte nicht anders. Sie fuhr einfach weiter. Trat in die Pedale. Dachte nicht mehr nach.

Nur eine Frau auf einem Fahrrad, Ingmar erkannte sie nicht gleich. Obwohl er ganz langsam an ihr vorbeifuhr, blieb er zuerst nicht stehen, er fuhr einfach weiter. Kurz drehte er seinen Kopf zur Seite und schaute Blum an, das Blond, die kurzen Haare, er musste die Bilder in seinem Kopf nicht gleich zusammengebracht haben, er schenkte ihr keine weitere Aufmerksamkeit, die Fahrradfahrerin war nur eine Touristin, vielleicht wollte sie sich das Hotel ansehen. Es dauerte einige Sekunden, bis Ingmar bremste und zurückfuhr. Bis er verstand, wer die Frau im Rückspiegel war. Ingmar war außer sich, er zwang sie, stehen zu bleiben, er packte sie am Arm, zerrte sie in den Wagen und raste mit ihr zurück ins Haus. Das blaue Fahrrad blieb am Wegrand.

– Spinnst du?
– Du musst zurück ins Haus, niemand darf dich sehen, Blum, schnell.
– Bist du noch ganz dicht?
– Du solltest doch im Hotel bleiben.
– Ich kann machen, was ich will.
– Das kannst du eben nicht, Blum.
– Was soll das? Ich will, dass du sofort anhältst und mich aussteigen lässt. Ich will weg von hier, verstehst du. Ich will zu meinen Kindern, und zwar sofort.
– Das geht nicht.
– Ich habe den ganzen Tag auf dich gewartet. Wo warst du?
– Wir müssen reden, Blum.
– Dann rede, verdammt noch mal.
– Du musst dich verstecken.
– Ich will aussteigen, Ingmar.
– Nein. Die Bombe wird jeden Augenblick platzen.

– Was um Himmels willen ist passiert?

– Du hast deine Haare abgeschnitten.

– Ja, ich habe meine Haare abgeschnitten. Und du erzählst mir jetzt sofort, was los ist, sonst bin ich weg. Du kannst mich nicht zwingen, hierzubleiben.

– Sie wissen, dass du es warst.

– Wer?

– Die Polizei.

– Woher willst du das wissen?

– Ich weiß es einfach.

– Unmöglich, Ingmar. Du warst nur in der Stadt, um Telefone zu kaufen. Eines hast du an Karl geschickt.

– Das habe ich nicht.

– Was hast du getan?

– Ich wollte auf Nummer sicher gehen, Blum. Ich bin nach Innsbruck gefahren, ich wollte sicher sein, dass Karl es auch wirklich bekommt, verstehst du?

– Nein.

– Doch, Blum, ich habe vor der Villa gestanden und gewartet, bis er Uma und Nela aus der Kindertagesstätte holt.

– Spinnst du?

– Ich bin Karl nachgefahren und habe ihm das Telefon heimlich in die Hand gedrückt. Niemand hat es gesehen.

– Was soll das, Ingmar?

– Ich habe ihm nur gesagt, dass er dich anrufen soll am Abend. Sonst nichts. Ich habe die Nummer des anderen Telefons eingespeichert, er muss nur noch den grünen Knopf drücken. Es ging alles ganz schnell.

– Sag mir, dass du das nicht getan hast, Ingmar.

– Vor der Villa standen Polizisten, Blum. Sie durchkämmen dein Haus, da herrscht absoluter Ausnahmezustand.

– Was ist mit den Mädchen?

– Es geht ihnen gut.

– Was ist mit Reza? Mit Karl? Was hast du nur getan, verdammt noch mal?

– Ich habe keine Ahnung, was da vor sich geht, aber es schaut nicht gut aus, Blum. Sicher ist, dass sie dich suchen. Aber sicher ist auch, dass sie dich hier nicht finden werden.

– Warum tust du das, Ingmar? Warum mischst du dich in mein Leben ein? Warum waren da Polizisten, was ist mit den Mädchen? Sie müssen Angst haben, was hat Karl ihnen gesagt?

– Ich weiß es nicht, ich habe ihm nur das Telefon gebracht. Ich bin gleich wieder weg, ich wollte nicht, dass wir zusammen gesehen werden. Niemand kennt mich, es ist nichts passiert, Blum. Ich habe alles richtig gemacht.

– Du Arschloch.

– Auch Karl weiß nichts. Wo du bist, ich habe es ihm nicht gesagt. Alles ist gut, Blum.

– Arschloch, Arschloch, Arschloch.

– Ich will dir doch nur helfen.

– Ich habe dich nicht darum gebeten. Du solltest es mit der Post schicken. Mich hier nicht so lange allein lassen.

– Ich habe die ganze Sache nur beschleunigt. Ich weiß doch, dass du mit den Kindern reden willst. Mit Karl. Dass du wissen willst, was los ist.

– Ich will nicht, dass du dich einmischst.

– Ich mische mich doch nicht ein.

– Doch, das tust du. Nur weil wir einmal miteinander geschlafen haben, hast du nicht das Recht, in meinem Leben herumzuwühlen.

– Ich habe es nur gut gemeint, Blum.

– Ich will, dass du dich um deine eigenen Angelegenheiten kümmerst. Nicht um meine. Verstehst du das? Ich bin dir dankbar dafür, dass ich hier sein durfte, aber mehr ist da nicht.

– Bitte, Blum. Du musst dich beruhigen. Lass uns nach oben gehen und etwas trinken, dann sehen wir weiter.

– Fass mich nicht an. Nicht anfassen, habe ich gesagt!

– Es tut mir leid, Blum.

– Ich will, dass du mir jetzt sofort das Telefon gibst.

– Karl wird dich bald anrufen, du wirst sehen, alles wird gut.

– Du sollst mir das verdammte Telefon geben!

– Hier.

– Und ich will, dass du mich alleine lässt. Ich will dich nicht sehen. Hast du das verstanden?

– Ich sagte doch, dass es mir leidtut.

– Ob du das verstanden hast, will ich wissen.

– Ja.

17

Wieder zurück. Eingesperrt. Wie eine Puppe, die an Fäden hing, fühlte sie sich. Ingmar hatte erneut an diesen Fäden gezogen, er hatte sie zurück ins Haus gebracht, er hatte die Reset-Taste gedrückt, alles wieder auf die Grundeinstellungen zurückgesetzt. Zurück in dieses Haus, zurück in die Angst. Dieses Gefühl, es begann sie zu überschwemmen, ein Gefühl, das sie so nicht kannte. Neu war es, immer war sie vor diesem Gefühl davongelaufen, sie war ihm zuvorgekommen, hatte etwas getan, damit es nicht zu groß werden konnte. Angst. Blum hatte schon früh gelernt, dass sie etwas dagegen tun musste, dass sie das Heft in die Hand nehmen musste, dass Ohnmacht das Schlimmste war. Nichts tun zu können. Ausgeliefert zu sein in einem verlassenen Haus am Ende der Welt, verurteilt zum Warten, dazu, zu akzeptieren, dass das Leben, so wie es war, endgültig vorbei war. Ohnmacht und Angst. Blum hasste es. Wie es in ihrem Bauch rumorte, wie dieses flaue Gefühl sie festhielt. Sie niederstreckte, ihr immer noch mehr Tränen in die Augen trieb. Sie hatte keinen Mut mehr, keine Kraft. Blum lag in ihrem Bett, Blum saß auf dem Sofa, Blum stand unter der Dusche, weil sie versuchte, es abzuwaschen. Alles, was wehtat. *Bitte nicht*, sagte sie. Und das Wasser schlug auf sie ein.

Und sie wurde immer größer. Diese Angst vor den Toten, die sie vergraben hatte. Vor diesen Köpfen, den Beinen und Armen, die alles bedrohten, was ihr wichtig war. Die drei Leichen auf dem städtischen Friedhof. Der Schauspieler, der Koch und der Fotograf, drei Mörder, zu Opfern geworden, ihren Opfern, verborgen in Gräbern unscheinbarer Leute. Einzelgräber, die man normalerweise niemals wieder geöffnet hätte. Eine Laune des Schicksals war es gewesen, ein Erbschaftsstreit hatte Blum zur Hauptverdächtigen in einem Mordfall gemacht. Irgendjemand hatte auf den falschen Knopf gedrückt.

Allein saß sie in ihrer Suite und betete darum, dass es klingelte. Dass Karl sie anrief, dass sie mit ihren Kindern reden konnte, dass ihre kleinen Stimmen alles leichter machten. Blum hatte mehrmals versucht, ihn zu erreichen, doch da war nur das Freizeichen, das ihr sagte, dass sie noch Geduld haben musste. Sie war den Tränen nahe. Was wenn Karl das Telefon einfach weggeworfen hatte, wenn er nichts mehr von ihr wissen wollte. Wahrscheinlich fürchtete sich Karl vor der Wahrheit, davor, zu erfahren, was seine Schwiegertochter getan hatte. Es musste schlimm für ihn sein, den pensionierten Polizisten, der mitansehen musste, wie ehemalige Kollegen in seinem Leben herumwühlten, wie sie alles beschmutzten, was noch vor ein paar Tagen gut gewesen war. Karl, der jetzt wusste, dass Blum kein Engel war, dass sie nicht nur die liebenswerte Frau seines Sohnes, die Mutter seiner Enkel war.

Warten. Blum war allein. Isoliert, irgendwo am Rand eines traurigen Bildes, sie starrte aus dem Fenster ins Dunkel, leer war alles. Sie schämte sich, ohnmächtig war sie, in Gedanken kletterte sie über die Brüstung und sprang nach unten. Sie schlug auf dem Marmorboden auf, kurz bevor sie den grünen Knopf drückte. Blum. Sie legte den Hörer ans Ohr, wie

ein kleines Kind war sie, sie hatte Angst davor, dass man sie
bestrafte, dass Karl ihr seine Liebe entzog. Leise ihre Stimme,
sie rechnete mit allem. Sie saß auf dem Bett und zitterte. Flüsterte.

– So schön, deine Stimme zu hören, Karl.
– Sie waren bis jetzt hier.
– Die Polizei?
– Ja, die Polizei, Blum. Die stellen hier alles auf den Kopf,
  die meinen es verdammt ernst, das kannst du mir glau-
  ben.
– Es tut mir alles so leid.
– Wo bist du, Blum?
– Das willst du nicht wissen.
– Ingmar hat mir das Telefon gebracht.
– Ja.
– Ist er bei dir?
– Nein.
– Geht es dir gut, Blum?
– Nein.
– Um Gottes willen, was ist eigentlich los?
– Ich weiß es nicht, Karl.
– Die gehen davon aus, dass du für das alles hier verantwort-
  lich bist. Sag mir bitte, dass das nicht wahr ist.
– Das kann ich nicht.
– Sie haben Reza mitgenommen.
– Bitte nicht.
– Doch, Blum. Er steht unter Mordverdacht. Genauso wie
  du.
– Ich wollte das alles nicht.
– Reza hat gesagt, ich solle mir keine Sorgen machen, aber

sie haben ihn bis jetzt nicht gehen lassen. Das bedeutet nichts Gutes.

– Er hat es dir erzählt?

– Nichts hat er mir erzählt. Gar nichts weiß ich. Nur dass da ein großer Verdacht im Raum steht. Und dass es einen Toten gibt. Mord, Blum. Der Kopf, den sie gefunden haben, hat ein Loch.

– Ich weiß.

– Woher?

– Weil ich dieses Loch hineingemacht habe.

– Das hast du nicht.

– Doch, Karl, das habe ich. Mit Marks Pistole, ich habe ihn erschossen.

– Warum?

– Weil dieser Mann deinen Sohn umgebracht hat.

– Ich verstehe nicht.

– Dieser Mann und vier andere haben Mark umgebracht.

– Unsinn.

– Sie haben Menschen getötet, sie haben sie geschlagen, vergewaltigt, sie haben sie jahrelang eingesperrt. Und Mark musste sterben, weil er das alles herausgefunden hatte.

– Was erzählst du da nur?

– Die Wahrheit.

– Ist dir eigentlich klar, was du da sagst? Wir reden hier über Mord.

– Wir reden über wilde, tollwütige Tiere.

– Das hier ist kein Spaß, Blum.

– Ich weiß.

– Sie werden Reza richtig in die Mangel nehmen.

– Reza ist unschuldig.

– Ist er das?

– Ja. Du kannst mir glauben, Karl. Mark wurde umgebracht. Und der Mann, den sie ausgegraben haben, ist einer von denen, die es getan haben.

– Mark hatte einen Unfall, Blum.

– Nein. Mark wurde überfahren. Mit Absicht. Er musste sterben, weil er wusste, was in diesem Keller passiert ist.

– In welchem Keller?

– Der Keller, in dem sie den Jungen und die zwei Mädchen festgehalten haben.

– Du brauchst Hilfe, Blum.

– Wie meinst du das?

– Du redest wirres Zeug.

– Nein.

– Du bringst uns die Polizei ins Haus, du redest von Mord, von irgendwelchen Kellern und Mördern, das ist doch alles Unsinn, Blum.

– Du glaubst mir nicht?

– Es gibt keine Beweise für das, was du sagst, oder?

– Nein. Alle sind tot.

– Du hast einen Menschen umgebracht.

– Fünf, Karl.

– Bitte?

– Ich habe fünf Menschen umgebracht, nicht nur einen.

– Du bist keine Mörderin.

– Ich habe nur dafür gesorgt, dass sie niemandem mehr etwas tun können.

– Du hast Kinder, Blum.

– Das weiß ich.

– Sie brauchen dich.

– Auch das weiß ich, Karl.

– Ich habe mit den Kollegen geredet. Die DNA des Toten

wird gerade mit der Datenbank abgeglichen, es wird nicht lange dauern, und sie haben ein Ergebnis.

– Er heißt Benjamin Ludwig. Der verschwundene Schauspieler, du erinnerst dich bestimmt, oder?

– Bist du wahnsinnig, Blum? Weißt du, was das bedeutet? Die werden eine Hetzjagd veranstalten, die werden dich so lange suchen, bis sie dich finden.

– Ich weiß.

– Ich will jetzt sofort wissen, was passiert ist. Alles, verstehst du? Du wirst nichts auslassen, Blum. Ich will, dass du mir jede Kleinigkeit erzählst.

– Nein, Karl.

– Ich will dir doch nur helfen.

– Du hilfst mir, indem du dich um die Kinder kümmerst. Es ist das Einzige, was du wirklich für mich tun kannst. Bitte Karl. Kümmere dich um sie.

– Das tue ich doch.

– Schlafen sie?

– Sie sind im Kinderzimmer und spielen.

– Ich möchte ihre Stimmen hören, ich vermisse sie so. Bitte bring ihnen das Telefon.

– Nein.

– Warum nicht?

– Die Polizei wird auch mit ihnen reden. Und dann werden sie sagen, dass sie mit Mama telefoniert haben.

– Bitte, Karl. Sie glauben, ich bin in den Bergen und wandere, ich kann doch kurz mit ihnen reden.

– Das kannst du nicht.

– Warum nicht?

– Du hast dein Telefon zu Hause gelassen.

– Und?

– Die Polizei wird die Anruflisten unserer Anschlüsse durchgehen, und sie werden sehen, dass da kein Anruf war. Diese Wertkartentelefone, mit denen wir telefonieren, gibt es offiziell nicht, Blum. Sie werden das nicht auf sich beruhen lassen.

– Ich will doch nur kurz ihre Stimmen hören.

– Das hättest du dir früher überlegen sollen.

– Du verurteilst mich?

– Nein.

– Doch, das tust du.

– Du sagst, sie haben meinen Sohn umgebracht, oder?

– Ja.

– Also gut. Wir müssen jetzt abwarten. Alles richtig machen. Das mit dem Telefon war eine gute Idee.

– Es tut so verdammt weh, Karl.

– Was?

– Ich möchte sie in den Arm nehmen. Mit ihnen reden, ihnen sagen können, dass sie keine Angst haben müssen.

– Wir müssen warten, bis sich alles beruhigt hat hier. Vielleicht verläuft ja alles im Sand, noch fahnden sie nicht nach dir.

– Das ist nur noch eine Frage der Zeit, das weißt du.

– Irgendetwas fällt uns ein, Blum.

– Bitte sag ihnen, dass Mama sie lieb hat.

– Das werde ich.

– Ich muss jetzt auflegen, Karl.

– Ich werde dich wieder anrufen, wenn ich mehr weiß.

– Danke, Karl.

Dann drückte sie den roten Knopf. Karl verschwand. Blum konnte nicht mehr. Alles brannte, ihr Herz zog sich zusammen, war kurz davor, zu platzen. Sie musste etwas tun, sie musste Reza helfen, verhindern, dass er für sie ins Gefängnis kommen würde. Blum ertrug den Gedanken nicht, gar nichts mehr ertrug sie. Blum in dieser wunderbaren Suite. Allein im Dachgeschoss des Hotel Solveig. Mit Tränen in den Augen. Wieder. Leise liefen sie über ihre Wangen.

18

Mit hundertsechzig Stundenkilometern über die Autobahn war sie damals gefahren. Richtung Innsbruck, auf der Ladefläche der Sarg. Bertl Puch hatte geschrien, er wollte nicht länger eingesperrt sein, er wollte raus. Ein Albtraum war es, an den sie sich erinnerte. Sie musste an die Videos denken, die sie in seiner Wohnung gefunden hatte. Videos, auf denen er die Mädchen geschlagen, auf denen er sie mit einem Lächeln vergewaltigt hatte. Ein wildes Tier, tollwütig, weggesperrt in einer Kiste. Im Leichenwagen auf dem Weg in Blums Versorgungsraum. Völlig aufgelöst war sie gewesen, nervös, viel zu schnell. Damals.

Blum hatte am helllichten Tag einen Menschen entführt, sie war zu allem bereit gewesen. Wie wütend sie gewesen war. Und wie diese Wut in Angst umgeschlagen war, als ein Polizist sie angehalten hatte. Eine simple Verkehrskontrolle, die beinahe alles beendet hätte, Führerschein und Fahrzeugpapiere, ein gelangweilter Verkehrspolizist, der Interesse an dem Leichenwagen gefunden hatte. Blum war beinahe gestorben vor Angst, sie war ausgestiegen und hatte versucht, ihn abzulenken, sie hatte die Musik im Wagen so laut gestellt, dass er nichts mehr hören konnte. Nicht, wie Bertl Puch gegen den Sargdeckel trommelte. Nicht, wie er verzweifelt um Hilfe rief. Der Koch hatte um sein Leben geschrien und Blum um das ihre gezittert. Wie freundlich sie gewesen war, wie sie dem Uniformierten schöne Augen gemacht hatte, so lange, bis er sie fahren ließ. Mit dem schreienden Bertl Puch auf der Ladefläche.

Fünf Kilometer bis zur nächsten Parkbucht, fünf Kilometer noch diese widerliche Stimme aus dem Sarg, Blum erinnerte sich. Wie verzweifelt sie gewesen war, sie hatte sich dafür gehasst, dass sie sich in so eine Situation gebracht und mit dem Leben ihrer Kinder gespielt hatte. So wie jetzt. Zwei Jahre später stand Blum erneut am Abgrund, jeden Augenblick musste sie damit rechnen, dass alles zu Ende war, dass Uma und Nela ihre Mutter verlieren würden. Dass sie in irgendeiner Zelle verschwinden würde. Dieses Gefühl, sie erinnerte sich, es war wieder da, eine Mischung aus Wut und Verzweiflung und Hass. Wie sie damals aus dem Wagen gestiegen war und den Kofferraumdeckel aufgerissen hatte, an jeden Augenblick erinnerte sie sich. Wie sie den Kofferraum und den Sargdeckel geöffnet und zugeschlagen hatte, mit dem Wagenheber auf seinen Kopf. Immer wieder. Damit er aufhörte zu schreien. Damit es endlich wieder still war. Ohne zu denken, dumpf das Geräusch, Metall auf Haut, kaputtes Fleisch. Nur eine fremde Schädelplatte, die auseinanderbrach.

Plötzlich war alles wieder so nah. Das Töten. Und wie sie den Sargdeckel wieder geschlossen hatte und weitergefahren war. Friedlich war alles gewesen. Sie hatte wieder am Steuer gesessen und war weiter über die Autobahn gefahren, hatte kein Mitleid und keine Trauer verspürt, es war nur eine weitere Leiche gewesen, die sie abtransportierte. Blum hatte mit wenigen Schlägen die Normalität wiederhergestellt, keine Stimme war mehr aus dem Sarg gekommen, keiner hatte mehr ihr Leben bedroht, es war nur ein Leichenwagen gewesen, nur ein Verstorbener auf dem Weg in ihren Versorgungsraum, um dort zerlegt und entsorgt zu werden. Einer von den Bösen, einer dieser fünf Männer, ein Kopf, Rumpf, Arme und Beine, Leichenteile, die sie in den Särgen irgendwelcher Verstorbener verstecken wollte. Leichenteile, die Reza Stunden später zufällig entdeckt hatte.

Blum war gerade dabei, Bertl Puchs Beine in zwei Teile zu zersägen, als Reza den Raum betreten hatte. Sie hatte diese grandiose Idee gehabt, die Männer einfach auf dem Friedhof zu entsorgen, sie häppchenweise zu bestatten. Wie ein Stück Fleisch aus dem Supermarkt hatte sie ihn zerlegt, ihn verpackt, ihn in Plastiksäcke gestopft. Doch sie hatte vergessen, den Versorgungsraum abzusperren, Reza hatte alles gesehen. Und trotzdem blieb er. Von einem Moment zum anderen war er für sie da gewesen.

So lange war alles her. Wortlos hatte Reza damals neben ihr gestanden und sich einen Überblick verschafft. Gelassen und unaufgeregt, er hatte nicht gefragt, nicht geurteilt, nichts gesagt. Über eine Minute lang, dann hatte er sich Schürze und Handschuhe angezogen und begonnen zu helfen. Ohne Fragen zu stellen, ohne Blums Antworten hören zu wollen, er hatte es einfach getan. *Es schaut so aus, als würdest du meine Hilfe brauchen. Wir müssen darauf achten, dass die Särge nicht zu schwer werden. Wir müssen jetzt alles richtig machen, Blum.* Fast gleichgültig hatte er gewirkt, Blum hatte ein Blutbad im Versorgungsraum angerichtet, und er hatte ihr beim Aufräumen geholfen. Ein treuer Soldat im Krieg, ein Gefährte, den sie vermisste. So gerne wäre sie jetzt bei ihm, würde sie neben ihm liegen, sich verkriechen in seiner Achselhöhle.

Bis vor wenigen Tagen war er an ihrer Seite gewesen, ihr Gefährte, ihr Freund, ihr Mitwisser und Geliebter. Reza und Blum. Wie sehr sie sich nach ihm sehnte. Dass er bei ihr war, dass er mit ihr durch dieses Hotel lief, mit ihr redete, ihr sagte, was sie tun sollte, wie sie ihre Kinder zurückbekam. Wohin sie gehen sollte, was sein würde. Alles. Nachdenken neben ihm. Still liegen neben ihm. Neben Reza, nicht neben Ingmar. Seine vertraute Stimme, nicht die von Ingmar. Reza, der seinen Arm um sie legte und flüsterte. *Alles wird gut.* So wie er es immer getan hatte. So wie Mark es getan hatte. Egal, wie schlimm es gewesen war. Wie sehr es geblutet hatte. *Alles wird gut.* Blum sehnte sich nach seiner Stimme. Doch da war nichts. Es gab keinen Reza in diesem Hotel, nirgendwo eine Spur von ihm. Reza saß in Untersuchungshaft, sie setzten ihn unter Druck, sie machten einen Verbrecher aus ihm, während Blum in einem großen Himmelbett lag und hinaus ins Dunkel starrte.

Sie hoffte, dass er seinen Mund hielt. Nichts sagte. Dass er log und sich dumm stellte. *Ich weiß nicht, wie die Leichenteile in die Särge gekommen sind. Ich habe keine Ahnung, vielleicht hat jemand anderer die Gräber noch einmal geöffnet. Warum sollte ich so etwas tun? Warum sollte meine Chefin so etwas tun? Keine Ahnung. Egal, wie oft ihr mich noch fragt. Ich weiß es nicht.* Blum hoffte es. Dass er schwieg, dass er still war, bis der Sturm vorüber war. Bis sie ihn wieder gehen ließen. Nach Hause zu den Kindern, Blum hoffte es, sie betete dafür. *Bitte, pass auf dich auf, Reza.* Sie lag wach und flüsterte es. *Ich vermisse dich.* Ganz leise. *Bitte, komm und hilf mir, Reza.* Dann schlief sie ein und träumte wieder.

19

Eine lange Nacht in einem großen Himmelbett. Nackt lag sie in weißen, unschuldigen Laken und blickte am Morgen hinaus in den Wald. Die Zeit wollte nicht vergehen. Im goldenen Badezimmerspiegel sah sie eine Frau mit verwischter Wimperntusche, getrocknete Tränen auf ihrer Haut, das Telefon wie festgegossen in ihrer Hand.

Ein neuer Tag schlug auf sie ein. Warten. Tatenlos herumsitzen, sich verstecken in diesem schrecklichen Haus. Blum ertrug es kaum noch, die Zeit verging nicht, kurz vor Mittag hielt sie es nicht mehr aus und rief ihn an. Karl sollte ihr sagen, was er in Erfahrung gebracht hatte. Ob die Polizisten noch da waren, ob er schon mehr wusste als am Vorabend. Blum rechnete damit, dass wieder nur das Freizeichen sie quälen würde, doch Karl hob ab. Er war mit den Mädchen im Auto unterwegs, kurz angebunden, angespannt, er hatte kein schönes Wort für sie, keinen Trost, sagte nur, dass sie sich fernhalten sollte. Blum hörte die Mädchen auf dem Rücksitz, wie sie spielten, sie stellte sich das vertraute Bild vor, Uma und Nela auf dem Weg in die Kindergruppe, Karl am Steuer. Er sprach ganz leise, er wollte nicht, dass sie hörten, was ihr Opa sagte. Mit wem er sprach, dass er ihrer Mutter mit seinen Worten wehtat. *Du darfst nicht zurückkommen. Auf keinen Fall. Du bleibst, wo auch immer du bist. Tauchst unter, rührst dich nicht vom Fleck. Hast du mich verstanden?* Alles in Karls

Stimme sagte ihr, dass er es ernst meinte, dass die Situation zu Hause eskalierte. Karl, der sonst der gutmütigste Mensch auf dieser Welt war, beschwor sie, fast war es eine Drohung, er warnte sie, eigentlich war es ein Befehl und keine Bitte. *Egal, was passiert, du kommst nicht zurück.* Dann legte er auf. Ließ Blum wieder allein. *Ich kann jetzt nicht sprechen,* hatte er gesagt. Kein weiteres Wort mehr. Nur Blum auf einem Barhocker. Mehr als allein. Der erste Gast seit zwanzig Jahren.

Nur die fleißige Hausdame kam irgendwann und schaute nach dem Rechten. Gertrud grüßte mit einem Lächeln und duldete es, dass Blum sich einfach an der Bar bedient und eine der teuersten Flaschen geöffnet hatte. Gertrud bemühte sich, freundlich zu sein, die Ablehnung vom allerersten Tag war zwar verschwunden, aber da war auch keine Zuneigung. Nichts mehr von dem Gefühl vom Vortag, die Liebe zu Björk in ihrem Gesicht, die Hände, die sich gehalten hatten. Es war nur noch Höflichkeit. *Ich hoffe, du fühlst dich wohl. Wenn du schwimmen willst, lege ich dir frische Badetücher bereit.* Nur belanglose Sätze, die sie Blum gemeinsam mit dem Abendessen an der Bar servierte. Nichts mehr über sich, über die Familie, über die Vergangenheit. Gar nichts.

Gertrud. Nur die Frage nach Ingmar beantwortete sie. Kurz bevor sie wieder verschwand, wollte Blum wissen, wo er war, was er machte, Blum wollte nicht länger allein sein in dem riesigen Haus. Nicht länger nur warten, ihrer Angst Raum geben, sie wollte sich ablenken, trinken, reden, irgendetwas tun, das den Tag kürzer machte, die Nacht. Mit Ingmar. *Er ist wahrscheinlich dort, wo er immer ist,* sagte Gertrud. *In seinem Atelier im neunten Stock. Zimmer 937. Frühstück gibt es mor-*

gens ab acht. Dann drehte sie sich um und verließ das Haus. Sie wollte keine Nähe mehr, nicht mehr reden mit Blum. Müde und misstrauisch schlich sie zurück in ihr Reich, zurück ins Personalhaus. Lautlos fast.

Blum trank teuren Wein und fuhr mit dem Lift nach oben zu Ingmar. Sie musste sich entschuldigen bei ihm, sie hatte ihn zurückgewiesen, ihn schlecht behandelt, obwohl er nur helfen wollte. Blum wusste, dass es notwendig war, sie spürte es, ihr schlechtes Gewissen flüsterte es bereits den ganzen Tag über in ihr Ohr, sie wollte es gerne ungeschehen machen. Es zurücknehmen, was sie zu ihm gesagt hat. Sie wollte ihm sagen, dass es ihr leidtat. Und dann mit ihm trinken, über belanglose Dinge reden, über seine Kunst, über Filme und Musik. Blum wollte so tun, als wäre alles gut, als wäre nichts zwischen ihnen passiert. Sie war so allein, dass sie alles für ein bisschen Nähe getan hätte.

Blum lief den Gang entlang. Zimmer 937, Ingmars Welt. Hinter einer alten Zimmertür wartete eine Überraschung auf Blum. Wo man Betten, Kästen und ein Badezimmer vermutet hätte, öffnete sich ein wunderschöner Raum. Hell, weiß, eine Lichtkuppel an der Decke, groß, beeindruckend, ein Innenhof im neunten Stock. Es mussten mehrere Zimmer zusammengelegt worden sein, Ingmar hatte sich ein Paradies im Paradies erschaffen, einen Ort, an dem Blum sich sofort wohlfühlte. Kein Stuck, nichts Barockes hier, nur gerade Linien, klare Formen, weiße Wände, Glas und Steinböden. Mit offenem Mund und einer Flasche Wein in der Hand stand sie da und schaute. Ingmar war neben ihr, er hatte ihr Klopfen gehört und ihr die Tür geöffnet. Geduldig wartete er, bis sie den Raum erfasst hatte, bis sie ihn anschaute und etwas sagte. Leise. *Es tut mir leid*, flüsterte sie. *Komm herein und mach die Tür zu*, sagte er.

– Ich wollte dich nicht verletzen, Ingmar.
– Nein?
– Ich hatte Angst, Ingmar. Dass es noch schlimmer wird.
– Ich wollte dir nur helfen.
– Du darfst mich nicht immer ernst nehmen. Was ich gesagt habe. Ich bin dir sehr dankbar für alles, was du für mich getan hast. Dass ich hier sein darf. Dass du Karl das Telefon gebracht hast.
– Hast du mit ihm geredet?
– Ja.
– Und?
– Schaut nicht gut aus. Karl ist sehr beunruhigt, und das bedeutet nichts Gutes.
– Das wird schon wieder, Blum.
– Das wird es nicht. Das ist die Endstation hier, Ingmar. Ich kann nirgendwo sonst hin, es wird nicht mehr lange dauern, und ein ganzes Land wird mich suchen.
– Abwarten, Blum.
– Ich kann nicht mehr warten, ich tue den ganzen Tag nichts anderes, ich will nicht mehr, verstehst du? Ich ertrage es nicht mehr, hier herumzusitzen und nichts tun zu können. Ich halte das verdammt noch mal nicht mehr aus.
– Das verstehe ich. Deshalb ist es gut, dass du jetzt hier bist. Wir können reden, es fällt uns bestimmt etwas ein.
– Ich muss zu meinen Kindern, Ingmar.
– Du weißt, dass das nicht geht.
– Ich will es aber.

– Setz dich, Blum.

– Ich will mich nicht setzen, ich muss sie in den Arm nehmen, sie von dort wegholen, ich kann sie doch nicht einfach zurücklassen.

– Du wirst sie wiedersehen.

– Woher willst du das wissen?

– Ich weiß es einfach. Du wirst deine Kinder wiedersehen.

– Du solltest besser deine Finger von mir lassen, Ingmar.

– Warum?

– Ich bin nicht gut für dich.

– Warum solltest du nicht gut für mich sein?

– Schau mich an. Hör mir zu. Denk daran, warum ich hier
bin.

– Ich mag dich.

– Ich habe Menschen umgebracht.

– Nicht, seit ich dich kenne.

– Es war ein Fehler, dass wir miteinander geschlafen haben.

– Hör auf, dir darüber Gedanken zu machen, Blum.

– Björk war deine Schwester.

– Jetzt setz dich doch bitte. Ich sagte dir doch, wir werden für
alles eine Lösung finden.

– Werden wir das?

– Ja.

Er ging und öffnete eine Vitrine. Er holte zwei Gläser und
kam zurück. Seine Behinderung sah sie nicht mehr, sein stei-
fes Bein, Blum sah nur diesen Mann, der in diesem wunderschönen Raum Wein in Gläser füllte. Ingmar in weißen
Hosen und weißem Hemd, unschuldig wirkte alles, fast wie
im Himmel fühlte sie sich.

Hätte Blum nicht gewusst, dass überall sonst die Hölle

tobte, hätte sie sich diesem Gefühl einfach hingegeben. Dem Weiß, der Schönheit dieses Raumes, Ingmar, seiner Gutmütigkeit. Mit liebenswerter Beharrlichkeit bestand er immer noch darauf, ihr zu helfen, trotz allem, was er wusste, saß er neben ihr auf der Couch und redete mit ihr. Er hatte keine Angst vor der Mörderin, Ingmar blieb. Ohne groß darüber nachzudenken, verzieh er ihr, dass sie ihm wehgetan hatte. So verrückt es auch war, Ingmar tat gut. Er füllte die Leere, ein vertrauter Mensch, der ihr Mut machen wollte. Obwohl Blum keine Zukunft mehr hatte, kein Leben mehr, das sie mit ihm hätte teilen können, war er wie ein ruhiger Fluss, der sie mitriss. Überall war plötzlich Wasser, das durch eine schöne Winterlandschaft rann, in gleichbleibendem Tempo, liebevoll, Ingmar. Und Blum ließ sich treiben. Mit einem Weinglas in ihrer Hand.

Da war nur mehr dieser Raum. Sein Atelier, ein Rätsel, das sie versuchte zu lösen. Amüsiert schaute Ingmar ihr zu, wie sie nach seinen Bildern suchte, Blum ging herum mit fragenden Augen, sie suchte nach Erklärungen zwischen Farbtöpfen und Pinseln, sie starrte auf leere Wände. Und dann entdeckte sie in einer Ecke die schneeweißen Kaninchen. Ingmar schaute ihr gelassen zu, wie sie den Käfig öffnete und ein Kaninchen hochnahm, wie Blum es streichelte und weiter durch den Raum streifte. *Was für ein süßes Tier*, sagte sie, während sie wieder nach Ingmars Arbeiten suchte und verständnislos ihre Schultern nach oben zog. Keine Bilder, keine Kunst, nichts, das er geschaffen hatte. Nichts, das sie sehen konnte. Nur vier Kaninchen in einem Käfig. Vier Kaninchen im Paradies.

Ingmar schmunzelte, weil Blum ihre Verwunderung nicht verbarg. *Ich dachte, du bist Künstler,* sagte sie. *Bin ich,* sagte er und öffnete unvermittelt einen großen weißen Schrank. Und da waren sie, Hunderte von Bildern. Was normalerweise an Wänden hing, fand man hier zusammengerollt, ordentlich verstaut, verborgen in einem Schrank. Unzählige Leinenrollen, gestapelt vom Boden bis zur Decke, militärische Ordnung, nicht das, was man von einem Künstler erwarten würde, System bis in den letzten Winkel, alles lag in Reih und Glied. Seine Werke, katalogisiert, sie trugen Nummern, garantiert wusste er, welches Bild an welchem Platz lag. Ingmar. Blum schaute ihn an und streichelte das Kaninchen, das sich wohlig an sie schmiegte. Sie staunte, Neugier packte sie. *Darf ich sehen, was du machst? Zeigst du mir deine Arbeiten?* Ingmar lächelte. *Gerne,* sagte er und zog wahllos eine Rolle aus der Mitte seiner Sammlung. Blum ging gespannt einen Schritt zurück, während er das Leinen vorsichtig auf den Boden legte. Wie einen Schatz behandelte er sein Werk, stolz stand er auf und wartete. Auf Blums Reaktion. Darauf, was sie sagen würde. Was in ihrem Gesicht passierte. Darauf, dass sie mehr wollte.

Rotbraun auf Weiß. Weißes Leinen und rotbraune Farbe. Geschüttet, verschmiert, gespritzt. Das erste Bild, das er ihr zeigte, und auch das zweite, sie unterschieden sich kaum. Auch das nächste Bild, das er aus dem Schrank nahm, war den anderen ähnlich. Und das nächste auch. Blum bat ihn, noch weitere Bilder vor ihr auf dem Boden auszubreiten, sie konnte nicht glauben, dass es immer dasselbe war, nur Rotbraun auf Weiß. Der einzige Unterschied bestand darin, wie er die Farbe aufgetragen hatte. Es war nichts Besonderes in ihren Augen, es berührte sie nicht. Schon hundertmal gewesen, es fesselte nicht, faszinierte nicht. Es war nicht das, was sie erwartet hatte. Überall am Boden seine Bilder. Wo Steinboden gewesen war, lagen jetzt seine Werke, ein skurriles Bild, als Blum sich an die Wand stellte und in den Raum schaute. Blutflecken überall, offene Wunden, wo sie hinsah, der Raum, der eben noch rein gewesen war, war jetzt verletzt. Jedes einzelne Bild schrie, man sah, wie Ingmar litt, wie zerrissen er war, wie kaputt. Ein Meer aus Schmerzen war es, Bild für Bild erzählte, was in ihm war. Was er fühlen musste, wenn der Schrank geschlossen war, wenn die Bilder tief verborgen an ihrem Platz lagen.

Vielleicht fünfzig von dreihundert Werken waren es, die er ihr zeigte, nur eine Auswahl, ein Blick in seine Seele, der ihn nackt zeigte, verletzt. Blum stand da und schaute. Sagte nichts, die ganze Zeit über hatte sie nur das Kaninchen gestreichelt. Auch Ingmar schwieg, er sah ihre Enttäuschung, er sah in ihrem Gesicht, was sie dachte, Blum konnte es nicht verbergen. Sie empfand Mitleid für ihn, Ingmar tat ihr leid, für sie war er in diesem Moment nur der verwundete kleine Junge, der seine Mutter verloren hatte, der Künstler, der es nicht geschafft hatte, sich zu etablieren, der erfolglos irgendwelche Aktionisten kopierte. Der reiche Sohn, der sinnlos auf seinem Luxusspielplatz herumtollte. Nicht mehr.

– Du kannst es ruhig sagen.
– Was?
– Dass du lächerlich findest, was ich mache.
– Das tue ich nicht.

- Es ist nicht so, wie du denkst.
- Was denke ich denn?
- Dass ich ein armes Schwein bin.
- Das denke ich nicht.
- Doch, das tust du, Blum.
- Ich kenne mich nicht aus mit Kunst.
- Die Bilder gefallen dir nicht.
- Wie gesagt, Ingmar, ich habe keine Ahnung von Kunst. Was du hier machst, was es zu bedeuten hat. Ob es gut ist oder nicht.
- Du denkst, dass ich verrückt bin.
- Gar nichts denke ich, Ingmar. Ich bin Bestatterin, ich kümmere mich um tote Menschen, damit kenne ich mich aus. Aber nicht mit Bildern.
- Ich arbeite schon sehr lange an dieser Serie.
- Schaut so aus.
- Es ist mehr, als du denkst. Viel mehr.
- Bitte glaub mir, Ingmar. Du könntest mir auch einen Picasso hinlegen, und ich würde dasselbe denken wie jetzt. Nämlich gar nichts.
- Falls du denken solltest, dass es etwas mit meiner Mutter oder Björk zu tun hat, dann irrst du dich.
- Wenn du das sagst.
- Leo und ich haben uns auf der Akademie intensiv mit dem Tod auseinandergesetzt.
- Mit dem Tod?
- Ja.
- Du und Kuhn?
- Wir haben unsere Abschlussarbeit zusammen geschrieben. Über das Sterben in der Kunst.
- Gefällt dir, was dein Freund macht?

– Ich denke, es ist eine Notwendigkeit. Er muss das machen, er kann nicht anders. Genauso wie ich.
– Kuhn muss also Menschen ausstopfen?
– Ja.
– Das ist doch sinnlos.
– Alles hat einen Sinn.
– Nein.
– Dass du hier bist zum Beispiel.
– Es ist Zufall, dass ich hier bin.
– Ist es nicht.
– Was dann?
– Schicksal. Und es hat unmittelbar mit dem Sterben zu tun.
– Unsinn.
– Jetzt denk mal nach, Blum. Du hast entdeckt, dass du eine Schwester hast, die gestorben ist. Kurz bevor man den Kopf und die Beine in dem Grab gefunden hat.
– Und?
– Du bist hier, weil jemand gestorben ist.
– Schwachsinn, Ingmar.
– Es ist Schicksal, dass du jetzt hier stehst und meine Arbeiten betrachtest. Und der Motor für alles war der Tod.
– Alles hat also einen Sinn?
– Ja.
– Dass ich mich hier verstecken muss? Dass ich meine Kinder nicht sehen kann? Das meinst du? Dass ich nie wieder zurückkann? In mein Haus, in mein Leben, nie wieder? Meinst du das?
– Nein.
– Was meinst du dann, Ingmar? Da steckt kein höherer Sinn dahinter, glaub mir.
– Das ist Kunst, Blum. Etwas Neues entsteht.

– Ich bin mir nicht sicher, ob es sinnvoll ist, dass wir weiter
so darüber reden.
– Ich habe mich mein ganzes Leben lang mit dem Sterben
beschäftigt, Blum.
– Ich auch. Und deshalb verstehe ich nicht, was du hier
machst. Erklär es mir bitte, die immer selbe Farbe, die zu-
sammengerollten Bilder, was soll das?
– Ich male es.
– Was?
– Das Sterben.
– Ich wusste doch, dass mir das zu hoch ist.
– Nein, nein, Blum. Es ist ganz einfach. Ich halte den Augen-
blick des Todes auf der Leinwand fest, diesen kleinen Mo-
ment, in dem das Licht ausgeht. Die Millisekunde, in der es
dunkel wird.
– Und wie machst du das?
– Willst du das wirklich wissen?
– Ja, Ingmar. Jetzt wo du dein ganzes Schaffen vor mir aus-
gebreitet hast, können wir auch darüber reden. Außerdem
habe ich nichts anderes zu tun, wie du weißt. Ich habe viel
Zeit, dir zuzuhören.
– Bist du dir sicher?
– Alles, was mich daran hindert, zu viel zu denken, ist gut.
Also leg endlich los.
– Es könnte sein, dass dich das verstört.
– Keine Sorge, mich verstört so schnell nichts.
– Wie du meinst, dann setz dich, ich zeige es dir.

Blum ließ sich in das weiße Sofa fallen. Mit Gewalt versuchte
sie, nicht an Karl zu denken, jeden aufkeimenden Gedanken
verwarf sie, sie schob ihn von sich weg, legte das Telefon aus

der Hand. Neben dem Kaninchen, das auf Blums Schoß kauerte, war da nur Ingmar, nur das, was er ihr zeigen wollte, seine Kunst, die Entstehung einer weiteren Wunde. Es war ein Vertrauensbeweis, Blum war davon überzeugt, dass er gewöhnlich niemanden zusehen ließ, wenn er malte. Ingmar war aufgeregt, er wirkte nervös, seine Mundwinkel zitterten, so als hätte er Angst, dass sie es nicht gut finden könnte. Als wäre Blums Urteil wichtig für ihn, als würde gleich etwas Großes passieren, für das er sie unbedingt begeistern wollte.

Ingmar. Wie eindringlich er sie anschaute. Und wie es aus seinem Mund kam. *Blum. Du bleibst sitzen, egal was passiert. Hast du mich verstanden? Du bleibst sitzen, versprochen?* Blum verstand ihn nicht, aber sie versprach es. Sie war gespannt und neugierig, ihre Blicke lagen auf Ingmar, auf seinen Händen. Er bückte sich, räumte die Bilder am Boden behutsam zur Seite und befestigte eine leere Leinwand an der Wand. Blum war froh, dass sie einfach nur dasitzen durfte, dass sie nichts tun musste, sie hatte keine Idee, was kommen würde, was so befremdlich sein konnte, dass er das Bedürfnis gehabt hatte, sie davor zu warnen. Alles war ihr recht, fast war sie dankbar. Nichts entscheiden zu müssen, einen Augenblick lang nicht an das Telefon denken zu müssen, das vor ihr lag. Nur Ingmar.

Er stand da und fragte sie noch einmal, ob sie bereit wäre, ob es losgehen könnte. Blum nickte nur, innerlich schüttelte sie den Kopf, machte sich lustig über ihn, sie wartete gespannt auf seine Vorführung, so wie sie es immer getan hatte, wenn Uma und Nela ihr die neuesten Kunststücke vorgeführt hatten. Kindertheater im Hotel Solveig, trotzdem bemühte sie sich, ihm das Gefühl zu geben, dass sie ernst nahm, was er tat. Den großen Künstler, der mit einem Lächeln auf sie zukam und ihr das Kaninchen aus den Händen nahm. Liebevoll streichelte er es. Vier Sekunden lang war alles noch friedlich. Dann schleuderte er es mit voller Wucht gegen die Wand.

20

Lange war da nur Blums offener Mund. Das Entsetzen in ihrem Gesicht, ihre Ohnmacht. Weil sie nicht verstand, was passierte. Dass da diese roten Flecken waren auf der Leinwand, Blut, das nach unten rann. Immer wieder das Kaninchen, das durch die Luft flog. Wie es aufplatzte, wie sich das Blut auf der Leinwand verteilte und wie Ingmar es wieder von neuem hochhob und auf die Leinwand warf. Obwohl es längst tot war, er verschonte es nicht. Es ging so lange, bis das weiße Fell rot war. Bis das Bild fertig war.

Blums Verstand wollte es nicht fassen. Ingmar hatte mit aller Kraft das kleine, unschuldige Leben beendet. Wegen eines Bildes. Wie gelähmt saß sie da und schaute zu. Weil sie es ihm versprochen hatte, sie konnte nicht anders, sie wusste nicht, wie sie reagieren sollte, es ging zu schnell, sie hatte keine Zeit zu reagieren, das Kaninchen war schon tot, ehe sie auch nur begriffen hatte, was vor sich ging. Es war nur noch die Vollendung, der Schmuck, den Ingmar noch anbrachte, warmes Blut um den ersten Fleck, rund um den Ort, an dem das Tier gestorben war. Rund um den Augenblick, in dem er das Licht ausgelöscht hatte. Kunst. Ein Bild nur, das an der Wand hing.

Drei Minuten später landete das tote Kaninchen im Müll. Blum schaute zu, wie er es wegwarf. Wie er das Blut aufwischte, das auf den Boden getropft war. Still und rot war alles, lange schaute sie einfach nur. Wie sehr sie Ingmar in diesem Moment hasste. Dass er so grausam sein konnte, keine Miene verzogen hatte, kein Mitleid empfand. Sie hatte ihn schlagen wollen, mit ihren Fäusten auf seine Brust trommeln, ihn stoppen wollen. Aber sie hatte es nicht getan, irgendetwas hatte sie daran gehindert, ihn aufzuhalten. Sie hatte sich nicht gerührt, alles einfach geschehen lassen. Blum. Langsam fand sie ihre Worte wieder. Sie wollte sie ihm an den Kopf werfen, doch Ingmar fing sie auf und warf sie zurück. Nebeneinander saßen sie. Beide schauten das Bild an.

– Warum hast du das getan?
– Das ist Kunst, Blum.
– Das ist Mord.
– Das war nur ein Kaninchen.
– Und du hast es getötet.
– Und?
– Du hast es einfach an die Wand geworfen.
– Und du hast fünf Männern den Kopf abgeschnitten.
– Was soll das, Ingmar?
– Du solltest die Letzte sein, die mich dafür verurteilt, oder?
– Das kann man nicht vergleichen.
– Kann man nicht?
– Nein. Das Kaninchen hat niemandem etwas getan, es war völlig unschuldig. Du hattest keinen Grund, es zu töten.
– Es ist genau in dem Moment gestorben, in dem es auf der Leinwand angekommen ist, Blum. Und das sieht man auf diesem Bild. Das ist einzigartig.
– Das ist krank, Ingmar.
– Was ist kränker? Menschen zu töten oder Kaninchen?
– Die Bilder im Schrank. Das sind alles tote Tiere?

– Ja.

– Bitte nicht. Sag mir, dass es das erste Mal war, dass du so etwas getan hast.

– Nein, Blum, für jedes dieser Bilder ist ein Tier gestorben.

– Bitte, nicht.

– Ich habe es mit Kaninchen gemacht, mit Vögeln, mit Meerschweinchen und Katzenbabys.

– Warum erzählst du mir das? Warum hast du mir das gezeigt?

– Weil es das ist, was ich mache. Womit ich mich beschäftige, meine Arbeit. Mein Leben, Blum.

– Ich will das nicht wissen. Nichts davon.

– Es ist wichtig, dass es schnell geht. Die Fluggeschwindigkeit darf nicht zu gering sein, es ist wichtig, dass sie beim Aufprall sterben. Ich will sie ja schließlich nicht quälen.

– Du sollst damit aufhören.

– Das wird mein Durchbruch, Blum.

– Das ist grausam.

– Was du gemacht hast, ist auch grausam.

– Nein.

– Doch, Blum. Und trotzdem bin ich hier, trotzdem berühre ich dich, trotzdem mag ich dich. Trotzdem habe ich keine Abscheu vor dir. Und keine Angst.

– Ich bin müde, Ingmar.

– Es sind nur Tiere, Blum.

– Bitte, lass uns morgen darüber reden.

Blum stand einfach auf und ging. Aus dem Atelier, den Gang entlang, irgendwohin, wo er sie nicht finden konnte, nicht zurück in ihre Suite, in ihr Bett. Nicht mehr mit ihm reden. Über die Treppen nach oben, nach unten, Stufe für Stufe, an einen Ort, an dem er sie nicht vermuten würde. Blum allein im Kinderparadies. Neben Rutschen und Trampolinen, neben Bilderbüchern, Kaufladen und Kinderküche. Alles, was kleine Herzen begehrten, war hier zu finden, alles, was Uma und Nela glücklich gemacht hätte. Hier blieb sie, hier zog sie sich zurück, hier wollte sie vergessen, was sie getan hatte, was sie gerade gesehen hatte. *Nur Tiere*, hatte Ingmar gesagt. Nur Tiere, die er getötet hatte. So wie sie auch. Es waren wilde Tiere, die sie geschlachtet hatte, zerlegt und vergraben, die Mörder ihres Mannes, Bestien, Monster. Weil es sein musste, weil sie keine andere Wahl gehabt hatte, nur wilde Tiere, die sie aus dem Verkehr gezogen hatte. Ausgelöscht, an die Wand geworfen und vergraben. Überall war Kaninchenfell, das sich rot färbte.

Gedanken, die sie nicht haben wollte, die Wirklichkeit, die wehtat. Blum kauerte in einer Ecke des Spielzimmers und hielt einen Teddy in der Hand. Liebevoll streichelte sie ihn, so wie sie noch vor einer Stunde das Kaninchen gestreichelt hatte. Immer gleiche Bewegungen, ihre Hand, die verzweifelt über das Fell strich. Blum rührte sich nicht. Ganz still war sie, kein Wort hätte etwas geändert. Sosehr sie es auch verleugnen wollte, wusste sie doch, dass er recht hatte. Ingmar. *Was ist kränker? Menschen zu töten oder Kaninchen?* Im Vergleich zu dem, was sie getan hatte, war es wie ein Witz, was er machte. Seine erbärmliche Kunst, dieser Versuch, etwas Besonderes zu tun und herauszustechen. Wie hoffnungslos es war, wie wenig Blum daran glaubte. Dass er jemals nur einen Augenblick lang damit Erfolg haben könnte. Ein Spinner, ein Verlierer, traumatisiert von seiner Geschichte, gedemütigt. Kaputt. So wie sie.

Schicksal, hatte er gesagt. Sie wollte ihm seinen Mund stopfen. Sie hatte ihn gehasst dafür, dass er es gesagt hatte. Dass er es ausgesprochen hatte, was sie gedacht hatte. Dass es kein Zufall sein konnte. Alles. Die Zeitschrift am Strand, Björk auf dem Zebra, Kuhn in Nürnberg, Alfred, Ingmar und das Hotel. Das Horrorkabinett, eine Familiengeschichte, die unfassbarer nicht sein konnte, haarsträubende Lebensgeschichten, Verlust und Schmerz und Tod. Kuhns Designobjekte, Ingmars Sterbebilder, Solveigs und Björks Selbstmord, das leere Hotel. Ein gruseliger Film, Splatter fast, eine Ansammlung von Grausamkeiten. Blums Leben. Da war nichts Normales mehr. Der Wunsch, alles kaputt zu schlagen, war übermächtig. Blum wollte die Einrichtung aus dem Fenster werfen, sie wollte noch mehr Porzellan zerschlagen, dem Teddybären die Haare ausreißen, ihn anzünden, ihre Wut laut sein lassen. Irgendetwas zerstören, weil ihr Leben nichts mehr wert war. So wie damals, bevor Mark gekommen war. Alles wieder zurück auf Anfang. Zurück in ihre Kindheit, zu Hagen und Herta, zu diesen Eltern, die diesen Namen nicht verdient hatten. Zurück in die Hölle. Demütigung, Gewalt, keine Nähe, keine Berührung, keine Liebe für die kleine Blum. Nie. Nur die Toten. Keine Hand, die sie gestreichelt hatte. Kein Gutenachtkuss, kein gutes Wort, das ihr die bösen Träume genommen hatte. Nur ein Teddybär, den sie gestreichelt hatte. In einer Ecke unendlich allein.

Blum. Eine weitere Nacht lang ohne Ausweg. Immer wieder nahm sie das Telefon in die Hand und wählte Karls Nummer. Doch es blieb still, Karl hob nicht ab, er sagte ihr nicht, was vor sich ging, er half ihr nicht. Kein beruhigendes Wort, nur das Freizeichen, das ihr von Mal zu Mal noch mehr Angst machte. Angst davor, dass er sie fallen gelassen, dass er sich von ihr abgewandt hatte. Karl, ihre einzige Verbindung zu dem, was sie liebte. Eine Verbindung, die abgebrochen war. Eine Verbindung, die sie wiederherstellen musste. Egal, was es kostete. Wenn es wieder hell war, musste Blum etwas unternehmen, sie wollte Ingmar um Geld bitten, ihn fragen, ob er ihr ein Auto leihen könnte. Sie durfte nicht länger still sitzen, keinen Tag länger in diesem Haus bleiben, sie schwor es sich, sie musste weg, noch einmal würde sie sich nicht daran hindern lassen. Sie musste irgendetwas tun, das sie davon abhielt, über die Brüstung zu klettern und nach unten zu springen. So wie die anderen. Einfach fallen und liegen bleiben. Mit dem Teddybär in der Hand.

21

Sein Foto vor ihr. Sein Gesicht, dieses widerliche Grinsen und dieses Gefühl, an das sie sich erinnerte. Als sie ihn zum letzten Mal gesehen hatte, als sie ihm den Kopf abgesägt hatte, alles, was damals in ihr vorgegangen war, es kam wieder nach oben. Benjamin Ludwig war wieder da. Das Schlimmste, das passieren konnte, war eingetreten, einer der Mörder ihres Mannes lag vor ihr auf dem Frühstückstisch. Die Boulevardzeitung schrie es laut in die Welt hinaus, der vermisste Schauspieler strahlte auf der Titelseite, jeder in diesem Land wusste es jetzt, bestimmt zeigten sie es auf allen Sendern, mit hängenden Lefzen berichteten sie über das Drama um den Liebling der Nation, sie schrieben über das unfassbare Verbrechen, dem er zum Opfer gefallen war. Benjamin Ludwig, der vor zwei Jahren einfach spurlos verschwunden war, Benjamin Ludwig, den man monatelang auf der ganzen Welt gesucht hatte, er war endlich wieder in den Medien. Der blonde Sonnenschein aus Bayern sorgte wieder für gute Quoten, dieser schmierige Lügner brachte Blum immer noch fast dazu, sich zu übergeben.

Alles in ihr schrie, zog sich zusammen, es war wie ein Todesurteil, es war die Nachricht, die alles beendete. Dieses Foto, Ludwig entspannt im Polohemd auf dem Golfplatz. *Ludwig zerstückelt.* Die Schlagzeile, die Blum ins Gesicht schlug, noch bevor sie sich hingesetzt hatte. Das Frühstück, das Gertrud für sie gemacht hatte, rührte sie nicht an, sie starrte nur auf die Zeitung, die jemand für sie hingelegt hatte. So, dass sie es nicht übersehen konnte. *Der vermisste Seriendarsteller Benjamin Ludwig wurde Opfer eines Verbrechens. Zuverlässigen Quellen zufolge wurden Ludwigs Kopf und seine Beine in einem Grab auf einem Innsbrucker Friedhof entdeckt. Durch Zufall wurde ein entsetzliches Verbrechen ans Licht gebracht. Benjamin Ludwig ist tot.* Blum las es, sie saugte es auf, Zeile für Zeile, alles, was da stand. Ein DNA-Abgleich hatte ergeben, dass es sich um den vermissten Ludwig handelte, ein Verdächtiger war bereits in Untersuchungshaft, eine weitere Tatverdächtige auf der Flucht. *Nach der Bestattungsunternehmerin, die mit der Beerdigung des Mannes betraut gewesen war, in dessen Grab die Leichenteile gefunden worden waren, wird bereits gefahndet.* Schlag auf Schlag in die Magengrube, ins Gesicht, in den Unterleib. Jedes Wort riss eine Wunde auf. Blum setzte sich und las, immer wieder von vorne, immer wieder dieselbe Nachricht. Endstation. Aus. Alles.

Ein liebevoll gedeckter Frühstückstisch im Schwarzwald. Idyllisch, paradiesisch. Wäre da keine Vergangenheit gewesen, die auf Blum einprügelte, alles wäre gut gewesen. Vielleicht wären die Kinder gleich in den Wintergarten gestürmt, vielleicht hätten sie versucht, sie zu überreden, endlich mit ins Schwimmbad zu gehen. *Wir wollen nicht mehr warten, Mama. Wir wollen schwimmen gehen. Zu der langen Rutsche, Mama.* Weiße Tischdecken, die Sonne schien, es roch nach Kaffee, friedlich wirkte alles, doch Blum fühlte sich bedroht. Jemand wollte ihr sagen, dass sie keine andere Wahl mehr hatte, dass sie bleiben musste. Im Hotel Solveig, an diesem Frühstückstisch für immer, die gesuchte Mörderin auf

der Flucht, die zweifache Mutter, die ihre Kinder zurückgelassen hatte, eine Wahnsinnige, grausam und brutal. Niemand würde verstehen, warum sie getötet hatte. Man würde
mit Fingern auf sie zeigen, sie anspucken und verurteilen.
Und man würde es den Kindern sagen. Schon bald. Dass ihre
Mama ein Monster war. Niemand würde ihr glauben, dass
diese Männer es verdient hatten, dass jedes Kaninchen auf
dieser Welt mehr wert war. Mehr Recht hatte zu leben. Blum
war allein. Über eine Stunde lang war da nur dieses Foto, das
sie anstarrte. Und dann wie eine Erlösung das Klingeln des
Telefons, auf das sie so lange gewartet hatte.

– Warum um Himmels willen meldest du dich nicht?
– Es ist zu gefährlich, Blum, ich kann nicht lange reden.
– Ich drehe hier langsam durch, ich muss wissen, was da vor
  sich geht. Was passiert da, Karl?
– Sie haben deine Fingerabdrücke auf der Frischhaltefolie
  gefunden, mit der die Leichenteile verpackt waren. Sie ha-
  ben dich eben zur Fahndung ausgeschrieben, dein Bild
  wird morgen in allen Zeitungen sein.
– Sicher?
– Ja, sicher, Blum. Sie haben auch Rezas Fingerabdrücke
  gefunden.
– Bitte nicht.
– Du hast gesagt, dass er nichts damit zu tun hat.
– Reza kann nichts dafür, du musst ihm helfen, Karl. Bitte.
– Er kommt da nie wieder raus, Blum.
– Woher willst du das wissen?
– Es sind die Leute aus meinem ehemaligen Dezernat, die
  das hier aufklären. Kollegen, Blum. Wir reden. Für Reza ist
  es definitiv vorbei, da gibt es keinen Weg mehr zurück.

– Nein, nein, nein, irgendetwas müssen wir doch für ihn tun können.

– Das hier geht nicht gut aus.

– Nein.

– Das alles ist mehr, als ich verkraften kann.

– Es tut mir so leid, Karl.

– Da kommt noch mehr, Blum.

– Was?

– Sie wollen noch weitere Gräber öffnen.

– Warum?

– Sie suchen Ludwigs Rumpf und seine Arme. Es geht um alle Gräber, die zur selben Zeit von deinem Unternehmen geschlossen wurden. Sie gehen davon aus, dass du die Leichenteile auf mehrere Gräber verteilt hast.

– Genau so ist es, Karl. Sie werden alles finden, was sie suchen. Und mehr, wenn sie schlau sind.

– Was meinst du?

– Es sind noch mehr Menschen zum selben Zeitpunkt verschwunden. Sie werden die Vermisstenmeldungen durchgehen und Zusammenhänge zwischen diesen Personen herstellen. Und dann werden sie weitere Leichenteile finden.

– Ich muss jetzt auflegen, Blum.

– Du musst mit mir reden, bitte. Nicht auflegen, bitte bleib da, Karl.

– Ich kann nicht.

– Bitte, Karl. Du musst den Kindern sagen, dass ich nichts Falsches gemacht habe. Du musst ihnen sagen, dass ich kein Monster bin.

– Das wissen sie.

– Wo soll ich denn hin, Karl?

– Es läutet an der Tür, Blum, ich muss jetzt.

– Bitte nicht.

– Ich werde dich wieder anrufen. Pass auf dich auf.

– Bitte bleib.

Doch seine Stimme war weg. Er wollte nicht mehr. Nicht mehr mit ihr reden, für die Mörderin da sein. Verzweifelt wählte sie wieder und wieder Karls Nummer, doch es blieb still im Wintergarten. Da waren nur ihre Schreie, ihr Brüllen, der Lärm, den die Stühle machten, die sie durch die Luft warf. Blum randalierte, sie wollte noch mehr kaputt machen, sie wollte irgendetwas tun, damit sie nicht weinen musste, damit sie die Vormittagssonne in ihrem Gesicht nicht mehr spüren musste. Geschirr zerschlagen, damit sie nicht mehr an Reza denken musste. Daran, dass er eingesperrt war, dass er für etwas bestraft wurde, für das er nichts konnte. Blum sah ihn vor sich. In irgendeinem Verhörraum mit seinen traurigen Augen. Sein Schweigen. Wie er alles über sich ergehen ließ, wie alles zerfiel und verschwand. Was vor einer Woche noch war, ein gemeinsames Leben, die Arbeit im Institut, die gemeinsamen Abende, das Karge, Wortlose. Seine Mundwinkel, wenn sie ihn zum Lachen gebracht hatte. Weg alles. Da waren nur noch Scherben, nur noch der Blick hinaus in den Park. Beschnittene Bäume und Gertrud. Wie sie tot im Gras lag.

22

Eine Stunde später in seinem Arbeitszimmer. Gerührt stand Blum neben ihm. Alfred Kaltschmied weinte. Benommen versuchte er zu begreifen, was da passierte. Er wischte sich Tränen aus dem Gesicht, weil Gertrud unten im Park lag und sich nicht mehr rührte. *Sie ist tot*, flüsterte er immer wieder. Blum nickte nur. Nebeneinander standen sie und beobachteten, was vor sich ging. Überall waren Menschen, ein Krankenwagen, Polizei. Ingmar koordinierte alles, er war den Feuerwehrleuten behilflich, immer wieder blieb er stehen und hielt seine Hand vor den Mund. Auch er starrte mit entsetzten Augen auf die Leiche. So wie Alfred.

Blum versteckte sich in seiner Wohnung, sie hatte den alten Mann nach oben gebracht und war geblieben. Hinter dem Vorhang verbarg sie sich und verfolgte das Spektakel unten im Park. Alfred zitternd neben ihr, ein gebrochener Mann, der versuchte zu verdrängen, dass er gerade etwas sehr Wichtiges verloren hatte. Gertrud. Still lag sie da. Der Traktor, der sie überrollt und zerquetscht hatte, stand ganz in ihrer Nähe. Gertrud, die gute Seele des Hauses, hatte aufgehört zu atmen, Alfreds Vertraute, die Ziehmutter seiner Kinder, fast alles, was er noch gehabt hatte, lag jetzt zerquetscht im Garten.

Hilflos legte Alfred seinen Arm um Blum, er sagte nichts mehr, er hielt sich einfach nur fest an ihr. Und Blum ließ es zu. Obwohl sie selbst nichts lieber getan hätte, als in irgendeiner Umarmung zu verschwinden, Blum stützte ihn, war für ihn da. Vormittags im Totenhaus. Wie in diesem fürchterlichen Kinderlied war es. *Ein kleines Negerlein,/Das fuhr mal in der Kutsch,/Da ist es unten durchgerutscht,/Da war'n sie alle futsch.* Solveig, Björk, Gertrud. Wieder einer weniger, und Blum saß in der ersten Reihe, sie hatte Alfreds Schreie gehört. *Helft mir. Bitte, helft mir doch. Gertrud. Bitte helft mir. Was ist mit dir, steh auf, Gertrud.* Immer wieder sein Flehen. Er hatte sich über sie gebeugt, Alfred unter dem Kirschbaum. Wie er sie im Arm gehalten hatte und wie Blum losgerannt war.

Im ersten Moment hatte sie gedacht, Gertrud hätte sich nur verletzt. So schnell sie konnte, war Blum nach draußen gelaufen, sie wollte helfen, doch sie war zu spät gekommen. Gertrud war tot, und Alfred war dabei gewesen, das zu begreifen. Er war verzweifelt gewesen, wollte es nicht wahrhaben, das Blut, der große Gummireifen auf Gertruds leblosem Leib. Blum und Alfred konnten sie nur noch von dem Traktor befreien, das Ungetüm zur Seite schieben. Ein Unfall war es gewesen. Eine willkommene Ablenkung für Blum, ein Problem, das sie ihr eigenes Elend kurz vergessen ließ, eine Unregelmäßigkeit, die alle rund um sie herum aus der Bahn warf. Es herrschte Chaos, Blum versuchte, die Situation zu beruhigen, sie tat das, was sie am besten konnte. Ruhig und gefasst kümmerte sie sich um die Leiche, sie drehte Gertrud zur Seite, damit man die schlimmsten Verletzungen nicht mehr sehen konnte, sie schloss ihre Augen, den Mund, sie bedeckte die zerquetschten Körperteile mit ihrer Jacke, und sie versuchte, Alfred von ihr fernzuhalten. Blum redete liebevoll auf ihn ein, bat ihn, mit ihr zu kommen, nach oben zu gehen, Ingmar zu suchen. Ganz plötzlich war Blum stark, sie handelte einfach, machte ihre Arbeit, ohne nachzudenken. Erstversorgung der Leiche, Gespräche mit den Angehörigen, Trauerbegleitung, sie fing die ersten Tränen auf, umarmte ihn. Dann zog sie ihn mit sich zurück ins Hotel, sie wollte niemandem begegnen, kein Mensch sollte wissen, dass sie hier war, niemand sollte fragen, wer die fremde Frau war. Bald würde sie in jeder Zeitung sein, man würde sie wiedererkennen. Schnell war sie also aus dem Park verschwunden, hatte sich wieder im Innern des Solveig verkrochen. Mit Alfred an ihrer Seite.

Irgendwie wunderte sie sich nicht. Sie hatte geahnt, dass noch etwas passieren würde. Dass es nicht aufhören würde. In riesengroßen Leuchtbuchstaben hatte es in der Hotelhalle an der Wand gestanden, hatte es am Dach des Hauses geprangt. Wenn sie nicht so naiv gewesen wäre, hätte sie es gesehen. *Geh weg von hier. Geh weit weg und komm nicht zurück.* Blum hatte es gespürt, doch sie war geblieben, war nicht weggerannt, den Hügel hinunter in die Stadt. Sie wollte unbedingt an ein Märchen glauben, an eine Schwester, an die heile Welt, von der sie immer geträumt hatte. Aber da war nur der zitternde Alfred, der dieses Hotel seit zwanzig Jahren leer stehen ließ, und da war Ingmar, der nichts anderes tat, als Kaninchen an die Wand zu werfen.

Wie in einem Film war alles. Sie beobachtete, wie ihre Welt zusammenbrach und sie selbst dem Ende entgegenraste. Was drunten im Park passierte. Was zu Hause passierte. Langsam und ohne etwas zu fühlen, schüttelte sie den Kopf. Ausweglos war alles. Alfreds Finger trommelten verzweifelt auf sie ein, seine Hand lag immer noch auf ihrer Schulter, er stand neben ihr und beobachtete, wie die Bestatter Gertrud in den Transportsarg legten und den Deckel schlossen. Blum konnte es in seinen Fingerspitzen spüren, wie es ihn beinahe zerriss, deshalb ließ sie seinen Arm noch kurz auf sich liegen. Bis er sich beruhigte, dann wollte sie gehen, davonrennen. Egal wohin. Nur weg. An einen Ort, wo man sie nicht kannte, wo man nicht wusste, was sie getan hatte. Bevor er die Zeitung lesen würde, bevor er begriff, wer sie war.

– Ich kann nicht länger hierbleiben, Alfred.
– Die Handbremse war nicht fest genug angezogen.
– Ich werde nicht wiederkommen.
– Der Traktor muss nach hinten gerollt sein, gerade als sie sich gebückt hat. Wahrscheinlich wollte sie einen Apfel aufheben, der noch gut war.
– Ich möchte mich dafür bedanken, dass ich hier sein durfte. Aber ich muss wirklich los.
– Was soll ich ohne sie nur machen?
– Ich weiß es nicht.
– Ich habe immer gesagt, sie soll einen Gärtner kommen lassen. Ich wusste, dass irgendwann etwas passieren würde.
– Wenn Gertrud weg ist, werde ich fahren.
– Ohne sie funktioniert das hier nicht. Sie hat das alles zusammengehalten, ohne sie gäbe es das Solveig nicht mehr. Schon lange nicht mehr. Gertrud hat alles gemacht. Alles.
– Hast du gehört, was ich gesagt habe? Ich kann nicht länger bleiben.
– Bitte nicht.
– Ich muss, Alfred.
– Warum?

- Weil ich nicht hierhergehöre.
- Doch, das tust du.
- Nein. Mit all dem habe ich nichts zu tun. Das sind nicht meine Toten hier. Das ist nicht meine Geschichte.
- Jetzt schon.
- Es tut mir alles sehr leid, Alfred, aber ich kann nicht.
- Wo willst du denn hin?
- Zu meinen Kindern.
- Ich denke nicht, dass das eine gute Idee ist.
- Wie meinst du das?
- Du kannst hierbleiben, Blum. Niemand weiß, dass du hier bist, oder?
- Was soll das heißen?
- Ingmar hat es mir erzählt.
- Was?
- Alles.
- Was willst du damit sagen?
- *Ich* habe dir die Zeitung hingelegt.
- Das war's, Alfred. Ich bin weg.
- Ich denke, du hast keine Wahl, du wirst gesucht.
- Stopp.
- Hier bist du sicher, Blum.
- Du willst, dass ich hierbleibe, obwohl du weißt, was ich getan habe?
- Du gehörst zur Familie, Blum.
- Was ist nur los mit euch? Seid ihr wahnsinnig? Jeder normale Mensch würde laut schreiend vor mir davonlaufen. Du müsstest dich doch davor fürchten, dass ich ein Messer ziehe und dich in Stücke schneide. Ihr wisst, was ich getan habe, aber ihr bittet mich, zu bleiben. Warum?
- Du bist Björks Schwester, und wir werden alles tun, um

dich zu beschützen. Du kannst hierbleiben, und wir werden gemeinsam überlegen, was das Beste ist. Wie du deine Kinder wiedersehen kannst.

– Du weißt nicht, wovon du da redest.

– Doch, das weiß ich.

– Ihr seid verrückt.

– Nein, das sind wir nicht. Wir haben Björk verloren, und wir wollen dich nicht auch noch verlieren. Nicht jetzt. Wir haben uns eben erst kennengelernt, es gibt noch so viel zu sagen. Du musst bleiben, Blum. Bitte.

– Das ist kein Märchen hier, ihr könnt mich nicht bis an mein Lebensende verstecken. Das geht nicht.

– Warum nicht? Hier bist du sicher. Wir holen deine Kinder, und alles wird gut.

– Du bist alt, Alfred.

– Du meinst, ich bin dumm?

– Du wirst alles verlieren, wenn ich hierbleibe. Die Polizisten da unten werden dich und Ingmar in eine Zelle sperren. Nichts wird gut.

– Was habe ich denn zu verlieren, Blum?

– Das alles hier. Das Solveig, dein Leben.

– Mein Leben? Was ist das alles wert, wenn niemand da ist, mit dem ich es teilen kann?

– Du hast keine Ahnung, Alfred. Wir reden hier nicht von einem Verkehrsdelikt, du scheinst das nicht ganz zu begreifen.

– Doch. Und deshalb wirst du hierbleiben. Du wirst dich nicht vom Fleck rühren. Bleib hinter dem Vorhang und warte, bis ich wiederkomme.

– Wo willst du hin?

– Vertrau mir.

Der verzweifelte alte Mann. Wie er sich aufbäumte und Blum mit entschlossenen Augen anschaute. Mit beiden Händen hielt er sie sanft an ihren Oberarmen fest. So als hätte er von einer unsichtbaren Quelle getrunken, als hätte er neuen Mut geschöpft. Alfred sagte, dass sie bleiben solle, er entschied für sie. So wie es ein Vater tat, wenn das Kind nicht weiterwusste, wenn es verzweifelt neben ihm stand und wortlos um Hilfe bettelte. Alfred übernahm das Ruder, er schluckte seine Trauer hinunter, ruhig strich er mit seiner Hand über ihren Rücken und lächelte sie an. *Es wird alles gut,* sagte er. Dann ging er aus dem Raum. Hinunter zu den anderen. Zu Gertrud. Zu Ingmar. Zu Kuhn.

Er war es gewesen, der Alfred plötzlich aufgescheucht hatte. Leo Kuhn war in seinem roten Ferrari auf das Solveig zugefahren. Der Freund der Familie, der gekommen war, um ihnen beizustehen. Ingmar, der ihn wahrscheinlich angerufen und ihm gesagt hatte, dass Gertrud tot war. Wahrscheinlich war sie auch für ihn sehr wichtig gewesen, bestimmt hatte sie auch für ihn gekocht. Früher war er oft wochenlang hier gewesen, hatte Alfred gesagt. Fast ein Familienmitglied war er, und trotzdem war Alfred aufgesprungen, um ihn wegzuschicken. *Ich werde dafür sorgen, dass er wieder fährt,* hatte er gesagt. *Mach dir keine Sorgen, Blum. Niemand wird erfahren, dass du hier bist. Du bist sicher hier, Blum.* Anstatt zu gehen, blieb sie also. Mit traurigen Augen verfolgte sie, was unten passierte, sie sah, wie Alfred mit gesenkten Schultern durch den Garten ging, hin zum Unglücksort. Sie sah, wie er mit den anderen redete. Und wie Gertrud verschwand.

Wie selbstverständlich es war, dass Gertruds Körper in dem Leichenwagen davonfuhr. Blums Alltag so viele Jahre, Leichen abholen, sie waschen und anziehen, sie einsargen und vergraben. Lebensenden, seit sie denken konnte, die Hilflosigkeit und der Schmerz der Hinterbliebenen. Jetzt wieder. Männer, die weinten, die für einen Moment lang nicht stark sein mussten, sich ihrer Trauer hingeben durften. Ingmar, Alfred und Kuhn lagen sich in den Armen. Ein paar Minuten lang ein schönes Bild. Vertraut standen sie zusammen und redeten. Aber dann hob Kuhn unvermittelt seinen Kopf, ganz langsam drehte er sich um und starrte zu ihr nach oben. Erschrocken wich Blum zurück. Sie wusste es, sie hatten über sie geredet, Alfred musste etwas gesagt haben, irgendetwas stimmte nicht. Blum ging weg vom Fenster, sie rannte aus dem Zimmer, aus Alfreds Wohnung, sie durfte keine Zeit verlieren. Ganz plötzlich lief es ihr kalt über den Rücken, Blum rannte, so schnell sie konnte. Dieses Gefühl, das da plötzlich war, trieb sie an. Das Gefühl, dass sie dieses Haus niemals mehr verlassen würde.

23

Ihr Hals ist eine Wunde, alles tut weh. Ihr Mund ist eine Wüste, das Schlucken ist eine Qual. Kein Speichel mehr, kein Tropfen Wasser, nichts, das abwendet, was kommt. Sie wird das Bewusstsein verlieren, ihre Organe werden versagen, die Nieren, die Lunge, ihr Körper wird aufhören zu funktionieren, sie kann nichts dagegen tun, sich nicht mehr wehren, nicht mehr gegen die Tür treten, an den Wänden kratzen. Irgendwo in diesem verdammten Haus ist sie, allein in irgendeinem der dreihundert Zimmer. Blum hat keine Kraft mehr. Sie weiß nicht, wie oft es Nacht war, seit Gertrud von ihrem Traktor überrollt wurde, seit Alfred zitternd neben ihr stand. Blum weiß nur, dass es nicht mehr lange dauern wird. Sie kann nicht mehr, sich nicht mehr bewegen, nicht mehr sprechen, nichts mehr. Zu langsam war sie, zu spät hat sie die Entscheidung getroffen, viel früher schon hätte sie verschwinden müssen.

Während Blum versucht, ihre Zunge an einen anderen Platz zu legen, während alles in ihr nach Wasser schreit, erinnert sie sich. Sieht sie es vor sich. Wie er sich ihr in den Weg stellte, die Lifttür blockierte. Er wollte nach oben, als sie nach unten kam, er grüßte sie freundlich, wollte mit ihr über Gertrud reden, dann sah er die Tasche. Schnell begriff er, dass sie dabei war, zu gehen, er konnte seine Überraschung nicht verbergen, aus der Trauer in seinem Gesicht wurde Wut. *Wo-*

hin willst du, Blum? Du kannst doch jetzt nicht einfach gehen.
Doch, Blum konnte. Er sah es in ihren Augen, dass ein Gespräch sinnlos war. Dass er sie mit Worten nicht mehr aufhalten konnte.

– Du musst hierbleiben, Blum.
– Das muss ich nicht.
– Doch, Blum, du darfst jetzt nichts überstürzen.
– Geh mir aus dem Weg.
– Aber wo willst du denn hin?
– Du sollst mir aus dem Weg gehen.
– Lass uns reden.
– Nein.
– Du sollst jetzt aus diesem Lift kommen, Blum.
– Fass mich nicht an.
– Niemand weiß etwas.
– Du sollst deine Finger von mir lassen.
– Du kannst mir vertrauen, Blum.
– Nein.

Ingmar. Wie er vor ihr stand und den Ausweg blockierte. Wie er versuchte, sie aus dem Fahrstuhl zu zerren, und wie alles in Blum schrie, sich wehrte. Ingmar wollte sie aufhalten. Und deshalb schlug sie einfach zu, trat auf ihn ein, er hatte gar keine Möglichkeit zu reagieren. Blums erster Tritt kam zu schnell, Ingmar ging in die Knie, und Blum warf ihn nach hinten. Sie wollte nur, dass er sie in Ruhe ließ. Nie wieder seine Haut berühren, seine Lippen, seine Hände, keine Kaninchen mehr, die durch die Luft flogen. Nichts mehr. Er stöhnte, während sie immer wieder panisch auf den Knopf drückte. Wild geworden, außer sich, eine Furie, keine Worte mehr, nur noch Angst. Blum wollte einfach nur, dass die Tür sich wieder schloss, dass er aufhörte, sie festzuhalten, dass die Hand, die sie am Fuß gepackt hatte, sie wieder losließ. Noch einmal trat sie zu. Dann ging die Lifttür endlich zu.

Wie oft sie es vor sich gesehen hat in den letzten Tagen. Diesen Moment, als er ihr sein Gesicht gezeigt hat. Ingmar. Sein Begehren, das sie hatte frösteln lassen. Ingmar. Sie hatte sich küssen lassen von ihm, berühren lassen, er war in ihr gewesen. Mit rasendem Herzschlag lief sie durch die Tiefgarage, verzweifelt suchte sie nach dem richtigen Auto, kein Lämpchen blinkte, kein Piepen war zu hören, egal wie oft sie auf den Knopf drückte. Die Batterie für die Fernbedienung musste leer gewesen sein. Der Schlüssel lag in ihrer Hand, ungeduldig steckte sie ihn in ein Schloss nach dem anderen. Bis sie den richtigen Wagen fand. Ein Porsche, schwarz, ein Schmuckstück. Der Weg zurück stand auf einmal wieder weit offen, nur noch eine Minute trennte sie davon, mit Vollgas durch den Schwarzwald zu brausen. Blum warf ihre Tasche auf die Rückbank, wollte einsteigen, da spürte sie den ersten Hieb. In ihrem Rücken ein schweres Stück Holz oder eine Metallstange, ein Schmerz, der sie zu Boden riss. Und dann noch ein Schlag. Auf ihren Kopf. Dumpf. Da war nur noch dieses Geräusch auf ihrer Schädelplatte. Ein leichtes Knacken, dann war lange nichts mehr.

Nur Schwarz. Nur Dunkelheit, aus der sie langsam erwachte. Ein Brennen, Schmerzen, ihr Kopf, dieses Pochen, Schwindel. Blum allein in diesem Zimmer. Mitten im Raum auf dem Teppich. Wie sie sich aufgerafft und an der Tür gerüttelt, nach Fenstern gesucht hat, nach einem Ausweg. Bis sie begriffen hat, dass es keinen gibt. Sie war eingesperrt, aufgewacht im nächsten Albtraum, in einem schönen Hotelzimmer, einem goldenen Käfig, irgendwo in diesem riesigen Haus, in irgendeinem Stock, verborgen hinter irgendeiner Tür. Kein Wasser, nichts zu essen, keine Antwort, keine Hilfe, Durst. Nur ihr Schreien. Allein in diesem Zimmer. Tagelang. Sie weiß, dass es zu Ende geht. Alles. Dass der Kot, den sie in eine Decke gewickelt hat, nicht aufhört zu stinken. Bis zum Ende nicht. Nichts mehr wird sich verändern, der Geruch, das Licht, ihr schöner Körper auf dem teuren Teppich. Ihr Mund, der offen steht. Ihre Augen, die sie schließt. Blum.

Langsam dreht sie sich auf den Rücken. Seit Stunden in Seitenlage, ihre Hüfte tut weh, ihr Arm ist eingeschlafen, einmal bewegt sie ihn noch. Was früher selbstverständlich war, ist jetzt beinahe unmöglich, die einfachsten Dinge, jede Bewegung, das Atmen. Da ist nur noch verdorrtes Fleisch, das für immer liegen bleibt. Niemand kommt und rettet sie. Sie kann nichts mehr tun, nur noch daliegen und warten. Sich zum letzten Mal dieselben Fragen stellen. *Wie konntest du nur so dumm sein, Blum? Du hättest es ahnen müssen, dass etwas nicht stimmt mit ihm. Dass er ein krankes Schwein ist. Es musste ja so kommen, du hast es so gewollt, du hast alles kaputt gemacht, Blum.* Immer wieder Vorwürfe, Anklagen und Strafe. Blum hört sich reden, Stimmen, die sich tief in ihrem Kopf selbständig machen, sie hat es nicht mehr unter Kontrolle, sie fantasiert. Laute Gedanken, sie schimpft und brüllt und flüstert, sie entschuldigt sich, macht sich klein und weint. Sie redet mit sich selbst, weil sonst niemand da ist. Weil sie allein ist, weil sie verrückt wird, kurz bevor sie stirbt. Wirr alles, nur noch diese zwei Stimmen in ihrem Kopf. Mit letzter Kraft gegeneinander. Blum gegen Blum.

- Dumme kleine Blum.
- Hör auf damit.
- Es wird nicht mehr lange dauern. In einer Stunde wirst du bewusstlos sein, dann werden deine Organe versagen. Eines nach dem anderen.
- Bitte nicht.
- Schau dich doch an.
- Mein Name ist Blum. Ich bin Bestatterin. Ich lebe in Innsbruck. Ich habe zwei Kinder.
- Ach, hör doch endlich mit diesem Schwachsinn auf. Niemand kann dich hören, Blum. Da ist keiner, der dir helfen kann. Niemand, verstehst du? Du bist allein, und du wirst sterben. Schön langsam. Also hör endlich auf, dich zu wehren.
- Ich will hier weg.
- Schaut so aus, als würde das nicht mehr funktionieren. Das ist die Endstation, Blum.
- Ich will nicht sterben.
- Das wirst du aber.
- Die Kinder. Ich muss zu den Kindern.
- Vergiss endlich die Kinder.
- Das kann ich nicht. Ich muss zu ihnen. Für sie da sein. Bitte.
- Halt endlich deine verdammte Klappe, Blum.
- Ich wollte das alles nicht.
- Dass es so kommen würde, muss dir doch klar gewesen sein. Oder hast du tatsächlich gedacht, dass du mit all dem davonkommst?
- Ich habe doch nichts getan.
- Du hast sie geschlachtet, Blum.
- Nein.

– Doch. Du hast sie umgebracht, sie zerstückelt und sie wie Müll entsorgt. Deshalb wirst du sterben.

– Bitte nicht.

– Jetzt bekommst du die Rechnung für alles. Zahltag, Blum.

– Aber sie haben es doch verdient.

– Wie rührend.

– Das waren Monster.

– Wie lächerlich das alles ist. Stirb doch einfach, Blum.

– Uma und Nela.

– Du sollst endlich damit aufhören, Blum. Sie können froh sein, dass sie dich los sind, dass sie endlich ein normales Leben führen können.

– Nein.

– Denkst du, dass es ihnen Spaß gemacht hat, mit all den Leichen aufzuwachsen? Ständig mit dem Tod im Haus? Eine Mutter, die sich nicht im Griff hat. Eine Mörderin.

– Ich habe mich immer um sie gekümmert. Immer. Ich habe alles für sie getan. Alles für meine Mädchen.

– Mach dir nichts vor, Blum. Du hast es nicht besser gemacht als Herta und Hagen. Du hast genauso versagt wie sie. Dafür hast du sie doch gehasst. Dass sie dich im Stich gelassen haben, oder?

– Ich bin nicht wie Hagen und Herta.

– Doch, Blum. Der Apfel fällt nicht weit vom Stamm, und deshalb ist es für alle besser, dass du jetzt endlich krepierst.

– Mein Name ist Blum. Ich habe zwei Kinder. Ich lebe in Innsbruck.

– Du verlierst den Verstand, Blum.

– Ich kann jetzt nicht sterben.

– Doch. Dafür hat der gute Ingmar gesorgt.

– Nicht.

– Er wird dich wohl auch von Kuhn ausstopfen lassen. So
  wie Björk. Vielleicht setzt er dich auf eine fette, hässliche
  Kuh, unserem guten Ingmar wird bestimmt etwas Hüb-
  sches für dich einfallen.

– Warum sollte er so etwas tun?

– Warum wirft er Tiere an die Wand?

– Was geht hier eigentlich vor sich?

– Du sollst endlich aufhören, solche Fragen zu stellen.

– Was soll ich denn sonst tun?

– Du sollst jetzt loslassen, Blum.

– Wie denn?

– Mach einfach die Augen zu.

– Und jetzt?

– Stirb.

24

Fünf Sekunden später, und Blum hätte es nicht mehr gehört. Wie er die Klinke nach unten drückt und die Tür aufgeht. Fünf Sekunden länger, und ihre Lider hätten sich nicht mehr gehoben, sie hätte ihn nicht mehr gesehen. Wie er in den Raum kommt und sich ihr vorsichtig nähert. Vor dreißig Sekunden war sie noch dabei zu sterben, jetzt lebt sie wieder, Hoffnung keimt, ein kleiner Funke nur, aber das Feuer brennt. Lautlos, sie hat die Augen wieder geschlossen, weil er glauben soll, dass sie bereits tot ist. Weil es ihre einzige Chance ist, er muss ihr so nahe wie möglich kommen, dieses Dreckschwein, Ingmar. Blum hört, wie er sie vorsichtig umkreist, wie er überprüft, ob sie sich noch bewegt, ob sie noch atmet, ob sie noch fähig ist, sich zu wehren. Blum, verdurstet, verhungert, ausgezehrt. Ingmar, satt und voll, ein Unmensch, er hat sie eingesperrt, er wollte, dass sie ganz langsam stirbt, wahrscheinlich hat er sie die ganze Zeit durch das Schlüsselloch beobachtet. Er hat gewartet, bis sich nichts mehr rührte. Bis ihre Augen zugingen. Dann hat er die Tür geöffnet.

Blum hält die Luft an. Sie atmet nicht, ihre Bauchdecke darf sich nicht heben, er darf nichts merken, nicht, solange ihre Finger nicht fähig sind, den Stift fester zu halten. Diesen Kugelschreiber, den sie unter dem Schreibtisch gefunden hat vor Tagen, das Einzige im Raum, das sich als Waffe eignet, das sie verstecken kann vor ihm. Während er sie anstarrt, sie für tot erklärt. Ein Werbegeschenk mit Aufdruck für die Gäste des Hotels Solveig, eine weitere Demütigung für Blum. *Willkommen im Paradies.* Weiße Buchstaben auf blauem Plastik. Seit so vielen Stunden in ihrer Hand, es war der einzige Ausweg, so lange hat sie es geplant, so oft hat sie es sich vorgestellt in den letzten Tagen. Dass es passieren wird. Dass sie ihren Arm heben und zustechen wird. Sie hat es vor sich gesehen, alles, was jetzt kommt. Wie ein Traum ist es, der wahr wird. Sein Gesicht, das ihr wieder ganz nahe kommt.

Ingmar. Sie hat nichts verstanden, nichts gespürt, alles ignoriert, ihm blind vertraut. Blum wollte nicht wahrhaben, dass etwas nicht stimmte, seine Geschichte, sein Leben, seine Kunst, ein junger Mann, der mit seinem Vater in einem leeren Hotel lebt. Sie hätte es wissen müssen, keine richtige Arbeit, keine Freunde, nur Kuhn, sein Studienfreund, ebenso verrückt wie er selbst. Der gute Ingmar, Blum hat es ihm nicht zugetraut, jetzt kniet er neben ihr und beugt sich nach unten, genauso wie sie es sich erhofft hat. Fast liebevoll streicht er mit seiner Hand über ihre Haare, sanft küsst er sie auf die Stirn, während sie immer noch die Luft anhält. Blum. Sie darf nicht länger warten, sie muss atmen, sie muss ihre Hand nach oben reißen, zustechen, weil sie seine Lippen keinen Augenblick länger auf sich duldet. Weil sie ihn dafür hasst, dass er ihr das angetan hat. Sie wird ihn dafür töten. Mit aller Kraft halten ihre Finger den Stift fest. Mit einem Stöhnen schnappt sie nach Luft, dann hebt sie den Arm und sticht zu.

Von einer Sekunde zur anderen verändert sich alles. Kurz schreit er auf vor Schmerz, dann fällt er, rollt zur Seite, bleibt liegen neben ihr. Blum weiß nicht, wo sie ihn getroffen hat, wie schwer er verletzt ist. Ob er tot ist, ob sie tatsächlich seine Halsschlagader getroffen hat, wie sehr er blutet. Sie weiß nur, dass die Spitze des Stiftes irgendwo ihr Ziel gefunden hat. Erst jetzt öffnet sie ihre Augen, unter Schmerzen dreht sie sich zur Seite und schaut ihn an. Er liegt reglos da, der Stift in seinem Ohr. Fast komisch ist dieses Bild. Der Mann, der sie tagelang eingesperrt hat, der Mann, der wollte, dass sie stirbt, er liegt auf dem Teppich und hat einen Kugelschreiber in seinem linken Ohr. Blum hat ihn getroffen, sie hat ihn außer Gefecht gesetzt. Bewusstlos liegt er neben ihr, wehrlos, kurz nur. Blum weiß, dass er gleich wieder zu sich kommen wird, sie muss schnell sein, sie muss hinüber zum Sofa, ein Polster holen und es auf sein Gesicht drücken. Auf keinen Fall darf er wieder aufwachen. Nie wieder.

Blum kriecht. Was sie noch vor Tagen in Sekundenschnelle erledigt hätte, braucht jetzt eine Ewigkeit. Nur wenige Meter, doch der Weg ist zu weit, er wird aufwachen und sie töten, noch bevor sie das Polster in der Hand hat. Sie kann es nicht. Zu langsam ist sie, zu weit weg das Sofa. Ingmar liegt neben ihr, sein Brustkorb hebt und senkt sich, Blut kommt aus seinem Ohr, es ist nur eine Frage der Zeit, bis seine Augen wieder aufgehen, bis er den Stift aus seinem Ohr zieht und Blum stirbt. Es wird passieren, wenn sie sich nicht aufrafft, wenn sie ihren Körper nicht in Bewegung setzt, sich nicht auf ihn legt. Es ist das Einzige, das sie noch tun kann, für alles andere ist sie nicht stark genug. Sie wird sich auf ihn legen, auf sein Gesicht, ihm die Luft nehmen, weil er es verdient hat. Sie muss es schnell tun, weil sein Mund sich bereits wieder bewegt. Ein kleines Stöhnen, das sie ersticken muss, wenn sie leben will.

Beinahe unmöglich ist es, doch es gelingt. Unter Schmerzen dreht sie sich, krümmt sich, mit ihrem Rücken liegt sie auf seinem Gesicht, ihre Wirbelsäule bedeckt Mund und Nase, er kann nicht mehr atmen. Blum bleibt auf ihm liegen. Zwei Sekunden lang. Drei. Sieben. Zehn. Dann beginnt er zu zucken, sein Körper will sich aufbäumen, langsam kommt er wieder zu Bewusstsein, er will atmen. Doch Blum stemmt sich mit aller Kraft gegen ihn. Ingmar zuckt. Dann bleibt er still unter ihr liegen.

Nie wieder hat sie es tun wollen. Trotzdem zögerte sie nicht. Sie ist sich absolut sicher, dass es richtig war, keine Skrupel, kein schlechtes Gewissen, keine Sekunde lang. Sie hat es einfach getan. Kurz sieht es so aus, als würde Blum gewinnen, als würde das Glück zurückkommen, kurz sieht sie eine Zukunft. In dem Augenblick, als er aufhört, sich zu bewegen, und ihr Körper von ihm herunterrutscht, schöpft sie Hoffnung. Ingmar rührt sich nicht, einen Augenblick lang ist Blum die Siegerin. Erschöpft liegt sie neben ihm auf dem Rücken, sie muss wieder Kraft sammeln, sie muss aus dem Zimmer kriechen, den Gang entlang, sie muss einen Wasserhahn finden und trinken. Einen Moment will sie noch liegen bleiben, ausruhen, neben ihm auf dem Teppich.

Zu spät sieht sie, dass er sich noch bewegt, dass er immer noch lebt. Erst als sie seine Stimme hört, als es laut aus seinem Mund kommt, begreift sie, dass ihr kleiner Versuch, ihn zu töten, gescheitert ist. Denn Ingmar kommt zu sich, er springt auf, flucht, er reißt sich den Stift aus dem Ohr und schreit. Blum schließt ihre Augen. Sie will nicht sehen, wie er ihr wehtut, sie hört nur noch, was passiert. Wie er schreit und schreit. Und wie er sich entfernt. Wie er den Raum verlässt und die Tür offen bleibt.

25

Seit fünf Minuten ist Blum allein. Die Tür steht immer noch offen, da ist niemand, der sie aufhalten würde. Keiner, der sie daran hindern würde, aus dem Zimmer zu kriechen. Wenn sie es könnte. Doch Blum kann es nicht. Sie bleibt liegen, rührt sich nicht, starrt nur auf die Tür. Still ist es, Ingmars Schreie sind verschwunden, alles ist so, wie es war. Blum am Boden, ihr Gesicht auf dem Teppich, keine Kraft mehr. Das Glas ist endgültig leer.

Blum kann nichts anderes tun, als zu warten, bis er zurückkommt. Sie hat aufgegeben, kann nur noch hoffen, dass es schnell gehen wird. Sie will nichts mehr fühlen, nichts mehr sagen, sie schließt ihre Augen, weil sie seine Schritte im Gang hört. Weil er den Raum betritt und näher kommt. Ingmar. Er geht direkt auf sie zu, langsam kniet er sich hin und setzt sich neben sie auf den Boden. Jeden Augenblick rechnet Blum damit, dass sie im Dunkel verschwindet. Dass er zuschlägt. Blum wehrt sich nicht mehr. Sie denkt an das Segelboot, auf dem sie glücklich war früher, sie sieht das Meer. Wie die Sonne auf dem Wasser glitzert.

Dann hört sie ihn. *Bitte mach die Augen auf, Blum.* Ingmar spricht mit ihr, seine Stimme ist ganz nah. Sie glaubt im ersten Moment nicht, dass es wirklich passiert. Was er sagt, was er tut. *Komm zurück, Blum.* Zärtlich nimmt er ihren Kopf

und legt ihn auf seinen Oberschenkel. *Komm schon, Blum.*
Mach deinen Mund auf. Ingmars Finger berühren ihre Lippen, mit leichtem Druck öffnet er ihre Kiefer. Dann kommt
der Regen nach einer monatelangen Trockenzeit, das Wunder, von dem sie geträumt hat, tritt ein. Wasser. Behutsam
tropft das Dreckschwein es in ihren Mund. Blum sieht es,
sie hat ihre Augen wieder geöffnet, sie sieht den Schwamm
in seiner Hand, den gelben Himmel, aus dem die Erlösung
kommt. Kaltes Wasser in ihren Mund. Mit allem hat sie gerechnet, aber nicht damit. Dass er ihr hilft. Ingmar. Immer
noch mit schmerzverzerrtem Gesicht, ganz nah ist er, immer
wieder presst er seine Hand auf sein Ohr. Dann taucht er wieder den Schwamm in die Schüssel und drückt ihn aus. Gierig
hält Blum ihren Mund hin. Sie nimmt alles, was er ihr gibt,
Tropfen für Tropfen. Langsam holt Ingmar sie zurück.

Blum ohne Worte. Sie versteht es nicht. Dieser Mann, der sie
töten wollte, kümmert sich jetzt um sie. *Lass dir Zeit, Blum.*
Du wirst schon wieder. Blum ist wie eine Pflanze, die ihre
Blätter wieder aufstellt, das Leben kehrt wieder zurück. Ganz
egal, was er vorhat, was noch passieren wird, Blum trinkt.
Immer noch ist da kein Anzeichen von Aggression, nichts,
das ihr sagt, dass er ihr etwas antun will. Im Gegenteil, wenn
seine Hand nicht an sein Ohr greift, fährt sie durch Blums
Haar. Ingmar streichelt das kaputte Kaninchen, sein Spielzeug, das er an die Wand geworfen hat. Blum. Er liebkost sie,
rettet sie. Weil er nicht den Mut hat, sie zu töten, weil er es
nicht kann, weil er es nicht fertigbringt, sie zu erschlagen. *Du*
dreckiges, feiges Schwein. Blums Augen sagen es. Er kann es
nicht. Ihr den Mund zuhalten, sie erwürgen. Deshalb hat er
sie eingesperrt, er hat einfach die Tür zugemacht, ihr nicht

wehgetan, sie nicht verwundet. Er hat sie einfach ohne Wasser allein gelassen. Blum im Paradies. Blum in Ingmars Händen. Immer noch.

Immer wieder tropft Blut aus seinem Ohr. Über eine Stunde bleibt alles so. Bis das Wasser in ihr angekommen ist, bis sie wieder sprechen kann, ihre Schleimhäute es möglich machen, ihre Zunge, die Lippen. Langsam kommen wieder Worte aus ihrem Mund, Fragen und Antworten. Immer noch hat sie keine Kraft, davonzulaufen, deshalb bleibt sie. Sie hat nur Worte und Wut, während ihr Kopf immer noch in seinem Schoß liegt und er sie streichelt. Weil er es so will und sie sich nicht dagegen wehren kann.

– Hör auf damit.
– Ich bin so froh, Blum.
– Du sollst aufhören, mich zu berühren.
– Alles, was du willst, Blum. Ich bin so froh, dass du lebst. Ich dachte schon, dass ich zu spät gekommen bin.
– Ich sehe es in deinen Augen.
– Was siehst du?
– Dass ich dieses Haus nicht lebend verlassen werde.
– Was redest du da?
– Du wirst dafür sorgen, ich weiß es.
– Du bist durcheinander, Blum.
– Warum tötest du mich nicht einfach?
– Ich bin hier, um dir zu helfen, Blum. Nur darum geht es. Wir müssen das jetzt langsam angehen. Langsam trinken, nur wenig essen. Dein Magen muss sich erst wieder daran gewöhnen, wir dürfen jetzt nichts falsch machen, dein Körper hat sehr gelitten.

– Warum machst du nicht einfach die Tür wieder zu und
lässt mich hier liegen?
– Du weißt, wie wichtig du mir bist, Blum.
– Hör auf damit.
– Ich habe mir große Sorgen gemacht. Du hättest überall
sein können, du warst plötzlich wie vom Erdboden ver-
schluckt. Dann habe ich den Porsche im Wald gefunden
und begonnen, dich zu suchen.
– Du sollst aufhören zu lügen.
– Ich lüge nicht.
– Du hast mich hier eingesperrt.
– Nein, Blum, das habe ich nicht.
– Du bist mir in die Tiefgarage gefolgt und hast mich nieder-
geschlagen, dann hast du mich hierhergebracht. Du woll-
test dir die Hände nicht schmutzig machen, stimmt's?
– So war es nicht.
– Wie war es dann?
– Ich würde dir niemals etwas antun. Ich bin zurück in mein
Atelier, als du weg warst. Das musst du mir glauben, Blum.
Wie gesagt, ich bin nur hier, um dir zu helfen.
– Dann lass mich gehen.
– Ich war das nicht, Blum.
– Wenn du mir helfen willst, dann bring mich von hier weg.
– Nein.
– Was bist du nur für ein krankes Schwein. Bring mich doch
einfach um. Hör auf, Theater zu spielen, es reicht, Ingmar.
Du hast gewonnen, ich habe verloren. Ich weiß zwar nicht,
warum das alles passiert, aber es passiert. Und jetzt lass es
gut sein.
– Alfred hat dich eingesperrt.
– Alfred?

– Ja.

– Du verdammter Lügner.

– Warum um Himmels willen sollte ich lügen, Blum?

– Weil du deinen Arsch retten willst.

– Welchen Grund sollte ich haben, dich einzusperren?

– Irgendeinen Grund gibt es.

– Du weißt, dass ich das nicht tun könnte.

– Nein, das weiß ich nicht.

– Du hast mit mir geschlafen, Blum.

– Das bedeutet nichts.

– Doch, das tut es.

– Ich habe mich schon öfter geirrt in meinem Leben.

– Ich habe nichts damit zu tun, ich schwöre es. Mein Vater ist für das hier verantwortlich, nicht ich. Wenn ich nicht gekommen wäre, wärst du gestorben. Es ist ein großes Glück, dass ich dich gefunden habe.

– Glück?

– Genau.

– Und dein Vater ist der Böse?

– Ja.

– Ich glaube dir kein Wort.

– Er wollte wohl, dass du für immer hierbleibst.

– Nein.

– Er hat sich sehr verändert in den letzten Jahren.

– Das glaube ich dir nicht.

– Es ist deine Entscheidung, Blum.

– Ich will hier weg.

– Ist gut.

– Was heißt das?

– Das heißt, dass du gehen kannst, wohin du willst.

26

Stunden später Essen in ihrem Bauch. Eine Suppe, die er für sie gemacht hat. Löffel für Löffel kehrt sie zurück, Schritt für Schritt. Er hat sie gestützt, sie getragen, sie aus dem Zimmer in ihre Suite gebracht. Sie lässt sich helfen von ihm, obwohl sie ihm nicht glaubt, obwohl sie ihn hasst, sie hat keine andere Wahl. Da ist nur Ingmar, sonst niemand. Kein anderer, der ihr hilft, sie pflegt, sie füttert, nur er kann sie wieder auf die Beine stellen, dafür sorgen, dass sie alles wieder klar sieht, die Kontrolle wiedergewinnt. Ihr Peiniger, ihr Retter, Blum hinterfragt es nicht, sie nimmt, was er ihr gibt, was sonst sollte sie auch tun. Wenn er sie hätte töten wollen, hätte er es längst getan. Zu schwach ist sie immer noch, um sich zu wehren. Zu verschwommen ist alles. Das Zimmer, der Wald draußen, Ingmar, der neben ihr auf der Bettkante sitzt. Sein Gesicht.

Blum zwischen hell und dunkel. Immer wieder driftet sie weg, sie duldet es, dass er bei ihr bleibt, dass er sie ins Bad begleitet, ihr zusieht, wie sie sich wäscht. Ingmar stützt sie, wenn sie fällt. Blum braucht ihn. Noch. Ohne ihn kommt sie hier nicht weg, deshalb schweigt sie und erträgt seine Blicke. Sie muss kurz Atem holen, Kraft tanken, sie muss den nächsten Tag überleben, so lange, bis sie wieder laufen kann. Davonlaufen vor diesem Verrückten, der nicht aufhört, ihr zu versprechen, dass er sich um sie kümmern wird. *Ich werde dich in Sicherheit bringen, Blum. Du musst mir vertrauen.* Doch das tut sie

nicht. Keine Sekunde lang glaubt sie ihm, alles Lügen sind
es, Blum spürt es. Dass Alfred sie niedergeschlagen und in
das Zimmer gezerrt haben soll, das kann nicht sein. Dass der
alte traurige Mann wollte, dass sie stirbt. Das glaubt sie nicht.
Nicht Alfred war es, sondern Ingmar.

Wie liebevoll er sich um sie kümmert. Wie er sie zudeckt und
sie anlächelt. *Du kannst deine Augen ruhig zumachen, Blum.
Dir wird nichts passieren, ich bleibe bei dir.* Egal ob sie es will
oder nicht, er bleibt sitzen am Bettrand. Zu nah ist er. Ingmar
Kaltschmid. Sie hat ihn geküsst, sie hat nichts gemerkt, sie hat
nur Mitleid empfunden für das verlassene Kind, für den vom
Schicksal gebeutelten Sohn des Hauses. Nichts hat sie geahnt,
keine Sekunde wäre sie darauf gekommen, dass er ihr etwas
antun könnte. Er ist immer hilfsbereit gewesen, so wie er es
jetzt auch ist, er hat sie aufgenommen, geschwiegen, sie nicht
verraten, ihr Unterschlupf gegeben. Und er tut es immer noch.

Ingmar. Er sagt, dass sie schlafen soll. Er sagt, dass er es ihr
beweisen wird, wenn sie wieder bei Kräften ist, er wird ihr
zeigen, dass er nichts damit zu tun hat. *Wenn du wieder wach
bist*, sagt er. Doch Blum will nicht schlafen. Sie hat Angst,
dass sie wieder in diesem Zimmer ohne Fenster aufwacht, um
jeden Preis muss sie wach bleiben, sie muss mit ihm reden,
mehr erfahren. Warum er so freundlich ist, was er noch von
ihr will, warum er sie nicht hat krepieren lassen. Blum will
die Wahrheit, bevor sie ihm wehtut.

– Der Schlaf wird dir guttun, Blum.
– Nein.
– Vertrau mir, danach geht es dir besser.

– Ich habe Nein gesagt.
– Du kannst doch die Augen kaum noch offen halten.
– Ich will wissen, was mit dem Zimmer ist.
– Was meinst du?
– Warum gibt es keine Fenster? Kein Bad? Warum?
– Ich wusste nicht, dass er einen Schlüssel dafür hat.
– Wer?
– Alfred. Ich wär nie im Leben darauf gekommen, dass er dich dorthin bringt.
– Was mit dem Zimmer ist, will ich wissen.
– Das ist sehr lange her.
– Was?
– Das Zimmer hat seit Jahren niemand mehr betreten. Überall sonst habe ich dich gesucht, aber nicht dort.
– Du sollst mir sagen, wozu es gut ist. Warum habt ihr das Bad zugemauert, die Fenster, warum tut man so etwas?
– Das ist alles völlig harmlos, Blum.
– Du willst, dass ich dir glaube?
– Ja.
– Dann rede.
– Leo und ich haben dort gearbeitet, es war wichtig für unsere Abschlussarbeit. Es war nur ein Experiment, danach hat das Zimmer nie wieder jemand betreten.
– Was für ein Experiment?
– Wir haben uns gegenseitig eingesperrt und beobachtet. Ohne Essen und Trinken.
– Ihr habt, was?
– Wir wollten dem Sterben ganz nahe kommen. Spüren, wie es ist.
– Ihr seid ja nicht normal.
– Ich weiß, was du mitgemacht hast, Blum. Ich habe es selbst

erlebt, und deshalb tut es mir noch mehr leid, dass er dir das angetan hat.

– Ihr habt euch gegenseitig eingesperrt?

– Wir haben jedes Stadium genau dokumentiert, Kameras haben alles aufgezeichnet, wir haben unseren Zustand stündlich kommentiert. Das Ziel war, bis zum Äußersten zu gehen, wir wollten wissen, wie es dort ist. Nicht nur in der Theorie, sondern im wirklichen Leben, ein Kunstprojekt, das Wellen geschlagen hat.

– Kunst?

– Ja.

– Ihr habt euch freiwillig fast umgebracht?

– Darum ging es nicht.

– Worum ging es dann?

– Wir wollten zeigen, dass der Tod zum Leben gehört, dass alles ein großes Ganzes ist, dem man sich nicht entziehen kann. Wir wollten zeigen, dass der Tod kein punktuelles Ereignis ist, sondern ein ständiger Bestandteil des Lebens, ein Prozess. Das Leben als Warteraum für den Tod, ein Gefäß nur, verstehst du.

– Nein.

– Ich wollte es bewusst spüren, ich wollte wissen, wie es sich anfühlt, wenn man stirbt.

– Und? Wie hat es sich angefühlt? War es lustig? Ihr hattet garantiert viel Spaß bei eurem kleinen Experiment.

– Es war schrecklich, Blum. Zu verdursten. Und zu wissen, dass niemand kommt. Erst kurz bevor es vorbei ist. Wir haben einen Vertrag unterschrieben, Kuhn und ich. Wir durften das Zimmer erst öffnen, wenn der andere ohne Bewusstsein war.

– Ich will weg hier.

– Es war die Hölle, Blum. Und deshalb weiß ich auch, dass es jetzt wichtig ist, dass du liegen bleibst und dich ausruhst. Morgen können wir über alles reden, ich werde dir alles zeigen, dir beweisen, dass Alfred es war, nicht ich. Und ich werde dir helfen, von hier wegzukommen, wohin auch immer du willst. Ich werde dich nicht aufhalten, Blum. Das verspreche ich dir.

– Du bist völlig krank.

– Unsere Arbeit wurde international veröffentlicht, das Experiment war ein voller Erfolg, man hat mir sogar eine Assistentenstelle an der Universität angeboten.

– Es reicht, Ingmar.

– Wir haben das Zimmer danach verschlossen, ich war seit Jahren nicht mehr dort. Alfred wollte wohl sichergehen, dass du für immer bleibst.

– Du sollst endlich aufhören zu lügen.

– Was willst du denn hören, Blum?

– Die Wahrheit.

– Ich kann es nur immer wieder sagen. Dass es mir leidtut. Ich hätte früher darauf kommen können, dass er dich dorthin gebracht hat. Du hättest nicht so lange leiden müssen. Das ist aber auch das Einzige, was ich mir vorzuwerfen habe. Ich habe alles getan, um dich zu finden. Alles.

– Ich muss telefonieren.

– Jetzt?

– Ja, jetzt. Wo ist mein Telefon?

– Das weiß ich nicht.

– Es war in meiner Tasche, wo ist meine Tasche? Sie war im Auto, ich bin eingestiegen und habe sie auf die Rückbank gelegt. Wo ist sie hin? Gib mir mein Telefon, ich muss mit Karl reden.

– Im Auto war nichts. Wie gesagt, ich habe es im Wald gefunden, es stand am Wegrand, die Tür war offen, der Schlüssel steckte. Ich habe mir große Sorgen um dich gemacht.
– Ich will das nicht mehr hören, ich will mein Telefon, Ingmar. Ich will wissen, wie es meinen Kindern geht, ich habe seit Tagen nichts mehr von ihnen gehört.
– Wir werden das Telefon finden.
– Ich will mit ihnen reden, auf der Stelle, ich will dieses Scheißtelefon. Jetzt, Ingmar!

Blum schreit. Sie richtet sich auf, sie sitzt und schreit ihn an. Sie ist außer sich, aufgelöst. Weil es wieder da ist. Alles, was sie erfolgreich verdrängt hat, seitdem er sie zurück ins Leben geholt hat. Dass sie Mutter ist, dass sie ihre Kinder im Stich gelassen hat, dass sie alles zerstört hat, was ihr wichtig war. Blum will ihre Stimmen hören, will ihnen sagen, dass es nicht stimmt, was in der Zeitung steht, dass es nur gemeine Lügen sind, dass sie nicht darauf hören sollen, was die anderen Kinder über sie sagen. *Ich muss Karl anrufen*, schreit sie. *Gib mir mein Telefon! Sag mir, wo es ist, du Scheißkerl.* Blum brüllt ihn an und steht auf. Fast stürzt sie. Wütend stößt sie ihn von sich. Sie muss das Telefon suchen, sie muss aufstehen, und er wird sie nicht daran hindern.

– Geh mir aus dem Weg.
– Ich weiß wirklich nicht, was er mit der Tasche gemacht hat. Bleib hier, Blum.
– Ich muss wissen, was zu Hause los ist, verdammt noch mal.
– Dazu brauchst du kein Telefon, das steht alles in der Zeitung, die Nachrichten sind voll davon. Sie überschlagen sich förmlich, du stopfst gerade das Sommerloch.

– Was ist passiert?
– Die ganze Welt sucht dich. Dein Foto ist in jeder Zeitung, das Fernsehen hat eure Villa umstellt.
– Nein.
– Doch, Blum. Du kannst nirgendwohin. Zurück schon gar nicht.
– Schalt den Fernseher ein.
– Das macht es nicht besser.
– Schalt ihn ein.

Ingmar tut, was sie sagt. Und Blum setzt sich wieder hin. Ihr ist schwindelig, beinahe wäre sie umgefallen. Die Vorstellung, dass eine Medienmeute vor dem Haus lauert, beunruhigt sie, Blum malt sich das Schlimmste aus, während Ingmar den Fernseher einschaltet. Er muss nicht lange suchen, auf drei Sendern kann man es sehen, die Hexenjagd, die begonnen hat. Interviews mit den Nachbarn, Informationen und Fotos, für die viel Geld bezahlt wird. Jede Kleinigkeit verwenden sie, wie Bluthunde stürzen sie sich auf ihr Leben. Auf das von Reza, von Karl und den Kindern. Die Hölle flimmert über den Bildschirm, Bilder von zu Hause. Es ist alles da. Ihre Straße, ihr Haus, ihr Garten. Das Leben, das sie einmal hatte.

27

Wieder ein Morgen nach einer Nacht. Immer noch ist Blum im Hotel Solveig, immer noch hat sie es nicht geschafft, zu gehen. Sie setzt ihre Füße auf den Boden und macht erste Schritte. Sie will nicht mehr länger warten, Ingmars Ratschläge ignoriert sie, sie will sich nicht länger ausruhen, sie will einfach nur weg. Von diesem Zimmer, aus diesem Haus, weg von ihm. Auch wenn es anstrengend ist, aber sie kann gehen. Langsam, aber immerhin, und deshalb wird sie jetzt aufbrechen, sie wird versuchen, sich ihm zu widersetzen, wenn er versucht, sie aufzuhalten, sie wird sich eine Waffe suchen und ihn niederstrecken. Keinen Kugelschreiber diesmal, sondern ein Messer, irgendetwas, das ihn für immer umwirft, ihm sein Maul stopft. *Du wirst mich nicht aufhalten,* sagt sie. *Nein, das werde ich nicht,* sagt er.

Ingmar. Er ist so, wie sie ihn kennengelernt hat. Am Tag nach Alfreds Geburtstag, beim Frühstück vor dem Personalhaus, der zuvorkommende Mann, der alles dafür tut, von ihr gemocht zu werden. Die ganze Nacht hat er neben ihrem Bett gesessen, hat ihr Frühstück gebracht, ihr jeden Wunsch erfüllt. Auf den ersten Blick gibt es keinen Grund, Angst vor ihm zu haben, anzunehmen, dass er ein verdammtes Monster ist. Ingmar hält sie nicht auf, er will sie nicht mehr überreden zu bleiben. *Wie gesagt, du kannst gehen, wohin du willst.* Freundlich bittet er sie aber noch, kurz mit ihm mitzukommen. Er will ihr etwas zeigen, etwas, das beweist, dass nicht er es war, der sie eingesperrt hat. Er will ihr die Angst nehmen, freundlich, aber beharrlich bringt er sie dazu, mit ihm zu gehen. *Es dauert nicht lange*, sagt er. *Komm schon, Blum.* Langsam geht er voraus.

Mit dem Lift hinunter in Alfreds Wohnung, dorthin, wo sie vor knapp einer Woche gestanden hat, wo Alfred gezittert und sie berührt hat. Wo er ihr mit seiner Hand über den Rücken gestrichen und sie gebeten hat zu bleiben. Gelassen zeigt Ingmar ihr, was wirklich passiert ist. Fast teilnahmslos überzeugt er sie, dass er unschuldig ist. Dass es falsch war, den Kugelschreiber in sein Ohr zu rammen. Schritt für Schritt geht sie mit Ingmar zurück. Findet Erklärungen für das, was passiert ist. Alles dreht sich wieder, nichts mehr bleibt an seinem Platz.

Sie beginnt zu begreifen, als sie den alten Mann sieht. Es stinkt. Es ist dieser fischig stechende Geruch, der ihr so vertraut ist. Die Austrittswunde der Kugel ist kaum sichtbar. Keine Sauerei, nur wenig Blut, kein Gehirn an den Wänden, nur ein kleines Loch im Kopf, verborgen unter den blutverklebten Haaren. Überall sind Fliegen und Maden. Abgelegte Eier im Mund und in den Augenhöhlen, in der Wunde, sie kriechen aus den Nasenlöchern, sein Gesicht ist voll davon. Trotzdem ist das Szenario im Vergleich zu anderen Selbstmördern, die Blum in ihrem Leben gesehen hat, harmlos. Ein stilles Bild ist es, nur ein älterer Herr, der in seinem Sessel sitzt. Auf den ersten Blick könnte man meinen, er schläft. Nur das Getier sagt, dass es anders ist. Dass er tot ist. Vorsichtig geht Blum um den Tisch herum und schaut sich alles an.

Deutlich sieht sie vor sich, was passiert ist. Wie er sich Mut angetrunken hat. Wie er den Zettel vollgeschrieben und abgedrückt hat. Der Lauf der Pistole in seinem Mund, der Finger am Abzug, ein Schuss. Alfreds Kaltschmieds Abgang. Still und leise im Verborgenen.

Der Brief hätte auch noch eine Woche länger auf Alfreds Schreibtisch liegen können, unentdeckt, wenn Ingmar nicht mit dem Feuerlöscher die Tür eingeschlagen hätte. Oft haben sich die beiden tagelang nicht gesehen. Nicht miteinander gesprochen. *Wenn ich ihn nicht gefunden hätte, wärst du jetzt tot, Blum. Ich bin sofort losgelaufen, ich hatte solche Angst, dass es zu spät ist. Wie froh ich war, als du dich bewegt hast. Auch wenn es sehr wehgetan hat.* Kurz lächelt er und greift sich ans Ohr. Ingmar. Er steht in der Tür, er kommt nicht näher. Er ekelt sich vor dem Gestank, Blum sieht es, er würgt Satz für Satz heraus, während sie die Leiche untersucht. *Dieses Schwein,* sagt er. *Dass er dir das angetan hat.*

Blum nimmt eine Information nach der anderen in sich auf und ordnet alles. Alles, was sie sieht, sagt ihr, dass Alfred seit mindestens drei Tagen tot sein muss, die Totenstarre ist bereits gebrochen, ohne Anstrengung kann Blum seinen Arm heben. Drei Tage oder länger. Alfred in seinem Chesterfield-Sessel, ganz nah. Sein Gesicht, der aufgerissene Mund, die Flasche Whiskey am Tisch und seine Handschrift. Der alte, verbitterte Mann, er hat es aufgeschrieben, bevor er sich in den Kopf geschossen hat. Alles steht auf diesem Zettel, der auf dem Tisch liegt. Es ist ein Geständnis, eine letzte Nachricht für Ingmar, kurz und bündig, eine Beichte. *Das mit Gertrud tut mir leid. Aber es musste sein, sie wollte alles kaputt*

*machen. Und auch das mit Björk tut mir leid. Das hätte ich
nicht tun sollen. Nichts von all dem. So gerne wäre ich euch ein
besserer Vater gewesen. Bitte verzeih mir. Blum findest du in
Zimmer 407.*

Immer wieder liest sie es. Nur ein Satz auf einem kleinen
Stück Papier ist es, lieblos hingeworfen. *Blum findest du in
Zimmer 407.* Ein Satz, der alles verändert. Was schwarz gewesen ist, ist jetzt wieder weiß. Als sie vor ein paar Minuten den
Raum betreten hat, wollte sie noch die Waffe nehmen und sie
auf Ingmar richten. Ihn dazu zwingen, sie gehen zu lassen, sie
wollte ihn umbringen. Aber jetzt versteht sie. Alles in diesem
Raum gibt ihm recht, Ingmar hat ihr nichts getan, sie hat sich
geirrt. Was sie nicht glauben wollte, ist doch wahr. Alfred hat
den Schlüssel umgedreht. Und nicht Ingmar.

*Ich habe nichts angefasst, Blum. Es ist alles so, wie es war, als
ich ihn gefunden habe. Die Waffe, der Stuhl, der Alte. Ich habe
ihn nicht bewegt. Nicht einmal diesen Schmierzettel habe ich
in die Hand genommen. Ich will nichts mehr mit diesem Irren
zu tun haben.* Ingmar versucht zu lächeln, doch seine Augen
sind traurig. Der Sohn des Hauses wurde von allen alleingelassen. Solveig, Björk, Alfred, Gertrud, alle ausgelöscht, verschwunden, nur er ist noch übrig. Ein kleines Kind in einem
großen Haus, ein kleines Kind, das seine Schwester tot in der
Lobby gefunden hat, ein Kind, das beinahe von seiner Mutter
erschlagen worden wäre. Ein Kind, das herausgefunden hat,
dass sein Vater ein anderer war, als er glaubte. Kurz bevor er
zu Blum ins Zimmer gekommen ist, wollte er mit Alfred reden. Er wollte ihn fragen, warum der Porsche im Wald stand,
wer ihn gefahren hatte. Ob er vielleicht doch wusste, wo

Blum geblieben war. Ein Gefühl war es, das ihm gesagt hatte, dass Alfred mehr wusste. *Ich wollte ihn zur Rede stellen. Ihn nach Gertrud fragen.* Das mit der Handbremse wäre ihr niemals passiert, sie hätte diesen Traktor blind fahren können. Ich wusste, dass er etwas damit zu tun hat. Und ich wollte es aus ihm herausprügeln. Aber ich kam zu spät.

Wie wütend Ingmar auf ihn sein muss. Auf Alfred. Wie enttäuscht er sein muss. Und wie froh er zu sein scheint, dass Blum hier ist, dass sie beginnt, ihm zu glauben. Laut denkt er darüber nach, wie Alfred es gemacht haben könnte. Wie er Gertrud umgebracht hat. *Vielleicht hat er einfach die Handbremse gelöst, als sie hinter dem Traktor gestanden hat, einen Hebel umgelegt, während er mit ihr geredet hat. Genau im richtigen Moment. Und als sie sich gebückt hat, hat der Traktor sie überrollt. So einfach muss es gewesen sein.*

Gertrud. Sie hat nichts mehr sagen können, sie hat keine Fragen mehr gestellt, nichts mehr getan, das Blum gefährdet hätte. Und darum muss es ihm gegangen sein. Ingmar ist überzeugt davon. Alfred hat gewusst, dass Gertrud nicht geschwiegen, dass sie sofort die Polizei gerufen hätte, wenn sie Blums Foto in den Medien gesehen hätte. Die Frau, die sich im Solveig eingeschlichen hatte, war eine Mörderin. *Gertrud hätte das niemals akzeptiert*, sagt er. *Sie hätte Alfred bewahren wollen davor, in etwas hineingezogen zu werden. Sie wollte immer das Beste für ihn, sie hat auf ihn aufgepasst. Auf ihn, auf Björk und auf mich. Sie hätte alles für uns getan. Wie ein Wachhund war sie, eine gute Seele mit scharfen Zähnen. Wahrscheinlich wollte er nicht, dass sie dich beißt.*

Ingmar bringt es auf den Punkt. Alle offenen Fragen werden beantwortet. Was passiert ist. Warum es passiert ist. Alfred wollte, dass Blum bleibt. Für immer im Hotel Solveig, verborgen vor der Welt. Sie hat es noch im Ohr, was er zu ihr gesagt hat, als sie nebeneinander am Fenster standen. *Du kannst hierbleiben, wir werden gemeinsam überlegen, was das Beste für dich ist.* Er hat auf sie eingeredet. Versucht, eine neue Welt für sie zu erfinden. *Wir haben Björk verloren, und wir wollen dich nicht auch noch verlieren. Wir haben uns eben erst kennengelernt, es gibt noch so viel zu sagen. Du musst bleiben, Blum.* Sie hört ihn reden, obwohl er tot vor ihr sitzt. Blums Augen fliegen durch den Raum, streifen alles, was ihm gehört hat, Bücher, Aktenordner, einen uralten Heimtrainer, ein schäbiges altes Sofa, seinen Schreibtisch und die Waffe in seiner Hand. Alles stimmt. Der Böse ist tot.

– Es tut mir so leid, Ingmar.
– Muss es nicht.
– Ich dachte, dass du es warst.
– Ist schon gut.
– Wie geht es deinem Ohr?
– Nicht so schlimm.
– Er schreibt, dass ihm auch das mit Björk leidtut. Was meint er damit? Dieser Satz auf dem Zettel, was bedeutet es?
– Ich weiß es nicht. Ich weiß nur, dass die beiden immer sehr eng waren.
– Was meinst du damit?
– Björk hat es hier nicht mehr ausgehalten. Deshalb ist sie nach Afrika.
– Was meinst du mit eng?
– Zu eng.

– Was soll das heißen?
– Gar nichts soll das heißen, Blum. Alfred ist tot. Und Björk
auch. Alles andere ist nicht mehr wichtig.
– Du kannst mit mir darüber reden.
– Nein, Blum. Es ist vorbei.
– Ist es das?
– Ja.
– Aber warum wollte er, dass ich sterbe, ich verstehe es nicht.
Wenn ich ihm so wichtig war. Warum?
– Vielleicht wollte er dich konservieren, für immer, so wie
Björk. Vielleicht wollte er dich zu ihr auf das Zebra setzen.
– Was redest du da?
– Er war es, der wollte, dass Leo sie präpariert.
– Warum?
– Er wollte nicht, dass sie verschwindet. So wie du.
– Es reicht. Ich habe die Schnauze voll, ich muss weg von
hier, sonst vergesse ich mich.
– Ich bringe dich nach unten, wenn du willst.
– Und was ist mit diesem Arschloch hier?
– Nichts.
– Was passiert jetzt mit ihm?
– Nichts. Wir machen die Tür hinter uns zu. Irgendjemand
wird ihn abholen und ihn vergraben.
– Wir können noch nicht gehen, Ingmar.
– Warum nicht?
– Ich brauche noch mein Telefon.

Je eher sie dieses Haus verlässt, desto besser. Ohne Zögern
beginnt Blum zu suchen. Vorsichtig. Sie darf keine Spuren
hinterlassen, nur ihre Tasche will sie, das Telefon. Irgendwo
muss es sein, er muss es hier versteckt haben, in seiner un-

mittelbaren Nähe, damit es niemand findet. Sein Geheimnis, Blum wird es finden, sie muss, sie will endlich mit Karl reden, ihm sagen, dass es ihr gut geht, dass er sich keine Sorgen machen soll. Und über die Reporter vor ihrem Haus will sie reden, über das, was sie im Fernsehen gesehen hat, über die Unwahrheiten, die sie in die Welt hinausposaunen. Blum will endlich mit Uma reden, mit Nela, sie öffnet jede Lade, jeden Kasten, schaut hinter jede Tür. Sie wird so lange suchen, bis sie dieses Telefon gefunden hat.

Unaufhaltsam stöbert sie, zieht Bücher aus den Regalen, hebt Polster hoch, wild rudert sie in der Wohnung des alten Mannes herum, kurz und tief taucht sie ein in Alfreds Welt. Unordnung überall, Dreck im Badezimmer, niemand hat seine Wohnung betreten, sagt Ingmar, nicht einmal Gertrud. Es war sein Reich, hier lebte er ganz allein. Pornofilme im Regal, alte Zeitungen, muffige Socken am Boden. Hundert Orte, an denen ihr Telefon sein kann. Seit über einer halben Stunde sucht sie es. Und Ingmar hilft ihr dabei. Mit zugehaltener Nase, fast muss er sich übergeben. *Mach dir keine Sorgen, Blum, wir werden es finden.* Plötzlich ist er wieder der einzige Mensch, den sie noch hat. Der Einzige, der ihr helfen will. Solange sie das Telefon nicht findet, ist da sonst niemand. Keine Verbindung zur Außenwelt. Nur er. Und sie. Ingmar und Blum.

28

Blum zerrt, sie schiebt, sie will diese verdammte Schublade öffnen. Es ist der letzte Platz, an dem sie noch nicht gesucht hat. Blum muss Alfreds schweren Leib zur Seite schieben, sie muss, doch sie kann nicht. Allein der Stuhl wiegt hundert Kilo. Und Ingmar weigert sich. Er kann nicht, sagt er. Er will ihn nicht berühren, ihm nicht näher kommen. Egal wie sehr Blum bittet, er tut nichts, steht nur da und schaut, wie sie an ihm herumzerrt. Blum ist fest entschlossen, es ist das Einzige, das sie will, dieses Telefon. Ingmar hält sie nicht auf, teilnahmslos schaut er zu, wie der schwere Leib zu Boden fällt. Blum hat den alten toten Mann an beiden Händen gepackt und aus dem Sessel gezerrt. Nur eine Leiche war es, Alltag. Ihn hochheben, ihn umlagern. Eine verdammte Leiche mehr in ihrem Leben, ein toter Drecksack. Alfred Kaltschmied. Er wollte sie umbringen, er hat sie eingesperrt, sie verdursten lassen. Mit ihrem Fuß hilft Blum nach und schiebt ihn zur Seite. Wie einen Sack Kartoffeln bewegt sie ihn. Dann den Stuhl. Dann öffnet sie die Lade.

Mit Gewalt, weil der alte Mann sie verschlossen hat und Blum den Schlüssel nirgendwo finden kann. Nicht in seiner Jackentasche, nicht in seiner Hosentasche, nur ein paar Münzen fallen zu Boden. Kein Schlüssel. Deshalb nimmt Blum die Tischlampe und zertrümmert sie. Ohne Vorwarnung klirrt es, Blum schlägt ein zweites Mal zu, ein drittes Mal, bis nichts mehr in ihrer Hand zurückbleibt als ein Stück blankes Eisen, mit dem sie die Schublade aufbricht. Schnell und unaufgeregt, so als hätte sie ein Leben lang nichts anderes gemacht. Mit einem Ruck ist die Schublade offen. Mit einem Griff hat sie, was sie wollte. Alfred hat das Telefon tatsächlich aufbewahrt, ihre Tasche hat er weggeworfen, aber nicht das Telefon. Warum, das weiß sie nicht, wahrscheinlich wollte er die Kontrolle behalten, sehen, ob sie angerufen wird. Blum hinterfragt es nicht, ohne weiter darüber nachzudenken, drückt sie den grünen Knopf, sie will endlich seine Stimme hören.

– Um Gottes willen, Blum. Was ist passiert, warum hast du dich nicht gemeldet? Ich habe dich unzählige Male angerufen. Warum hast du nicht abgehoben?
– Ich bin so froh, deine Stimme zu hören, Karl.
– Geht es dir gut? Ist alles in Ordnung?
– Nichts ist in Ordnung, Karl.
– Was ist mit dir?
– Ich lebe.
– Was soll das heißen?
– Ich bin immer noch hier, Karl. Ich lebe.
– Geht es dir gut?
– Nein. Es geht mir nicht gut.
– Du bist bei Ingmar, richtig?
– Ich bin jetzt auf dem Weg zu dir.
– Bist du wahnsinnig, Blum?
– Nein, das bin ich nicht.
– Du bleibst, wo du bist, Blum. Du rührst dich keinen Millimeter von der Stelle, hast du mich verstanden?
– Ich werde jetzt in ein Auto steigen und nach Hause kommen.

– Du hast kein Zuhause mehr, Blum.

– Ich will endlich zu meinen Kindern.

– Das geht nicht.

– Doch, das geht.

– Du hast ja keine Ahnung, was hier los ist. Wenn du kommst, machst du alles kaputt, was noch übrig ist. Verstehst du das, Blum? Ich kann die Kinder nicht mehr schützen. Alles fällt auseinander.

– Ich will mit ihnen reden, Karl. Sie in den Arm nehmen, für sie da sein, ich bin ihre Mutter, und ich werde mich um sie kümmern.

– Du wirst auf keinen Fall hierherkommen.

– Egal, was du sagst, Karl, ich werde sie morgen abholen. Bitte pack eine Tasche mit den nötigsten Sachen.

– Langsam, Blum.

– Und ich brauche Geld. Viel Geld.

– Nein.

– Das Haus gehört mir, Karl. Ich brauche Bargeld, so viel wie du auftreiben kannst, alles andere gehört jetzt dir.

– Sie suchen dich.

– Das weiß ich.

– Die Familie des Schauspielers hat eine Belohnung ausgesetzt. Hunderttausend Euro für denjenigen, der den entscheidenden Hinweis gibt. Jetzt ist es nicht mehr nur die Polizei, jetzt treiben sich hier auch noch Privatschnüffler herum. Sie belästigen die Kinder, sie belästigen mich, die Nachbarn, sie wollen das Kopfgeld, Blum. Vergeltung, verstehst du, die Familie will einen Schuldigen.

– Ich will doch nur zu meinen Kindern.

– Das ist kein Spiel, Blum. Wenn du herkommst, ist es auch für dich vorbei. Du wirst enden wie Reza. Willst du, dass sie dich für immer einsperren? Dass dich deine Kinder im Gefängnis besuchen. Willst du das, Blum?

– Ich bin ihre Mutter. Sie brauchen mich.

– Das weiß ich, Blum. Aber so geht das nicht, du kannst nicht einfach herkommen, die Kinder einpacken und wieder davonfahren.

– Doch, das kann ich.

– Das kannst du ihnen nicht antun.

– Ich tue ihnen nichts an.

– Doch, Blum. Zuerst schickst du mir diesen wahnsinnigen alten Mann, und jetzt willst du selbst hier hereinplatzen und sie aus allem herausreißen.

– Was?

– Bleib weg von hier.

– Was für ein alter Mann?

– Du hast ihm gesagt, er soll die Kinder abholen.

– Das habe ich nicht getan.

– Er wollte sich nicht abbringen lassen, ich habe ihm drohen müssen, damit er geht.

– Wer, Karl? Wer?

– Er hat behauptet, er sei Ingmars Vater.

– Wann war das?

– Vor fünf Tagen. Er sagte, dass du ihn geschickt hättest, dass du dein Telefon verloren und ihm gesagt hättest, er dürfe nicht ohne die Kinder zurückkommen.

– Schwachsinn.

– Ich wollte dich anrufen, aber du bist nicht rangegangen. Ich wollte wissen, ob es stimmt, was er sagt. Er wollte sich nicht abwimmeln lassen, er hat vor der Kindertagesstätte auf uns gewartet. Er war sehr freundlich, aber ich wusste, dass da irgendetwas nicht stimmt.

– Dieses verdammte Schwein.

– Du hattest keine Ahnung?

– Nein.

– Was geht hier vor sich, Blum?

– Er wollte mich umbringen.

– Ingmars Vater?

– Ja.

– Warum?

– Ich weiß es nicht.

– Du musst mir jetzt alles erzählen, ich will dir helfen, Blum. Ich will, dass du mir sagst, was mit ihm ist. Mit dem alten Mann. Was er dir angetan hat.

– Er ist tot, Karl.

– Wie bitte?

– Er liegt vor mir am Boden. Er hat sich eine Kugel in den Kopf geschossen.

– Er hat sich umgebracht?

– Ja, Karl. Und jetzt packst du bitte eine Tasche für die Kinder.

– Du sollst damit aufhören, Blum.

– Ich ruf dich wieder an.

– Bitte mach es nicht noch schlimmer.

– Schlimmer geht es nicht.

– Bitte bleib, wo du bist.

– Nein.

Blum drückt den Knopf. Sie will ihn nicht überreden, ihn nicht überzeugen, sich nicht rechtfertigen. Sie darf jetzt keine Zeit mehr verlieren. Wenn sie mit Alfred fertig ist, wird sie von hier wegfahren. Er ist nach Innsbruck und wollte ihre Kinder mitnehmen, er hat sie in diesem Zimmer eingesperrt, er wollte auch den Kindern etwas antun. Fast wäre sie gestorben. Fast auch ihre Kinder. Deshalb bestraft sie ihn, lässt ihre Wut an ihm aus. Egal ob er tot ist. Blum schlägt zu. Verzweifelt, den Tränen nahe, mit der ganzen Kraft, die sie noch hat. Sie tritt ihm in den Bauch, zweimal, dreimal, sie tut es einfach. Egal ob er am Boden liegt, Blum bestraft ihn, wütend, aufgewühlt, außer sich tritt sie zu. Wieder und wieder vor Ingmars Augen. Er rührt sich nicht und schaut zu, ohnmächtig, fast mit offenem Mund. Was Blum tut, was sie mit seinem Vater macht, weil alles in ihr immer noch wehtut. Ingmar lässt es zu, er schweigt, hält sie nicht ab, beschimpft sie nicht. Kein Wort, bis sie fertig ist, bis Alfreds Kopf zur Seite fällt. Kein Wort. Es ist so, als hätte Ingmar schweigend seine Zustimmung gegeben, als hätte sie es auch für ihn getan. Ohne Tränen, ohne Mitgefühl. Strafe.

Ein lebloser Körper. Nur eine Leiche, die verwesen wird. Alfred. Für jede Minute, die sie in diesem Zimmer sein musste, hasst sie ihn. Was sie alles mit der Leiche machen könnte. Wozu sie fähig wäre. Weil er es verdient hat. Und trotzdem dreht sich Blum um, sie will weg von ihm, von diesem Schreibtisch, hinaus aus dem Arbeitszimmer, aus dem Hotel, den Hügel hinunter auf die Autobahn. Schnell, endlich. Ein letzter Tritt noch. Dafür, dass sie wegen ihm beinahe wieder zur Mörderin geworden wäre, dass sie Ingmar fast getötet hätte. Mit diesem Stift in seine Halsschlagader, sie hätte noch mehr Schuld auf sich geladen, sie hätte auch damit noch leben müssen. Noch einmal tritt sie in Alfreds Magen. Dann wendet sie sich endgültig ab. Sie will endlich wieder selbst entscheiden. Blum geht durch den Raum zur Tür. Sie will weg. Doch Ingmar hält sie zurück.

Liebevoll nimmt er ihre Hand und bittet sie, noch kurz zu warten. Einen Augenblick lang, er muss noch etwas in Ordnung bringen, sagt er. Ingmar geht zum Schreibtisch und nimmt einen Schlüssel aus der Schublade, dann zieht er Blum an der Hand mit sich in Alfreds Schlafzimmer. Er öffnet den Kleiderschrank und schiebt einen alten Wintermantel zur Seite, er bückt sich und steckt den Schlüssel in eine weiße Tresortür. Blum wartet. Schaut. Das Schloss geht auf. Ingmar weiß, wonach er sucht, es ist da, er nimmt es heraus und drückt es Blum in die Hand. *Das wirst du brauchen. Ich denke, das ist er dir schuldig.* Dann lächelt er sie an. Die Frau, die eben noch seinen toten Vater getreten, seine Leiche geschändet hat. Fast erlöst wirkt er. Dass der Alte tot ist. Dass Blum ihm wieder vertraut, dass sie neben ihm steht und nicht vor ihm wegläuft. Dass sie sich nach vorne beugt und ihn auf die Stirn küsst. *Danke*, sagt sie. Dann dreht sie sich um und geht.

29

Über zweihunderttausend Euro. Ein dickes Bündel Geld. Fünfhundert-Euro-Scheine, mit einem Gummiband zusammengehalten. Blum hat nicht widersprochen, sie hat das Geld genommen, mit einem Nicken hat sie Ingmar bedeutet, dass sie damit einverstanden ist. Dass Alfred bezahlen soll für das, was er ihr angetan hat. Geld, das sie braucht für ein neues Leben, irgendwo unter einem Apfelbaum mit den Kindern auf einer Picknickdecke, dort, wo niemand sie kennt, wo niemand weiß, was hinter ihr liegt. Nur Äpfel auf einem Baum, nur die Kinder, wie sie nach oben klettern. Lachen. Unbeschwert.

Ingmar begleitet sie in die Garage. Er lässt sie entscheiden, was für ein Auto sie will. Ingmar hat ein Tor geöffnet und den Blick auf einen gewaltigen Fuhrpark freigegeben. Oldtimer, Sportwägen, Motorräder. *Du kannst nehmen, was du willst. Ich werde gar nicht merken, dass etwas fehlt.* Ingmar grinst und erzählt, dass es das Einzige war, das sein Vater mit Leidenschaft betrieben hat. Sammeln. Fahrzeuge, die er irgendwann nicht einmal mehr bewegt hat. Er hat sie nur gekauft, sie in seiner Garage abgestellt und sie ab und zu angeschaut, mehr nicht. Alfred hat sich Träume erfüllt, jedes Jahr ein paar neue, er hat sein Geld für Autos ausgegeben, weil er nicht wusste, was er sonst damit anstellen soll. Reichtum und Unglück und Einsamkeit. Und ein Stück Wahnsinn, das er

kultivierte, jahrelang allein in diesem Haus, der Verlust von
Solveig, die Liebe zu Björk. So viel war da noch, das Blum
wissen will, so viel, das sie gerne verstehen würde, begreifen,
wie das alles passieren konnte. Doch sie entscheidet sich dagegen. Kein Gedanke mehr zurück, nur noch weg. Das alles
hat nichts mit ihr zu tun. Gar nichts. Auf die grüne Kawa-
saki steigen und verschwinden. Nur das will sie. Nicht zu-
rückschauen.

Eine Straßenmaschine. Wie neu. Wahrscheinlich ist nie damit gefahren worden, wahrscheinlich wollte er sich jung fühlen und wild. Der tote Alfred. Damals. Lange her, nicht mehr
wichtig, nicht nachdenken, keine Fragen stellen, das Motorrad einfach starten, Ingmar noch einmal umarmen und Gas
geben. Und doch zögert sie. Zu lange bleibt sie in dieser Umarmung, zu zart liegen ihre Arme auf seinem Rücken. Zu nah
ist sie ihm. Und er ihr. Ingmar und Blum in der Garage des
Solveig. Zwei verlorene Seelen, Abschied, der traurig macht.
Warum, das weiß sie nicht, sie kann es nicht erklären, sie versteht es nicht. Dass sie sich nicht umdrehen kann, sich nicht
abwenden kann von ihm. Ein Verbündeter, den sie nicht zurücklassen will. So sagt es die Stimme in ihr. *Er hat dir geholfen, Blum. Er würde alles für dich tun. Frag ihn. Er wird nicht
Nein sagen, er wird für dich da sein.* Kurz zögert sie noch,
dann flüstert sie es. Ohne sich von ihm zu lösen, ohne ihn
anzusehen, da ist nur dieser Wunsch nach Geborgenheit, da
ist die Angst, die immer noch laut ist in ihr, da sind die leisen
Zweifel, die sie erstickt. Blum und Ingmar vertraut. Kurz bevor sie gemeinsam aus dem Solveig verschwinden.

– Wenn ich dich fragen würde, ob du mitkommst.
– Würde ich Ja sagen.
– Du weißt, dass du das nicht musst.
– Ja.
– Ich muss zu meinen Kindern.
– Deshalb werde ich auch nicht Nein sagen.
– Es könnte aber sein, dass das alles nicht gut ausgeht.
– Das ist mir egal.
– Es könnte auch für dich unangenehm werden, wenn du mitkommst. Noch weiß niemand, dass du mir geholfen hast. Vielleicht sollte es auch dabei bleiben.
– Ich habe gesagt, dass ich dir helfen werde.
– Du hast schon genug geholfen.
– Ich bin für dich da, Blum.
– Wenn sie mich erwischen, sperren sie auch dich ein.
– Sie werden uns nicht erwischen.
– Werden sie nicht?
– Nein.
– Und meine Kinder?
– Du wirst sie wiedersehen. Bald.
– Und dann?
– Wirst du mit ihnen weiterleben. Du wirst einfach neu anfangen. Ganz von vorne.
– Du glaubst daran?
– Ja.
– Warum?
– Weil du alles bist, was ich noch habe. Und ich es nicht zulassen werde, dass dir etwas passiert. Dass sie dich einsperren. Nicht noch einmal.
– Danke, Ingmar.
– Ich danke *dir*, Blum.

- Wofür?
- Dass du mich umarmst.
- Es tut mir wirklich sehr leid, Ingmar.
- Es muss dir nicht leidtun.
- Ich dachte, du willst mich umbringen. Ich habe es wirklich geglaubt. Dass du es warst. Ich war mir so sicher.
- Wir vergessen das einfach. Wir steigen jetzt einfach in einen der Wagen und fahren los. Alles wird gut, Blum.
- Noch nicht.
- Was ist los?
- Kurz noch diese Umarmung bitte.

Nur stillstehen. Nichts entscheiden. Nur diese Geborgenheit spüren, ein bisschen länger noch. Bevor sie sich wieder auf das Streitross setzt und in den Kampf reitet. Nur sein Hals, seine Haut, die sie riechen kann, seine Stimme, die sie hört. Wie er sie beruhigt. So wie Mark es immer getan hat. Egal wie schwierig es war, wie aussichtslos, seine Stimme hat es immer gutgemacht. Drei Worte, die ihr immer das Gefühl gegeben haben, dass es ein Morgen geben würde. Auch jetzt wieder. *Alles wird gut.* Hoffnung keimt wieder auf. Wo Hass war, ist es jetzt warm. Ganz nah bei ihm, angeschmiegt an seine Brust. Wie ein Kind, das beschützt werden will. Der Sohn des Hauses, der bereit ist, alles für sie zu riskieren, alles für sie aufzugeben, das Hotel, alles, was er erbt, weil er der Einzige ist, der übrig ist. Da ist niemand mehr außer ihm, seine Familie ist ausgelöscht. Solveig, Björk, Alfred, alle sind tot, nur er ist noch da. Alleinerbe, Millionär, ein reicher Mann, der nichts hat. Keine Liebe, keine Nähe, niemanden, der ihn hält. Genauso wie sie. Allein miteinander, Ingmar und Blum.

Langsam lösen sie sich voneinander und machen den nächsten Schritt. Weg von dem Motorrad, hin zu einem großen, modernen weißen Campingbus. *Wir nehmen den hier*, sagt Ingmar und zieht sie mit sich durch die Tür ins Innere des Wagens. Ein Paradies auf vier Rädern, alles, was man sich wünschen kann, Luxus, wo man hinschaut, ein weiteres Spielzeug aus Alfreds Sammlung. Ein monströses Fahrzeug, fast ein LKW, ein Wohnzimmer mit integrierter Designerküche, ein Doppelbett, Kinderbetten, das perfekte Versteck für eine gesuchte Mörderin und ihre Kinder. Ein neues Zuhause, in dem sich Blum niederlässt. Ingmar setzt sich hinter das Steuer und fährt los. Sie lassen das Hotel Solveig hinter sich. Wie es einfach verschwindet.

30

Wovon sie träumt, während sie aus dem Fenster starrt. Ihnen näher kommt. Woran sie denkt, während sie sich in diesem Wohnmobil versteckt. Bis Ingmar fertig getankt hat und wieder von der Raststation auf die Autobahn fährt. Was sie empfindet, wenn sie in diesem Bett liegt, die Decke über ihren Kopf zieht, damit niemand sie sehen kann, das Gesicht der Mörderin. Das Monster, das sie jagen, einfangen und einsperren wollen, wie ein wildes Tier. Blum. Wenn sie sich zeigen würde, wenn sie auf den Parkplatz hinausgehen würde, nur wenige Minuten würde es dauern, und jemand würde sie erkennen, die Polizei anrufen, sie zu Boden ringen, festhalten. Man würde auf sie spucken, sie verachten, sie behandeln wie Dreck. Wie elend es sich anfühlt unter dieser Decke. Wenn sie daran denkt, wie es ausgehen könnte. In diesem Wohnmobil, hilflos, ohnmächtig, weil sie nichts tun kann, weil sie sich nicht ans Steuer setzen und losfahren kann, weil sie nichts riskieren darf, keine Polizeikontrolle, nichts, das sie davon abhält, sie wiederzusehen. Uma und Nela. Blum wird jetzt alles richtig machen, sie wird sich still verhalten, sich nicht zeigen, warten, bis Ingmar wieder da ist. Bis sie weiterfahren. Über die Autobahn zwischen den Bergen.

Sie sitzt neben ihm und schaut ihn an. Der Mann, den sie beinahe umgebracht hat. Sie ist froh, dass er da ist, sie will nicht mehr daran denken, was gewesen wäre, hätte sie seine

Halsschlagader getroffen. Seine beruhigenden Worte, wenn sie wieder beginnt zu zweifeln, seine Stimme, die ihr Mut macht, während sie gierig aus einer Plastikflasche trinkt. So, als könnte es ihr letzter Schluck sein. Das Ende, an das sie denkt, während sie hemmungslos schmatzt, ihr Untergang, den sie abgewendet hat. Ein Brot nach dem anderen, das sie in sich hineinstopft, weil sie es genießt, am Leben zu sein. Zu essen, zu trinken, zu atmen, mit ihm zu reden. Egal, ob sie gesucht wird, egal, wie düster alles ist. Blum lebt. Sie kann sich wieder bewegen, ihre Beine, die Hände, sie kann Uma und Nela in den Arm nehmen. Ihnen sagen, dass sie sie liebt. Dass sie bei ihnen bleiben wird. Für immer. Dass sie nicht mehr weggehen wird. Nie wieder.

Eine Ahnung von Glück, während Ingmar die Autobahn verlässt, während er am Südring entlangfährt und dem Haus näher kommt. Innsbruck, die Villa, ihre Vergangenheit, eine unerträgliche Kindheit, ihre Jugend, ein ganzes Leben lang hat sie gelitten. Immer. Bis Hagen und Herta gestorben sind, einfach untergegangen sind im Meer. Ein tragischer Unfall, der für Blum wie eine Erlösung war. Damals hat das Glück begonnen. An dem Tag, an dem sie im Meer verschwunden sind, als Mark auf das Boot gekommen ist und sie in die Arme genommen hat. Mark. Ihr Mann, ihre Liebe, der erste Tag ihres neuen Lebens.

Acht Jahre lang Glück. Zu wenig für ein ganzes Leben. Viel zu wenig. Blum erinnert sich. Sie sieht die alte Holzbank, auf der sie mit Mark so oft gesessen hat. Mit einem Glas Weißwein in der Hand in der Abendsonne, die Kinder haben im Sandkasten gespielt, alles ist gut gewesen. So viele Tage, selbstverständlich irgendwann dieses Glück, seine Hand in ihrer, seine Lippen, Zweisamkeit. Liebe im Garten, Liebe auf dieser Bank, die da immer noch steht und darauf wartet, dass sie sich wieder hinsetzen und glücklich sind. Mark und Blum.

Immer dieselben schönen Erinnerungen sind es, die wehtun. Alles hat hier seinen Ursprung, ihre Kinder wurden hier geboren, hier hat sie sich verliebt. Immer wieder dieser wundervolle Blick zurück, der ihr Herz zerreißt. Durch das Fenster starrt Blum in den Garten, auf das Haus, verborgen hinter einem Vorhang, versteckt in diesem Wohnmobil, zwischen all den Schaulustigen und Medienmenschen. Mitten in der Höhle des Löwen. Überall Polizei, die die Ordnung aufrechterhält, Absperrbänder, Reporter, Kameras, Kleinbusse, Übertragungswägen. Sie fallen nicht weiter auf, sie gehören dazu. Nur ein weiteres Kamerateam, das vor dem Haus campiert, das sich über Blums Geschichte hermacht.

Ingmar ist so lange im Kreis gefahren, bis ein Platz frei wurde. Selbstbewusst hat er geparkt, als wäre es das Selbstverständlichste auf der Welt. Er ist ausgestiegen und hat sich umgehört, er hat seine Rolle perfekt gespielt. Der Reporter mit Schreibblock und Stift, der freundliche Kollege, der erst jetzt auf diese unfassbare Geschichte gestoßen ist, ein weiterer Aasgeier, der in der Luft kreist und darauf wartet, dass wieder etwas passieren wird. Dass der Schwiegervater das Haus verlassen wird, dass die Kinder in den Garten kommen werden. Dass noch ein weiteres Opfer gefunden wird auf irgendeinem städtischen Friedhof, noch eine zerstückelte Leiche in einem fremden Grab, ein weiteres Opfer dieser Verrückten, irgendetwas, das sie in ihre Mikrofone sprechen können, irgendwelche Bilder, Schmutz, Dreck.

Wie Schnitte in die Haut. Alles, was sie sieht. Was hier passiert, was Ingmar ihr erzählt, als er wieder in den Wagen steigt. Dass sie sich im Haus verbarrikadiert hätten, dass sich schon seit zwei Tagen keiner mehr habe blicken lassen, dass die Polizei den Einkauf erledigt habe für Karl. Ausnahmezustand, Belagerung, die Welt will mehr wissen, sie wollen sehen, wo Brünhilde Blum den Schauspieler zerstückelt hat. Sie wollen wühlen und graben, sie wollen alles ganz genau wissen, am liebsten wären sie dabei gewesen, hätten ihr über die Schulter gesehen und alles gefilmt. Blutige Bilder, der Versorgungsraum, das Schlachterzimmer, Einzelheiten, das Werkzeug, mit dem sie ihn zerlegt hat, der Kühlraum, die Särge. Diese Geschichte ist so unfassbar, sie gibt so viele Rätsel auf, sie wird für Wochen die Zeitungen füllen, die Ermittlungen werden sich hinziehen, und sie werden weitere Leichen finden. Bald schon, weil sie bereits zu graben begonnen haben, weil sie bereits Gräber öffnen, die damals von ihr geschlossen worden sind. Es ist so, wie Karl gesagt hat, sie ahnen, dass da noch etwas ist. Weil da kein Motiv ist, weil sie Benjamin Ludwig nicht gekannt hat, weil es keinen Sinn ergibt, dass sie ihn umgebracht hat. Keinen, außer dem, dass sie einfach töten wollte. Beliebig, irgendwen, ohne Motiv, völlig fremde Menschen, die nichts mit ihrem Leben zu tun hatten. Die Polizei geht davon aus, dass es noch weitere Opfer gibt. Deshalb haben sie die Friedhöfe gesperrt, deshalb graben sie. So lange, bis sie den Koch finden. Und den Fotografen.

Nur eine Frage der Zeit also. Bis der nächste Tote auf den Titelseiten landet, bis die Kinder das Haus verlassen. Bis sie sich auf sie stürzen, ihnen Angst machen. Nur eine Frage der Zeit, bis es passiert. Bis Blum gesehen und erkannt wird hinter der Scheibe des Wohnmobils. Nur eine Frage der Zeit. Deshalb muss sie handeln, sie darf keine Zeit mehr verlieren, sie muss in das Haus. Sie wird warten, bis es dunkel ist, sie werden in der Seitenstraße parken, dann wird sie durch das Loch im Zaun klettern. Seit dreißig Jahren ist es schon da, schon als Kind ist sie da durchgeschlüpft, ungesehen, heimlich, wenn Hagen sie gesucht hat, um sie zu bestrafen. Ein geheimer Ausweg damals, jetzt ihre einzige Möglichkeit, ins Haus zu gelangen. Zurück. Im Dunkel durch den Garten, das Kellerfenster einschlagen, dann nach oben. Nur die Einfahrt wird von der Polizei kontrolliert, aber nicht der Garten hinter dem Haus. Das hofft sie. Dafür betet sie, als sie aussteigt und den Weg durch die dicht gewachsene Hecke sucht.

Äste, sie zerkratzt sich die Haut, sie zwängt sich durch das Loch im Zaun. Blum weiß nicht, was auf der anderen Seite ist, ob da jemand steht, ob da Hunde sind und anschlagen, wenn sie in den Garten kommt. Sie weiß es nicht, und trotzdem tut sie es. Egal, ob es unvernünftig ist, ob es klüger wäre, noch länger zu warten, sich noch einige Wochen im Solveig zu verstecken und dann wiederzukommen. Sie steigt durch dieses Loch im Zaun, sie will jetzt zu ihren Kindern. Nicht mehr warten, zurück in ihr Haus gehen, die Treppen hinauf in das Kinderzimmer, sich neben sie legen. Ihre kleinen Hände halten, ihnen ganz nah sein, sie spüren, die Haut, die sie so vermisst hat, ihren Geruch. Wie sie atmen. Blum will es hören. Jetzt.

31

Lautlos ist Blum nach oben gegangen. Hat sie in den Arm genommen, schlafende Zauberwesen, die sich an sie schmiegten. Uma und Nela. Und Blums Flüstern, das sie beruhigt hat. *Mama ist wieder da. Mama passt auf euch auf. Mama hat euch so lieb.* Wie schön es war. Nichts war größer, bunter, Blum war glücklich. Über drei Stunden lang hat sie wach neben ihnen gelegen, hat sich gezwungen, nicht einzuschlafen, sie hat es spüren wollen, alles, jede Sekunde hat sie genießen wollen. Die kleine Uma, Nela, ihnen alles geben, was sie hat, jeden Tropfen Gefühl, alles, was noch in ihr ist, was ihnen helfen sollte, zu vergessen, was da draußen vor dem Haus passiert. Was die Menschen da draußen über ihre Mutter sagen. Es vergessen, die Bilder aus ihren Köpfen löschen, jedes schlechte Wort, jeden Gedanken, jeden Zweifel. Die Angst, die da sein musste unter der Kinderhaut. Die Angst, dass sie ihre Mutter auch noch verlieren. Dass sie auch aufhört, da zu sein. So wie Papa.

Drei Stunden lang. Im Kinderzimmer nur das Nachtlicht. Und dann Karl. Plötzlich stand er in der Tür und hat sie angestarrt, hat mit seinen Armen gewedelt, sie an den Füßen gepackt und sie aus dem Bett gezerrt. Verzweifelt, panisch fast, er war außer sich, er wollte, dass Blum verschwindet, dass es nicht wahr ist. Leise schob er sie aus dem Kinderzimmer in Richtung Küche.

– Bist du völlig verrückt geworden, Blum?

– Nein.

– Was machst du hier?

– Das habe ich dir doch gesagt. Ich hole meine Kinder.

– Begreifst du nicht, was hier los ist? Hast du die Kollegen vor der Tür nicht gesehen? Willst du uns alle ins Gefängnis bringen?

– Nein.

– Dann geh bitte. Um Gottes willen, geh einfach.

– Du willst, dass ich gehe?

– Ja.

– Das ist mein Haus.

– Ich werde es nicht zulassen, dass du es noch schlimmer machst. Wir treffen uns morgen, irgendwo in der Stadt, sie dürfen dich hier nicht finden.

– Das werden sie nicht.

– Was ist mit deinen Haaren?

– Sie sind weg.

– Das wird nicht reichen, Blum. Haare schneiden und färben, das ist zu wenig.

– Es ist ein Anfang.

– Blum, sie werden so lange nach dir suchen, bis sie dich gefunden haben. Du stehst ganz oben auf der Liste. Ein Heer an Leuten ist mit dem Fall betraut, Kollegen aus Wien, Kollegen aus München. Die wollen deinen Kopf.

– Den bekommen sie aber nicht.

– Das geht so nicht, Blum.

– Dann sag mir, was ich tun soll, Karl. Was denn? Soll ich mich verkriechen? Für immer verschwinden in irgendeinem Loch? Soll ich die Mädchen im Stich lassen? Willst du das?

– Nein.

– Sie brauchen mich doch.

– Aber wo willst du hin mit ihnen?

– Ich weiß es noch nicht.

– Sie verstehen das alles nicht. Was hier passiert. Was sie dir vorwerfen. Ich versuche, sie zu beschützen, aber es ist schwer. Wir können nicht mehr vor das Haus gehen, sie verfolgen und bedrängen uns. Das ist zu viel für sie, Blum.

– Und genau deshalb werde ich sie mitnehmen.

– Ihr werdet nicht einmal aus der Stadt rauskommen, Blum.

– Das werden wir sehen.

– Ich werde dir helfen, wenn ich es kann. Aber es wird nicht gut gehen. Es ist zu viel passiert.

– Du musst mir nicht helfen, Karl.

– Setz dich, Blum.

– Ich packe ein paar Sachen für die Kinder, dann sind wir weg. Du kannst sagen, du hast geschlafen, du hast nichts mitbekommen.

– Du sollst dich setzen, Blum.

– Dir wird man glauben. Dass du nichts damit zu tun hast.

– Willst du etwas trinken?

– Ich möchte dir keine Probleme machen, Karl.

– Das weiß ich doch. Und jetzt sag mir, was du trinken willst.

– Es tut mir wirklich alles sehr, sehr leid.

– Wir trinken jetzt einen Schnaps. Und dann reden wir.

Allein mit ihm im Dunkeln am Küchentisch. Kein Licht. Keiner soll erfahren, dass sie hier ist. Dass sie seit einer Stunde neben ihm sitzt. Karl und Blum. Die vertraute Stimme des alten Mannes, der Küchenboden, die Vorhänge, die Kinderzeichnungen am Kühlschrank. Heimat.

Wie es riecht. Alles im Raum gibt ihr Sicherheit. Sie erinnert sich daran, wie Mark neben dem Herd gestanden und Butterbrote geschmiert hat. Wie die Kinder sich darum gerauft haben, ihm helfen zu dürfen. Wie Mark sie hochgehoben und sie auf die Arbeitsplatte gesetzt hat, wie er ihnen gezeigt hat, wie man ein belegtes Brot macht. Lange her ist das alles. Seine Stimme. Und trotzdem hört sie ihn noch. Blum kann ihn sehen, auch wenn es dunkel ist. Still ist. Auch wenn da nur Karl neben ihr sitzt. Sein Vater, dem sie jetzt alles erzählt. Alles, was passiert ist. Was Alfred Kaltschmied ihr angetan hat. Der Mann, der ihre Kinder entführen wollte. *Ich wäre fast gestorben*, sagt sie. *Gestern.*

- Aber es geht dir gut?
- Ja. Ich habe meine Kinder umarmt.
- Willst du etwas essen? Du musst Wasser trinken, dein Kreislauf ist bestimmt noch völlig durcheinander. Keinen Schnaps mehr, Blum, das ist bestimmt nicht gut für dich.
- Doch, Karl, Schnaps. Noch einen.
- Um Himmels willen, was hat dir dieses Schwein nur angetan?
- Er wollte, dass ich bei ihm bleibe. Für immer.
- Sag mir, dass du nichts mit seinem Tod zu tun hast.
- Warum?
- Weil du nicht einfach herumrennen und Menschen töten kannst.
- Er wollte *mich* töten, Karl. Und außerdem sagte ich dir doch, dass er sich selbst umgebracht hat. Das Schwein hat sich erschossen, während ich in diesem Zimmer gelegen habe. Keine Tür, kein Fenster, kein Essen, kein Wasser.
- Warum hat er das getan?

– Ich weiß es nicht, Karl. Aber es hat mit dem Hotel zu tun, mit Björk, mit seiner Frau. Dieses Haus ist verflucht. Zu viele Menschen sind dort gestorben.

– Das klingt alles wie eine unglaubliche Geschichte. Zuerst ist da von einem Tag auf den anderen eine Schwester, und dann entpuppt sich deren Vater als Mörder.

– Das ist jetzt alles nicht mehr wichtig.

– Doch, Blum. Das ist wichtig. Wir müssen jetzt über alles reden, was passiert ist. Jedes Detail. Wir dürfen keinen Fehler machen, wir müssen gut überlegen, wie es weitergeht.

– Wichtig sind jetzt nur noch die Kinder.

– Was ist mit Ingmars Vater? Hat man ihn schon gefunden?

– Er liegt unter seinem Schreibtisch und verwest. Niemand sucht ihn, er hat keine Freunde, da ist niemand, der ihn vermisst. Er hat völlig zurückgezogen gelebt.

– Und Ingmar?

– Der wartet unten.

– Er ist hier?

– Ja.

– Du kannst ihm vertrauen?

– Er hat mich hierhergebracht, Karl. Ohne ihn wäre ich jetzt wahrscheinlich tot. Oder im Gefängnis. Er hat mich gefunden, mich aus diesem Zimmer geholt, er riskiert alles für mich, Karl. Ingmar ist wohl einer von den Guten.

– Bist du dir da sicher?

– Vor zwei Tagen hätte ich noch Nein gesagt.

– Diese Familie ist noch kaputter als unsere.

– Ich vertraue ihm, Karl. Eine andere Wahl habe ich nicht. Er wird mich in Sicherheit bringen.

Dann packt sie. Sachen für die Kinder, Kleidung, Spielzeug, ein paar Stücke Heimat. Eine Tasche mit Kleidung für sich selbst, persönliche Dinge, die sie nicht in diesem Leben zurücklassen will, Fotos, Briefe, Erinnerungen an die letzten zehn Jahre. Erinnerungen an das Glück. Karl sieht ihr zu, hört ihr zu, wenn sie ihm noch einmal versichert, dass es eine Notwendigkeit gewesen ist. Alles, was passiert ist, was sie getan hat. Sie flüstern. Einmal wiederholt er noch, was er sich ausgedacht hat. Blum hört ihm zu. Und sie weint. Weil sie nicht anders kann, weil sie so gerne in diesem Leben bleiben würde, weil sie sich gerne zu den Kindern legen würde. Mit ihnen aufwachen, frühstücken mit der Familie, Reza sagen, dass er der beste Freund ist, den sie jemals gehabt hat. Mit ihm lachen und Verstorbene versorgen. Einfach arbeiten, Bestatterin sein und alles andere vergessen. Dass Ingmar unten auf sie wartet, dass er sich Sorgen macht, dass irgendwo in einem Arbeitszimmer im Schwarzwald eine Leiche liegt. Mit Tränen in den Augen träumt sie. Sie wird alles tun, was sie besprochen haben, sie wird vorsichtig sein, nichts mehr riskieren. Karls Plan ist gut.

Sie wird jetzt nur das Gepäck mitnehmen, nur die Taschen, nicht die Kinder. Erst am Nachmittag wird sie sie wiedersehen. Beim Schwimmbad, hinter der Liegewiese am Nordrand. Dort wird sie auf sie warten, auch dort kennt Blum einen Weg hinein und hinaus. Im Sommer, wenn die Schlange beim Eingang lang war, sind sie über die kleine Steinmauer geklettert. Spaß ist es für die Kinder gewesen, etwas Verbotenes zu tun mit Mama, heimlich, lachend. Bald schon werden sie über diese Mauer klettern und in den Campingbus steigen. Blum wird sie umarmen, und Karl wird sagen, dass er sie aus den

Augen verloren hat. Dass sie plötzlich einfach weg waren, dass er sie nicht wiederfinden konnte in der Menge. So viele Menschen. Uma und Nela werden einfach verschwinden. Man wird sagen, dass sie jemand entführt hat, man wird vermuten, dass Blum in der Stadt ist und sie mitgenommen hat. Noch mehr Menschen werden nach ihr suchen, man wird die Kinder bedauern, sich Sorgen um sie machen, man wird das Schlimmste vermuten.

Alles wird gut gehen. Die Idee, es vor aller Augen geschehen zu lassen, ist genial. Die Journalisten, die Karl und den Kindern ins Schwimmbad folgen werden, werden bezeugen können, dass er nichts damit zu tun hat. Karl wird einfach auf seinem Handtuch liegen bleiben, und die Kinder werden über die Liegewiese laufen. Die Fotografen und Kameraleute werden nicht mehr auf sie achten, weil sie ihre Arbeit bereits getan haben werden, die kleinen Prinzessinnen werden ungesehen über die Mauer klettern, dann wird sich die Tür des Wohnmobils schließen, und sie werden für immer aus der Stadt verschwinden.

Einmal umarmt sie ihn noch. Lang und innig, Blum und Karl. Er hat so viel für sie getan, er ist wie ein Vater für sie gewesen, er hat sie nicht verraten, sie nicht verurteilt, er hat seine Zuneigung immer über alles andere gestellt. Kein Zeigefinger, keine Vorwürfe. Nur seine Hilfe, seine Liebe für die Kinder. Karl ist ein Felsen, an dem sie sich kurz noch festhält, bevor sie versucht, ans andere Ufer zu schwimmen. Ohne Hilfe über das Meer, mit zwei kleinen Kindern über den Ozean. Egal, ob es stürmt, Blum wird schwimmen, und das weiß Karl. Er kennt sie besser als jeder andere, er drückt sie an sich und flüstert. *Wo auch immer du hingehst, du meldest dich, wenn du angekommen bist. Ich liebe dich, Blum.* Dann lässt er sie gehen, entlässt sie aus der Umarmung und wünscht ihr Glück.

Was er verliert in diesem Moment. Die Kinder, Blum, alles, was er hat. Und trotzdem hilft er ihr, die Taschen nach unten zu tragen. Karl überwindet sich, er bemüht sich, keine Fragen mehr zu stellen, er wird sie gehen lassen. Und doch versucht er es noch einmal, kurz bevor Blum die Tür aufmacht. *Warte,* flüstert er. *Was willst du den Kindern sagen? Wo sollen sie leben, Blum? Sie haben doch ein Zuhause hier. Und was soll mit der Villa werden?* Seine Stimme zittert. Blum möchte ihn noch einmal in die Arme nehmen, aber sie kann nicht mehr, sie muss jetzt gehen, sie muss Karl und Reza zurücklassen, sie muss. Auch wenn es ihr das Herz zerreißt.

Mit einem Kloß im Hals geht sie. Es gibt keine andere Möglichkeit, keinen anderen Weg. Durch die Tür in den Garten, durch das Loch im Zaun zurück zu Ingmar. Jetzt. Einmal küsst sie ihn noch, dann geht die Tür auf. Und wieder zu. Karl bleibt in dem leeren Haus zurück. Blum geht hinaus in die Nacht. Traurig steht sie da. Blum in ihrem Garten, sie hat die Tür für immer zugemacht. Immer noch weint sie. Ob sie will oder nicht, sie weiß, dass sie nie wieder zurückkommen wird. Hier ist sie aufgewachsen, hier kennt sie jeden Stein, jeden Grashalm, von hier wird sie jetzt weggehen. Leise schleicht sie hinüber zum Zaun. Leise nähert sich jemand von hinten.

32

Weil es nicht anders sein kann, weil alles zu schön gewesen wäre, zu einfach. Weil es nicht aufhören kann, weil das Glück einen großen Bogen um Blum macht, weil sie einmal eingetaucht ist in diesen Sumpf und nicht wieder herauskommt. Dem Bösen die Hand geschüttelt hat, Gott gespielt hat. Und dafür wird sie jetzt bestraft, das Schicksal schlägt wieder zu. Von einem Moment zum anderen ist es wieder vorbei, ihr neues Leben, das mit dem Abschiedskuss auf Karls Wange begonnen hat. Eine Klinge beendet es. Ein Messer, das ihre Haut berührt, das ihr sagt, dass sie stehen bleiben soll. Stillstehen. Zuhören. Tun, was er sagt.

Blum weiß sofort, was passiert, dass sich wieder jemand ihrem Glück entgegenstellt. Ein stinkender, schwer atmender Mann, ein gieriger kleiner Drecksack, der das große Geld gerochen hat, es ist ein alter Bekannter, der hinter ihr auftaucht. Einer der Männer, die seit Tagen hier herumschnüffeln. Seine Stimme, Blum erinnert sich sofort an diesen schmierigen Ton. Schrettl. Der Privatdetektiv, der bereits vor zwei Jahren versucht hat, sie zu erpressen, Geld aus ihrem Leid zu schlagen. Schrettl, eine widerliche Made, ein Kleinkrimineller, der durch Zufall herausgefunden hat, was sie getan hat. Sie hat ihm gedroht damals, sie hat ihm klargemacht, dass er sterben würde, wenn er sie nicht in Ruhe lässt. Eindringlich. Blum hat keinen Zweifel daran gelassen, sie hat ihm Angst gemacht, ihn verscheucht, wie einen räudigen Hund. Jetzt ist er wieder da. Selbstzufrieden, mächtig, übermütig, hinter ihr. Kein Polizist, sondern Schrettl. Ein Gauner, dem jedes Mittel recht ist, an Geld zu kommen. Ein Kopfgeldjäger, der die Belohnung will, die die Familie des Schauspielers ausgesetzt hat. Blums Kopf für das Geld. Das Monster in der Falle, ein Messer an ihrer Kehle, das sagt, dass es vorbei ist. Schrettls Stimme. *So sieht man sich wieder. Wir gehen jetzt ganz langsam zum Vordereingang, hast du das verstanden? Jeder soll sehen, wer dich zur Strecke gebracht hat. Und komm nicht auf die Idee, dich zu wehren, der Polizei wird es nämlich egal sein, wenn du ein paar Kratzer abbekommst.* Wie in einem schlechten Film ist alles. Ein Angreifer, der lautlos aus dem Nichts gekommen ist und sie bedroht, ein dummer Idiot, der meint, er könne sie aufhalten. Er zwingt sie, mit ihm durch den Garten zu gehen. Zum Haupteingang, zu den Polizisten und den Kameras. Kleinlaut zum Schafott.

Blum. Wie sie dasteht. Die Reisetaschen fallen lässt, das Messer spürt. Wie ihr alles wieder einfällt. Was sie durchgemacht hat, was sie ertragen hat, das Zimmer, die tote Zunge in ihrem Mund. Alles, was sie erlitten hat, seit dem Moment, in dem sie Mark ausgelöscht haben. Blum spürt es. Das Messer und den Wunsch, davonzurennen. Die Ohnmacht, dieses Ausgeliefertsein, die Tatsache, dass Schrettl für sie entscheidet, dass er ihr Schicksal in die Hand genommen hat. Er sagt ihr, wie es weitergehen soll, er will, dass sie um die Ecke biegt und dass die Polizisten ihr Handschellen anlegen. Wieder sperrt sie jemand in ein Zimmer, keine Fenster, keine Türen, kein Wasser. Nur Schrettls Flüstern, sein Hochmut, sein Atem mitten in der Nacht in Innsbruck, kein Meer weit und breit, kein Boot, mit dem sie davonsegeln kann. Nur sie und Schrettl hinter dem Haus. Keiner sieht sie, keiner hört sie, sie muss schnell sein, darf nicht länger warten, nicht länger überlegen, sie muss ihn überraschen, kämpfen. Sie entscheidet, nicht Schrettl. Blum, nicht er.

Wie die Klinge in ihre Haut eindringt. Blum spürt den Schnitt knapp oberhalb ihres Schlüsselbeines. Es ist ein brennender Schmerz, warmes Blut fließt über ihre Haut. Doch kein Laut, nur ihr Ellbogen, der seinen Kopf trifft. Ihn aus der Bahn wirft, ihn stumm macht. Kein Schrei, nicht von ihr, nicht von ihm. Das Messer fällt aus seiner Hand, er versucht, sich zu fangen, zwei Sekunden lang ist er außer sich, benommen starrt er sie an, schaut zu, wie sie das Messer nimmt und zusticht. Zu schnell ist sie, zu schwerfällig ist der fremde, gierige Mann. Bevor er schreien kann, kommt die Klinge in seinem Körper an, bevor er die Meute auf sie hetzen kann, liegt ihre linke Hand auf seinem Mund. Mit der rechten sticht sie erneut zu. Sie will nur, dass er still ist, dass er aufhört, sich einzumischen. Blum will, dass er sie gehen lässt, dass er ihr nichts mehr tun kann. Deshalb sticht sie ein drittes Mal zu. Bis er vor ihr zusammenbricht.

Schrettl. Und das Messer in ihrer Hand. Blum steht nur da und schaut auf ihn hinunter. Wie er sich krümmt, wie er zuckt und leise stöhnt. So lange, bis sie Ingmars Stimme hört, bis sie seine Hand auf ihrer Schulter spürt. Bis er ihr das Messer aus der Hand nimmt, ihren Kopf in seine Hände nimmt und sie zurückholt. *Komm schon, Blum. Wir müssen weg von hier.* Er hält sie davon ab, noch weiter zu gehen, ihren Hass loszuwerden, jemanden zu bestrafen für das, was passiert ist.

Irgendjemanden. Mit einem Messer in ihm wühlen, bis er tot ist, so lange zustechen, bis er nicht mehr atmet, bis er nichts mehr sagen, sie nicht mehr verraten kann. In Gedanken hat sie es getan. Wäre Ingmar nicht durch das Loch im Zaun geklettert, wäre Schrettl jetzt wahrscheinlich tot.

Liebevoll drückt Ingmar ein Taschentuch auf die kleine Wunde an ihrem Hals. Er nimmt sie in den Arm, mit Ruhe, so als wären sie bereits in Sicherheit, völlige Gelassenheit in seiner Stimme. *Wir müssen ihn von hier wegbringen, Blum. Man darf ihn nicht finden, er wird sonst Alarm schlagen. Wir beide werden ihn jetzt in den Wagen laden, wir werden ihn mitnehmen und zu einem Arzt bringen. Wir müssen dafür sorgen, dass er nicht stirbt, Blum.* Was er sagt. Ingmar. Wie weit weg alles ist, wie bedeutungslos. Und wie sehr sie sich in diesem Moment danach sehnt, wieder im Liegestuhl am Strand zu liegen. Wie so oft in den letzten Jahren möchte sie auch jetzt die Uhr zurückdrehen und die Augen schließen. Nur das Meer hören, die Wellen und nicht Ingmars Stimme. Nichts davon, dass sie Schrettl retten, ihn versorgen müssen, dass sie vor drei Minuten ein Messer in seinen Bauch gestoßen hat. Nichts davon will sie wissen, doch Ingmar besteht darauf, er übernimmt das Ruder, er entscheidet für sie.

Blum. Ohne weiterzudenken, tut sie, was Ingmar ihr sagt. Während er die Taschen in das Wohnmobil bringt, versucht sie, das Blut zu stoppen. Benommen drückt sie ihre Hand auf Schrettls Bauch, alles ist eine große Wunde, diese Nacht, ihr ganzes Leben. Offen und blutig. Wunden, die Ingmar zügig schließt. Mit Klebeband kommt er zurück, ohne zu zögern, macht er Schrettls Mund zu, er knebelt ihn, klebt seine Arme zusammen, seine Beine. Gemeinsam wickeln sie das Klebeband um Schrettls Leib, sie machen ihn transportfähig. Lautlos fast, so als hätten sie das schon oft gemacht, ein eingespieltes Team, Schritt für Schritt. *Langsam*, sagt er. *Wir dürfen keinen Fehler machen. Und steck das Messer ein, Blum.* Ingmar treibt sie an, sie ziehen den Körper über das Gras. Alles geht schnell, Blum tut, was er ihr sagt. Wie einfach es wäre, ihn liegen zu lassen, doch Ingmar hat recht. Sie würden ihn finden, wenn es hell wird, er würde reden, sie würden die Kinder nicht mehr aus den Augen lassen, wahrscheinlich würde man sie irgendwo an einen geheimen Ort bringen. Blum würde keine Gelegenheit mehr bekommen, Uma und Nela in den Wagen zu laden und mit ihnen davonzufahren. Alles wäre vorbei, wenn Schrettl liegen bliebe. Deshalb zerren sie den Leib durch das Loch im Zaun. Hinaus auf die Straße.

Keiner sieht sie, keiner hört sie, verborgen im Dunkel, dort, wo niemand sie vermutet. Schrettls Körper verschwindet aus dem Garten der Familie Blum, das Wohnmobil schluckt ihn. Da ist keine Spur mehr von ihm, kurz bevor es hell wird. Da ist nur ein leises Rauschen, das man hört. Wasser, mit dem Ingmar das Blut vom Gras wäscht. Kurz noch der Gartenschlauch in seiner Hand, dann steigen sie in den Wagen und fahren los.

33

– Er atmet nicht mehr.
– Ich weiß.
– Was ist passiert?
– Du hast geschlafen.
– Was ist passiert?
– Du bist so schön, wenn du schläfst. Ich habe dich lange angesehen. Ich könnte das den ganzen Tag lang machen, die ganze Nacht. Nur dein Gesicht, dein Mund. Alles andere ist nicht wichtig.
– Bitte, Ingmar. Ich will wissen, was passiert ist. Warum ist er tot? Warum hast du mich nicht geweckt?
– Du musst irgendein wichtiges Organ getroffen haben, er ist nicht mehr zu Bewusstsein gekommen.
– Das kann nicht sein, ich habe in seinen Bauch gestochen, die Verletzungen waren nicht lebensgefährlich.
– Anscheinend doch.
– Warum hast du mich nicht geweckt, verdammt noch mal.
– Wozu? Was hätte es genützt, Blum? Du hättest ihm auch nicht mehr helfen können. Es war wichtig, dass du dich ausruhst, dass du jetzt ausgeschlafen bist. Wir dürfen keinen Fehler mehr machen.
– Er darf nicht tot sein.
– Ist er aber. Es ist passiert, und jetzt müssen wir dieses kleine Problem lösen.
– Vielleicht hätte ich noch etwas für ihn tun können.

– Wir haben uns gegen das Krankenhaus entschieden, du erinnerst dich?

– Ich dachte nicht, dass es so schlimm ist. Sein Blutverlust war gering, die Wunden nicht tief. Ich war überzeugt davon, dass er das überleben wird.

– Das ist jetzt nicht mehr zu ändern, Blum.

– Ich wollte das nicht, Ingmar. Ich wollte ihn nicht umbringen. Er hat mich angegriffen, mir ein Messer an den Hals gehalten, ich wollte nur zu meinen Kindern. Ich wollte ihn nicht töten, das musst du mir glauben.

– Das tue ich doch, Blum.

– Es sind zu viele Tote, Ingmar. Es muss jetzt aufhören. Ich kann nicht mehr, ich will nicht mehr, ich will einfach in Ruhe leben. Keine Toten mehr, verstehst du? Ich will ein ganz normales Leben, Ingmar.

– Ja, Blum, und deshalb müssen wir jetzt überlegen, was wir mit ihm machen. Er muss weg, in drei Stunden sind die Kinder im Schwimmbad, bis dahin muss er verschwunden sein, bis dahin muss alles sauber sein.

– Du hast recht. Ich werde mich darum kümmern.

– Wir, Blum.

– Nein, Ingmar. Du musst das nicht tun, du solltest jetzt gehen, aussteigen und weggehen. Weit weg. Und nicht zurückkommen. Du kennst mich nicht, du hast mich noch nie gesehen, du fährst wieder zurück in dein Hotel und vergisst mich. Das ist besser für dich, glaub mir.

– Was soll das heißen?

– Ich will nicht, dass du für mich ins Gefängnis gehst. Jetzt kannst du noch zurück, Ingmar.

– Ich will nicht zurück.

– Ich kann dir nichts versprechen, Ingmar.

– Das ist mir egal.

– Ich bin nicht besonders gut darin.

– Worin?

– Männer, Beziehung, Liebe. Ich kann das nicht, ich will das nicht. Ich muss mich um meine Kinder kümmern. Ich will nicht verantwortlich sein für dich, ich will nicht schuld sein, verstehst du? Wenn sie dich einsperren, wenn sie uns finden. Dass du alles verlierst.

– Ich bin freiwillig hier, Blum.

– Du willst es nicht hören, Ingmar. Ich will keine Beziehung, ich will nicht mit dir zusammen sein. Mit niemandem. Mein Leben ist kompliziert genug. Es ist alles kaputt, Ingmar, und ich habe keine Kraft mehr für dich. Ich kann nicht, es tut mir leid. Ehrlich.

– Es muss dir nicht leidtun, Blum. Und du bist zu nichts verpflichtet.

– Nein?

– Nein.

– Dann lass uns sauber machen.

– Aber wohin mit der Leiche? Es ist fast Mittag, Blum. Helllichter Tag. Jeder kann uns sehen, wenn wir rausgehen, wir können ihn nicht einfach irgendwo abladen.

– Doch, das können wir.

Blum. Sie ist wieder wach. Kann wieder denken, einordnen, was passiert ist, den nächsten Schicksalsschlag einfach hinnehmen. Alles als gegeben ansehen, damit umgehen, improvisieren, keine Zeit verlieren. Blum muss sich etwas einfallen lassen, einen Ort finden in dieser Stadt, an dem sie Schrettl ungesehen abladen kann. Sie muss sich beeilen, sie muss alle Spuren verwischen, alles, was ihnen Angst machen könnte.

Uma und Nela, wenn sie in den Wagen steigen, wenn sie sich umschauen und verstehen wollen, warum Mama in diesem Wohnmobil auf sie wartet. Zwei kleine Kinder in Badesachen, Kinder, die Fragen stellen würden, wenn da Blut am Boden wäre. An den Küchenschränken, auf den Polstermöbeln, Schrettls Blut. Blum wird es wegputzen, sie wird sauber machen, so lange schrubben, bis nichts mehr von ihm übrig ist.

Schrettl. Notwehr war es. Erstochen liegt er im Zwischengang des Luxuswohnmobils. Nur eine weitere Leiche, um die sie sich kümmern muss, keine Gefühle, keine Trauer, kein schlechtes Gewissen, keine Vorwürfe, nur der Putzfetzen in ihrer Hand. Wie sie schrubbt, wie sie alles auslöscht, und wie Ingmar ihr hilft. Behutsam und geduldig kniet er neben ihr und holt Schrettls Blut aus dem Teppichboden. Ingmar bleibt, er lässt sie nicht allein, er hilft ihr, Schrettl verschwinden zu lassen. Irgendwie wird es ihnen gelingen, irgendwo. Mitten in Innsbruck, es ist hell, jeder kann sie sehen, das Ungetüm, dieses Wohnmobil. Egal, wo sie auftauchen werden, man wird hinschauen, sobald sie sich bewegen, werden Augen auf sie gerichtet sein. Irgendein Passant wird es beobachten, eine alte Frau, die aus dem Fenster starrt, ein Autofahrer an der Ampel. Egal, wohin sie fahren, der Wagen ist zu groß, zieht Aufmerksamkeit auf sich. Nur wenn sie stehen, wird man sie nicht sehen. Nur wenn sie bleiben, wo sie parken, wird niemand es bemerken.

Zwei Stunden noch, bis die Kinder über die Mauer klettern. Sie werden noch abwarten. Alles ist sauber, Schrettl liegt auf dem Boden, zusammengebunden. Nur ein Paket ist es, das sie aus dem Wagen werfen werden. Ein Obdachloser, der in der

Wiese liegt am Straßenrand, betrunken unter einem Baum, zugedeckt mit einer Decke. Nur seinen Kopf wird man sehen, niemand wird sich um ihn kümmern, lange wird sich keiner bücken, keiner wird sich die Hände schmutzig machen wollen, weil Nächstenliebe Mühe bedeutet. Sie werden erst bemerken, dass ein toter Körper unter der Decke liegt, wenn Blum mit den Kindern weit weg ist. Dann erst wird ein Radfahrer stehen bleiben und die Decke heben, ein Hundebesitzer vorsichtig mit dem Fuß gegen den leblosen Körper tippen. Dann erst.

Blum und Ingmar. Und wie die Zeit vergeht. Wie sie nebeneinandersitzen und warten. Nicht viele Worte. Blum will endlich zu diesem Schwimmbad fahren und die Kinder einladen, sie will nicht darüber reden, was alles passieren könnte, dass alles zu Ende sein könnte in wenigen Stunden. Nichts sagen, nur daran denken, wie sie sie in die Arme nimmt, wie sie über die Autobahn verschwinden. Es verdrängen, so tun, als wäre nichts passiert.

Mitten in Innsbruck am Straßenrand. Schnell. Jetzt. Ein letzter Blick in den Rückspiegel. Niemand kommt, kein Spaziergänger, kein Jogger, da ist nur der kleine Park, der sich vor ihnen auftut, die Grünfläche, auf die sie ihn legen. Schrettl. Wie sie an ihm herumzerren, ihn nach unten fallen lassen, und wie Ingmar die Decke über ihn zieht. Wie sie wieder einsteigen und losfahren. Schrettl ist nur noch Vergangenheit. Nur ein schlafender Mann, der zurückbleibt.

34

Wieder über die Autobahn. Der Blick aus dem Fenster, die Kinder in ihren Armen. Uma links, Nela rechts. Sie schmiegen sich an sie, sind einfach eingeschlafen. Zwei hilflose kleine Wesen, die Schutz suchen, sie sind wieder angekommen an Blums Haut, hören ihre Stimme, küssen sie, halten sie lange einfach nur fest. *Du musst uns drücken, Mama. Wir dachten, du hast uns nicht mehr lieb, Mama.* Kinderangst und dieses wunderschöne Gefühl, angekommen zu sein, alles in Händen zu halten, was wichtig ist. Sie sind zusammen, ganz nah sind die kleinen Stimmen, alles, wovor sie sich fürchten, was sie lieben, was sie sind. Blum will es festhalten, nicht mehr loslassen. Während sie aus dem Fenster starrt, spürt sie, hört sie, was er gesagt hat damals. Mark an einem Morgen im Bett. Wie sie geflüstert haben, Blum und er.

– Ich würde alles für euch tun.
– Was meinst du, Mark?
– Euch beschützen.
– Vor wem?
– Vor Löwen, wilden Tieren, was weiß ich.
– Ach, du romantischer Kerl.
– Im Ernst, Blum, ich würde alles tun, egal was.
– Zum Beispiel?
– Wenn den Kindern etwas passieren würde, wenn ihnen jemand etwas antun sollte. Oder dir.

– Wer sollte uns etwas antun?

– Niemand.

– Warum sagst du mir das dann?

– Wenn ich mir vorstelle, dass ich euch verlieren könnte.

– Du verlierst uns nicht.

– Wenn du nicht mehr da wärst, das wäre das Schlimmste. Ohne dich zu leben.

– Hör auf damit. Ich bin hier, Mark.

– Wir gehören zusammen, Blum.

– Ja, das tun wir.

– Ich werde sehr gut auf dich aufpassen.

– Wirst du das?

– Versprochen.

Versprechen gebrochen. Er passt nicht mehr auf sie auf, beschützt sie nicht mehr, nimmt sie nicht mehr in den Arm. Auch die Kinder nicht. Nur noch Blum ist da, ihre Arme, ihre Liebe, nicht mehr seine. Blum und Ingmar, sonst niemand. Mark hat sie im Stich gelassen, hat sie zurückgelassen in einem Albtraum, aus dem sie immer noch nicht aufgewacht ist. Eine Katastrophe nach der anderen. Und immer wieder diese Angst. Dass es nicht aufhört, dass es weitergeht, dass noch etwas passieren wird. Dass irgendjemand ihr wieder nehmen wird, was sie jetzt festhält. Angst, weil es sich so gut anfühlt, weil sie sich wünscht, dass es für immer bleibt. Die beiden Kinder, die er ihr geschenkt hat. Marks Gesicht, wenn sie Nela anschaut, seine Nase, sein Mund. Umas dichtes Haar. Mark ist bei ihr. Ganz nah.

Blum und die Landschaft, die vorüberzieht. Sie ist in Sicherheit, niemand wird sie aufhalten und kontrollieren, kein Polizist, kein Unfall, sie werden ganz ruhig über die Autobahn schippern, Richtung München und weiter nach Norden. Weit weg. Blum weiß noch nicht, wohin. Sie hat keine Ahnung, Ingmar hat gesagt, sie soll sich keine Gedanken machen, sich nur um die Kinder kümmern. Nicht darüber nachdenken, wo sie leben will, wie weit sie wegmuss, in welchem Loch sie verschwinden soll, damit man sie in Ruhe lässt. Sie sitzt nur da und schaut aus dem Fenster. Hält ihre Kinder fest, streichelt über ihre Haare, flüstert immer wieder. *Mama passt auf euch auf. Mama lässt euch nie mehr allein.* Seit sie in den Wagen gestiegen sind, liegen Blums Hände auf ihnen.

Wie ein Wunder ist es. Alles war so, wie Karl es sich ausgemalt hat. Ihre Angst war unbegründet, alles, was sie sich gedacht hat, bevor es so weit war. Als sie zum Schwimmbad fuhren. Ob alles gut gehen würde. Ob Schrettl gefunden werden würde, bevor sie die Kinder in die Arme nehmen würde. Tausend Gedanken schossen ihr durch den Kopf. *Wird Karl die Kinder dazu bringen, über die Mauer zu klettern? Wird irgendein unverschämter Journalist den Kindern folgen? Ein Foto von ihnen machen, wenn sie in den Wagen steigen? Sich das Kennzeichen notieren und die Polizei rufen?* Blum hat sich Sorgen gemacht, und Ingmar hat sie beruhigt. Ingmar am Steuer. Er ist tatsächlich immer noch da, dieser verrückte Kerl, der ihr von Anfang an geholfen hat, er ist einfach geblieben. Hat sie nicht im Stich gelassen, obwohl sie ihm gesagt hatte, dass nichts aus ihnen werden könne. Sie spürte es, wenn er sie anschaute, seinen Wunsch nach Zärtlichkeit, seine Hoffnung auf eine Zukunft mit ihr. Ingmar und Blum. Sie konnte nicht, wollte nicht, trotzdem fuhr er mit ihr durch Innsbruck. Blum verabschiedete sich, sie machte sich bewusst, dass sie nie wieder zurückkommen würde. Nie wieder durch die Museumstraße, nie wieder die Viaduktbögen entlang, nie wieder. Zum letzten Mal sah sie alles, die Villa im Saggen war nur noch eine Erinnerung. Auf dem Weg zum Schwimmbad löste sich alles auf.

Das Tivoli. Das Freibad neben der Olympiahalle, in zweiter Spur blieb Ingmar stehen. Eine Seitenstraße nahe dem Hintereingang, pünktlich um drei Uhr sollten die kleinen Engel über die Mauer klettern. Aufgeregt in Badeanzügen, weil Karl ihnen gesagt hatte, dass Mama dahinter auf sie warte. Ein Spiel sei es, hatte er gesagt. Nur ein Spiel. Und dann die strahlenden Augen, als sie Blum wiedersahen, Kinderarme, die auf sie zuflogen. Uma und Nela, die in Windeseile in dem Wohnmobil verschwanden. Die Tür, die zuging, und Ingmar, der über den Südring auf die Autobahn fuhr.

Lachende Gesichter und Tränen. Blum kann nicht glauben, dass es wirklich passiert, dass Uma tatsächlich auf ihrem Schoß sitzt. Dass Nela sie wild umarmt und nicht aufhört zu reden. *Wo warst du, Mama? Wir haben dich vermisst, Mama. Du darfst nie wieder weggehen. Wo fahren wir hin, Mama? Ich bin so froh, dass du nicht tot bist, Mama.* Aus dem Kindermund das, was auch sie sich denkt. Dass sie leben darf. Dass sie sich nicht umgebracht hat. Aufgegeben hat. Weil es das Einfachste gewesen wäre. Wie dankbar Blum ist, während sie weiter die Kinderhaare streichelt und Ingmar an einer Raststation hält. *Wir müssen tanken*, sagt er. Blum schweigt. Sagt nichts, schaut nur. *Wir müssen entscheiden, wohin es gehen soll*, sagt er. Blum sagt noch immer nichts. Sie ignoriert ihn, sie verlässt sich auf ihn, weil es ohnehin egal ist, wohin sie fahren. Wenn man nirgendwohin kann, ist es egal, wo das Ziel ist. Wenn man nirgendwo zu Hause ist, kann man auch überall ankommen. Keine Freunde mehr, keine Stadt, kein Haus, kein Halt. Nur noch ein Wohnmobil, in dem man bleiben muss, weil man sonst erkannt und eingesperrt wird. Ein kleines Gefängnis auf Rädern. Und trotzdem irgendwie das Glück, alles, was sie sich gewünscht hat. Angekommen in einer Umarmung, die alles andere vergessen lässt.

35

Erst kurz bevor sie auf den Parkplatz fahren, hat Blum es verstanden. Über zwei Stunden lang hat sie nichts zu ihm gesagt, hat sich in seine Hände begeben, hat ihm vertraut. Hat mit den Kindern geredet, als sie wieder aufgewacht sind. Mit ihnen gelacht, gespielt. Dass sie in Nürnberg stehen bleiben würden, damit hat sie nicht gerechnet. Blum dachte, dass sie immer weiterfahren würden, bis in den Norden, nach Hamburg vielleicht. Dass Ingmar von der Autobahn abgefahren ist, hat sie nicht mitbekommen, sie hat den Kindern Geschichten erzählt, ihnen ein schönes Leben versprochen, ihnen die Angst genommen. *Alles wird gut*, hat sie immer wieder gesagt. Und Ingmar ist weitergefahren. Nürnberg Ost, den Weg entlang, den sie schon einmal genommen hat. Erst vor ein paar Minuten hat sie begriffen, was er vorhat. Wo er hinwill. Jetzt schreit sie, zwingt ihn, in der Einfahrt stehen zu bleiben. Egal, was die Kinder denken, sie will es um jeden Preis verhindern.

– Du sollst stehen bleiben, habe ich gesagt.
– Das ist das Beste, was wir tun können, Blum.
– Nein, das ist es nicht. Ich will, dass du stehen bleibst. Ich will, dass du umdrehst, von hier wegfährst. Sofort. Hast du verstanden, Ingmar?
– Bitte schrei mich nicht an, Blum.
– Jetzt, verdammt.

– Ist ja schon gut, bitte beruhige dich. Alles, was du willst, Blum.

– Und jetzt dreh um und fahr weiter.

– Lass uns darüber reden, bitte.

– Wie kommst du nur auf so eine Idee? Wenn wir zu Kuhn gehen, kannst du mich gleich bei der nächsten Polizeiwache abliefern.

– Hier sind wir sicher, Blum.

– Was redest du nur? Kuhn wird die Polizei rufen, sie werden hier sein, noch bevor wir ausgestiegen sind.

– Nein, Leo wird das nicht tun. Er wird niemanden anrufen.

– Warum nicht?

– Weil ich ihn darum gebeten habe.

– Du hast was?

– Ich habe ihn angerufen, er weiß, dass wir kommen.

– Bravo, Ingmar.

– Kuhn wird nichts sagen. Zu niemandem.

– Alle tun, was der gute Ingmar sagt, oder was? Leo Kuhn wird also nicht die Polizei rufen, nichts sagen. So wie Alfred. Den hast du ja auch darum gebeten, nicht wahr?

– Das ist nicht fair, Blum.

– Es ist mir scheißegal, ob das fair ist. Ich will das nicht.

– Die Kinder, Blum.

– Was ist mit den Kindern? Denkst du, sie bekommen einen Schaden, nur weil sie ihre Mutter schreien hören? Glaubst du das? Dass ich eine schlechte Mutter bin?

– Nein, Blum.

– Was dann? Was willst du hier? Warum tust du das, Ingmar?

– Weil ich es für das Vernünftigste halte, Blum. Wir machen hier Station. Wir überlegen in Ruhe, wie es weitergehen soll, du und die Kinder, ihr habt Zeit füreinander. In Sicherheit, verstehst du?

– Nein, das verstehe ich nicht. Wir sind hier nicht in Sicherheit, wir sind nirgendwo in Sicherheit.

– Wir können Leo vertrauen.

– Warum sollte er so etwas für dich tun? Und für mich? Er bringt sich in Gefahr, auch er geht ins Gefängnis, wenn er uns hier aufnimmt.

– Leo ist schon immer gegen den Strom geschwommen. Er hat gesagt, dass es das Highlight des Jahres für ihn wäre, wenn wir vorbeikommen. Es ist im Moment das Einzige, das wir tun können. Leo oder das Solveig, eine andere Möglichkeit haben wir nicht. Wir müssen das Ganze planen. Ziellos durch Deutschland fahren und riskieren, dass dich jemand sieht, das ist zu gefährlich.

– Er wird die Polizei rufen.

– Das wird er nicht.

– Dann wird irgendjemand anderer dort die Polizei rufen. Das kann nicht gut gehen, Ingmar.

– Es ist Wochenende, Blum. Es ist niemand hier, das Institut ist leer. Keine Besucher, keine Mitarbeiter, Leo ist allein. Wir sind oben in seiner Wohnung, er hat Platz genug, wir können ganz in Ruhe entscheiden, wie es weitergeht.

– Das kann nicht gut gehen.

– Vertrau mir, Blum.

Sie hat keine Wahl. Da ist nichts, was sie tun kann. Was sie ihm entgegensetzen könnte. Ein Gegenvorschlag, ein Ziel, das sie ansteuern könnten, ein Ort, an dem sie sein möchte, ein anderer Platz, an dem sie in Sicherheit die Nacht verbringen könnte mit den Kindern. Ohne Angst, gefunden zu werden, aufgeweckt mitten in der Nacht, entdeckt von irgendeinem ordentlichen Staatsbürger, der ihr Foto in der Zeitung gesehen hat. Sie muss darauf vertrauen, dass es richtig ist, dass Ingmar nichts tun würde, um sie zu gefährden, dass Leo Kuhn nicht beendet, was gerade erst begonnen hat.

Die Alternative wäre das Solveig, deshalb gibt sie mit einem Nicken ihr Einverständnis. Sie sagt Ingmar, dass er weiterfahren, hinter dem Backsteingebäude parken soll. Steigt aus und erklärt den Kindern, dass sie einen alten Freund besuchen. Sie muss weg von der Straße, Blum tut es einfach und bringt die Kinder nach oben. Ingmar kennt sich hier aus, er kennt den Code an der Tür, schnell geht sie auf und zu, niemand sieht sie. Vorbei am Eingang zu den Schauräumen, zum Labor, Ingmar führt sie die Treppen nach oben und klingelt. Eine große schwarze Eisentür, der Eingang zu Kuhns privatem Reich, seinem Rückzugsgebiet. Was von außen unscheinbar aussieht, entpuppt sich als Luxuspenthouse, auf dem Dach der ehemaligen Seifenfabrik hat sich Leo Kuhn einen Wohntraum verwirklicht. Design vom Feinsten, ein Museum fast, überall Kunst, Bilder, Plastiken, bunte Teppiche, Farben an den Wänden. Kuhn empfängt sie herzlich, nimmt sie in den Arm, als wäre sie tatsächlich eine alte Freundin, die mit den Kindern zu Besuch kommt. *Gut schaust du aus*, sagt er. *Die neue Frisur steht dir.* Dann bittet er sie alle hinein.

Leo Kuhn. Mit einer Selbstverständlichkeit, die Blum sprachlos macht, scherzt er mit den Kindern, er zeigt ihnen die Wohnung, spielt mit ihnen, gewinnt sie für sich. Es dauert keine vier Minuten, da gehen sie an seiner Hand von Zimmer zu Zimmer. Damit hat sie nicht gerechnet. Dass er so freundlich ist, so kinderlieb, dass er sich um sie mehr Gedanken macht als um sich selbst und seine Kunst. Blum setzt sich. Ingmar neben ihr. Mit großen Augen staunt sie, nicht nur die Kinder sind fasziniert von all den Dingen, die hier herumstehen und an den Wänden hängen. Ein Sammelsurium von Besonderheiten ist es. Ausgestopfte Tiere, skurrile Bilder, Barbiepuppen in Vitrinen, ein pink lasierter Holzboden, Kronleuchter an der Decke, überall Kristall und Glitzer. Der Spielplatz eines Verrückten, liebevoll gestaltet jedes Detail, tausend Dinge zu entdecken, keine Zeit zu überlegen, ob es richtig ist oder falsch. Was jetzt kommt, was er sagen wird, was er tun wird und was nicht. Nur ein freundlicher Mann, der sie willkommen heißt. *Bedient euch*, ruft er. *Im Kühlschrank ist Weißwein, auf unser Wiedersehen müssen wir anstoßen. Ich bin gleich bei euch, meine Lieben. Und später kochen wir.* Seine Stimme ist wie Medizin, ein Beruhigungsmittel, das die Angst nimmt. Kein Zweifel, dass er es ernst meint. Dass er ihnen etwas vormachen könnte. Wie ungewöhnlich alles ist und wie angenehm es sich anfühlt. Wie die Skepsis diesem Gefühl weicht. Vertrautheit. Eine kurze Auszeit.

Wieder ist es wie eine Szene aus einem Film. Freunde, die sich treffen, gemeinsames Essen, die Kinder tollen herum, Wein und Lachen. Leo Kuhn, der Mann, der Leichen zu Kunstwerken macht, der Tier und Mensch kreuzt, der Provokateur, der sich über alle ethischen Grenzen hinwegsetzt. Er kocht für sie, er erzählt Geschichten und bringt sie zum Lachen. Es fällt kein Wort über das, was passiert ist, über das, was er aus den Nachrichten weiß. Nichts über zerstückelte Leichen in Gräbern, nichts über den toten Alfred Kaltschmied, nichts über den toten Obdachlosen, den man mittlerweile bestimmt gefunden hat. Kein Wort. Nur diese Selbstverständlichkeit, mit der er sie aufnimmt. *Wozu hat man Freunde*, sagt er nur. *Wenn mich Ingmar um etwas bittet, kann ich selten Nein sagen. Und außerdem bin ich immer zu haben für erlesenen Besuch.* Dann lacht er und schüttet Wein in die Gläser. Kerzen brennen, die Kinder stopfen sich Kuchen in den Mund.

Einen Abend lang ein schönes Gefühl. Zwei Männer, die sich beherzt um die Mädchen kümmern. Zuerst Leo, dann Ingmar. Auch er lässt es sich nicht nehmen, mit Uma und Nela zu spielen, sie aufzuheitern, mit ihnen in Leos Arbeitszimmer zu verschwinden und ihnen weitere Kuriositäten zu zeigen. Blum kann sitzen bleiben und sich ausruhen, Wein trinken, einfach nur zuschauen, wie ihre Kinder glücklich sind. Einen Moment lang gibt es keine Fragen, keine Angst, kein Unglück, das groß und schwer über ihnen liegt, das ständig droht, sie aufzufressen, zu zerreißen. Nur Ingmar und Leo. Zwei Freunde, die sich auf diesen Wahnsinn einlassen. Zwei Männer, die nicht genug haben mit dem, was das normale Leben ihnen bietet. Sie wollen mehr, viel mehr. Nicht nur eine Lampe an der Decke, sondern einen riesigen Kronleuchter, mit dem Kopf voraus in einen leeren Pool, mit Seelenruhe am Abgrund entlang. Blum weiß nicht, warum sie es tun, aber sie genießt es. Obwohl alles äußerst ungewöhnlich ist, fühlt sie sich sicher. Ihr kann nichts passieren. Leo sitzt ihr gegenüber und lächelt. *Auf das Leben*, sagt er. *Danke*, sagt Blum.

– Niemand wird dich hier suchen. Ihr könnt bis übermorgen bleiben, außer uns ist niemand im Haus. Niemand, der dir gefährlich werden könnte.

– Was meinst du damit?

– Unten liegen ungefähr hundert Leichen.

– Findest du das witzig?

– Ja.

– Du findest alles witzig, stimmt's? Die ganze Welt ist für dich ein Spielplatz, oder?

– Ich will Spaß, ja. Ist das schlecht? Gibt es irgendetwas dagegen einzuwenden?

– Ich weiß es nicht.

– Ich tue niemandem etwas zuleide.

– Was du mit den Leichen machst, das finden nicht alle gut. Du verstörst die Leute, kränkst sie.

– Nicht ich, Blum, die Verstorbenen, die da unten liegen. Sie wollten, dass ich mich um sie kümmere. Sie wollten das, verstehst du? Unsterblich werden, ausgestellt, auf einem Podest stehen, geschmückt und stolz.

– Gedemütigt und entstellt.

– Ach, Blum. Wenn ich es nicht machen würde, würde es ein anderer tun. Der Mensch will das so, die Ausstellungen werden gestürmt.

– Du kannst machen, was du willst.

– Das ist genau das, was ich tue.

– Und du hast keine Angst?

– Wovor sollte ich Angst haben?

– Vor mir.

– Nein.

– Ich bin eine Mörderin.

– Willst du mir etwas antun?

– Nein.

– Warum sollte ich dann also Angst vor dir haben?

– Warum hilfst du mir?

– Die ganze Welt sucht dich, jeder Polizist in diesem Land ist hinter dir her, die Medien veranstalten eine Mörderhatz, wie es sie selten gibt. Und du sitzt hier und trinkst Wein mit mir. Das gefällt mir. Das ist besser als Sex.

– Was willst du von mir?

– Gar nichts.

– Wer dann?

– Ingmar.

– Ich habe ihm gesagt, dass es nicht geht. Dass ich nicht mit ihm zusammen sein kann.

– Das ist ihm wahrscheinlich egal, oder?

– Ja.

– Du scheinst dem armen Kerl den Kopf verdreht zu haben.

– Ich habe gar nichts getan.

– Du erinnerst ihn sehr an Björk. Ich denke, er würde es nicht ertragen, sie noch einmal zu verlieren.

– Ich will das nicht.

– Das musst du ihm sagen, nicht mir.

– Ich will mit all dem nichts zu tun haben. Nicht mit Björk, nicht mit Alfred, nicht mit dem verdammten Hotel.

– Ich habe gehört, dass Alfred tot ist.

– Ich will nicht mehr darüber reden. Nicht über Björk, nicht über Ingmar. Ich will einfach nur meine Ruhe. Wein trinken. Wissen, dass es den Kindern gut geht. Und weg. Weit weg will ich. Irgendwohin, wo Ruhe ist. Nur ich und die Kinder.

Dann schweigen sie wieder. Nur die Kinderstimmen im Hintergrund. Nur Leos Blicke und sein überlegenes Lächeln, das ihr das Gefühl gibt, dass er die Situation zu hundert Prozent im Griff hat. Dass er über alles Bescheid weiß, jedes Detail kennt. Dass Ingmar ihm alles erzählt hat. Und er es genießt. Der großartige Leo Kuhn spielt sein Spielchen, er amüsiert sich, lässt sich unterhalten. Blum im Kolosseum. Sie tanzt für ihn. Und der Löwe kreist um sie herum. So lange, bis er zubeißt.

36

Dieses Unbehagen. Und der Wunsch, zu verschwinden, in den Wagen zu steigen und einfach loszufahren. Alleine. Ohne Ingmar, nur Blum und die Kinder. Nur sie. Keine Vergangenheit, keine fremde Geschichte, die sie nach unten zieht. Keine weitere Last, kein weiteres Problem, keine unerhörte Liebe, um die sie sich kümmern muss. Es ist wie Wind, der aufkommt. Plötzlich spürt sie es, sie weiß, dass sie alleine weiterfahren wird.

Die Kinder sind eingeschlafen irgendwann. Blum sitzt mit den beiden Männern am Tisch, eine Zeit lang noch zu dritt. Sie trinken weiter, reden, die Wirklichkeit wird weiter ausgeblendet. Kein Wort über das, was in den nächsten Tagen und Monaten auf sie zukommen wird. Nichts darüber, wo sie hinsoll, sich verstecken kann, keine Gedanken über ein Ziel. Blum will sitzen bleiben, noch nicht einschlafen, nicht gleich wieder aufwachen und Entscheidungen treffen müssen, sitzen bleiben und trinken. Es hinausschieben, dieses Gespräch, es ihm sagen. Mit Ingmar reden, ohne ihn zu verletzen, ihn zurückzuweisen. Blum will dem aus dem Weg gehen, sie wünscht sich, dass das jemand für sie übernehmen könnte. Ihn zur Seite nehmen, ihm sagen, dass sie alleine gehen wird. Ohne ihn. Wenn es hell werden würde, ohne ihn in dem Wohnmobil nach Norden, nur die Kinder und sie. Die neue Frisur, eine Sonnenbrille, ein Kopftuch vielleicht, niemand würde sie erkennen, irgendwie würde es ihr gelingen, an Bord eines Schiffes zu kommen in Hamburg. Mit Alfreds Geld würde sie sich eine Fahrkarte in ein neues Leben kaufen. Nur auf das Schiff müsste sie es schaffen, alles andere würde sich ergeben, würde sich irgendwie lösen lassen. Die Ankunft in einem anderen Land. Eine Unterkunft, Reisepässe, Versicherungen. Es würde ihr gelingen, mit den Kindern im Verborgenen zu bleiben, unauffällig, unerkannt, frei. Zuerst aber muss sie Ingmar loswerden, ihn abschütteln, ihn davon überzeugen, dass es besser wäre, sie ginge allein. Ihre Entscheidung steht fest, sie zögert das Unvermeidliche nur noch hinaus.

Spürbar ist es plötzlich. Ohne dass sie nur ein Wort sagt, ist es im Raum. Etwas, das die Stimmung von Minute zu Minute mehr trübt. Blum hält sich immer mehr zurück, spricht weniger, schaut ihn nicht mehr an. Sie weicht seinen Blicken aus, ignoriert seine Hand, die sie immer wieder beiläufig berührt, Blum will seine Zärtlichkeit nicht mehr, seine Fürsorge, dieses Gefühl, von dem er vielleicht denkt, dass es Liebe sei. Viel zu viel alles, erdrückend fast. Plötzlich fühlt sie sich eingeengt und unfrei, ein Gefühl, das von einem Moment zum anderen aufgetaucht ist. Kuhn hat es gesagt. Ingmar muss mit ihm darüber geredet haben. Blum will es nicht, sie trinkt aus und will sich verabschieden, sich zu den Kindern legen, die Augen zumachen, dem Unvermeidlichen noch bis zum Morgen aus dem Weg gehen. Doch Kuhn kommt ihr zuvor. *Ich werde mich jetzt hinlegen, ihr beide habt ja bestimmt noch einiges zu besprechen.* Er steht auf, klopft Ingmar auf die Schulter und geht. *Wir sehen uns morgen früh,* sagt er, dann verschwindet er in seinem Schlafzimmer.

Wie unangenehm es ist. Wie sehr sich Blum wünscht, dass sie schon früher ins Bett gegangen wäre, dass sie bei Uma und Nela sein würde in diesem Moment. Wie gerne sie aufspringen und davonlaufen würde, sie will kein Wort mehr sagen, sie will einfach mit allem aufhören, im Boden versinken. Weit von ihm weggehen, so weit, dass sie ihn nicht mehr hören kann. Sein trauriges Gesicht nicht mehr sehen, nachdem sie es ihm gesagt haben würde. Seinen Widerspruch nicht hören, nicht in seine enttäuschten Augen schauen, sich nicht verantwortlich fühlen für ihn. Blum sitzt nur da und wartet, dass irgendetwas passiert. Darauf, dass Ingmar vielleicht von sich aus einen Rückzieher macht, dass er selbst es vorschlägt, sie alleine fahren zu lassen. Dass er ins Solveig zurückkehren und sich um seinen Vater kümmern würde, um die Beerdigung, um das Hotel. Um sein eigenes Leben. Blum wartet darauf. Doch Ingmar tut nichts dergleichen. Verzweifelt versucht er, einen freundlichen Blick von ihr zu erhaschen, ein freundliches Wort von ihr zu hören. Er versucht, sie aufzumuntern, wieder wachzurütteln, die seltsame Stimmung einfach wegzuwaschen. *Wir können überallhin*, sagt er. *Das Wohnmobil bringt uns bis ans Ende der Welt. Ich werde euch in Sicherheit bringen, Blum.* Immer wieder sagt er es, mit allen Farben malt er eine schöne Zukunft. Ingmar macht Stimmung, Ingmar versucht zu retten, was noch zu retten ist. Ingmar weiß, was kommen wird, er spürt es, er sieht es in ihren Augen. *Du musst dir keine Sorgen machen, Blum. Hab keine Angst. Alles wird gut.*

Nein. Nichts wird gut. Sie kann es nicht mehr hören. Seine Beschwichtigungen, diesen Optimismus. Wie er versucht, sie ständig zu beruhigen, ihr vorzumachen, dass es kein Problem gibt. Keines, das man nicht lösen kann. Keine Leichen, die man ausgräbt, keine Polizisten, die hinter ihr her sind. *Alles wird gut*, sagt er und lächelt. Was für ein Träumer. Sie schaut ihn an und schüttelt den Kopf. *Nein*, sagt sie. *Ich muss das alleine tun.* Fast zitternd ihre Stimme, unangenehm berührt. Blum mag ihn, sie will ihn nicht kränken, doch mit jedem Wort, das sie sagt, tut sie das Gegenteil. Sie schlägt ihn, quält ihn, stochert in seinem Herzen herum. Blum schaut ihn an und weiß, dass er innerlich zusammenbricht, dass das Kartenhaus, das er mühevoll aufgebaut hat, einstürzt. Er sitzt ganz ruhig vor ihr und hört ihr zu, auch wenn es in ihm tobt. Er sagt nichts, hört nur. *Ich werde dir immer dankbar sein für das, was du für mich getan hast. Ich werde mich immer an dich erinnern. Du hast mir das Leben gerettet. Ohne dich wäre ich jetzt nicht hier. Bitte verzeih mir, aber ich kann nicht anders. Ich will dich nicht noch mehr mit hineinziehen. Ich will, dass du dein eigenes Leben lebst. Dass du glücklich bist. Ohne mich. Ich wollte nicht, dass das alles so kommt. Es tut mir leid.*

Blum schaut ihn nicht mehr an. Sie will diese entsetzten Augen nicht sehen. Was sie in ihm kaputt macht. Seinen romantischen Traum, mit ihr zu leben, mit ihr und den Kindern zu flüchten, irgendwo gemeinsam neu anzufangen. Sie musste, sie konnte nicht anders, alles in ihr sagt, dass es richtig ist. Wenn es hell ist, wird sie von hier wegfahren, ihn zurücklassen, alles, was in den letzten Wochen passiert ist. Björk, Alfred, das Solveig, Ingmar. Sie hat es ausgesprochen, ihn enttäuscht, so schwer es ihr gefallen ist, sie hat es getan. Dann steht sie auf und umarmt ihn. Obwohl sie es nicht will, tut sie es. Sie will es versöhnlich beenden, ihm noch etwas Gutes tun, ihm noch etwas schenken am Ende. Noch dreißig Sekunden lang Blum. Sie zieht ihn hoch und legt ihre Arme um ihn. *Danke*, sagt sie noch einmal. Dann geht sie in das Zimmer zu den Mädchen. Ingmar bleibt zurück.

37

Sich auf niemanden mehr verlassen. Nur noch sie und die Kinder. Mit ihnen allein sein, eine Familie. Sie hat neben ihnen gelegen mit offenen Augen und von der Zukunft geträumt. Irgendwo im Wald leben, an einem Strand in Höhlen, verborgen vor der Welt. Alles, was war, einfach abstreifen, ein Stück Haut, das sie ausgezogen und im Wohnzimmer zurückgelassen hat. Mit den Kindern allein in einem Bett. Ganz nah die kleinen Körper. Glücklich sein. Noch lange ist sie wach gelegen und hat sich ein schönes Leben vorgestellt. Dann ist sie eingeschlafen, und alles hat wieder von vorne begonnen. Alles war wieder da, der Albtraum, der immer wiederkam. Ihr Leben.

Von Anfang an. Die Adoption, diese fürchterliche Kindheit, lieblose Eltern, psychische Gewalt, ein Vater, der sie in den Sarg gesperrt hat, wenn sie nicht gehorcht hatte. Eine Mutter, die sie nicht berührt hat, keine Zärtlichkeit, nur Leichen, seit sie denken kann. Egal, wie sehr sie sich bemühte, nach Marks Tod wieder daran zu glauben, dass alles wieder schön werden würde, es gelang ihr nicht. Es funktionierte nicht, es ging immer noch weiter abwärts. Björk, Alfred, das Zimmer, der Durst, ihr trockener Mund, die Exhumierung, der Leichenfund, die Fahndung nach ihr. Zu viel alles, kein normales Leben, das jeden Abend aufhörte und am nächsten Morgen wieder begann. Nichts davon. Auch jetzt waren da wieder diese Bilder aus der Vergangenheit in ihrem Kopf, sie mischten sich mit etwas anderem, rissen Blum aus dem Schlaf.

Sie sitzt aufrecht im Bett, sie versucht abzuschütteln, was sie geträumt hat, es zu ordnen. Ihr Leben im Schnelldurchlauf, die ganze Geschichte, bis hin zu diesem Abendessen vor zwei Stunden. Wie sie Ingmar zurückließ und sich zu den Kindern legte. Wie sie einschlief und nicht wieder aufwachte. Da waren Hände, die sie nach unten drückten, und sie wehrte sich. Ein Traum nur. Und trotzdem fühlte es sich wirklich an. Wie wild schlug sie um sich. Er auf ihr. Mit seinen Knien drückte er ihre Arme nach unten, hielt sie fest. Ihre Tritte gingen ins Leere, nichts half, nur ein kurzer Kampf war es. Bis sie das Bewusstsein verlor.

Nur ein Traum, an den sich Blum erinnert. Dunkel war es. Blum wusste nicht, wie lange. Wo die Kinder waren, was er mit ihnen gemacht hatte, wo er sie hingebracht hatte. Ob sie noch lebten. Da war nur er, nur sein Gesicht und dieser weiß gekachelte Raum. Kuhns Labor, seine Werkstatt, der Ort, an dem er Hunderte Leichen zu Kunstwerken gemacht hat, sie aufgeschnitten, seziert, ihnen die Haut abgezogen hat. Der Ort, an dem er Organe entnommen, Nerven und Blutgefäße freigelegt hat, dort hat er Menschen entstellt und sie mit Tieren gekreuzt, ihnen Wasser entzogen und es mit Aceton ersetzt, sie mit Kunststoff vollgespritzt, Kunst aus ihnen gemacht. Dort wo die Leichen lagerten, ist sie wieder aufgewacht. Festgebunden auf einem Brett. Ein Traum nur, und trotzdem versetzt es sie in Panik. Wieder hat sie den falschen Menschen vertraut. Blauäugig an das Gute geglaubt. Wie dumm sie war, wie wenig sie gelernt hat aus ihrer Vergangenheit. Wie sehr sie daran glauben wollte, dass es jemand einmal gut mit ihr meinte, für sie da war. Zweimal derselbe Fehler. Wieder wehrlos sein. Nichts tun können, zusehen, wie man ihr alles nimmt. Nicht noch einmal. Nie wieder.

Blum ist wach. Sie deckt die Kinder zu und zieht sich an. Es ist mitten in der Nacht, es ist still im Haus. Kuhn schläft. Ingmar auch. Sie muss etwas unternehmen, sie muss, sie darf es nicht so weit kommen lassen, dass es Wirklichkeit wird. Aus irgendeinem Grund ist sie sich sicher, dass es mehr war als nur ein Traum. Wie eine Warnung war es, die letzte Möglichkeit, ihr Schicksal selbst in die Hand zu nehmen, ihm zuvorzukommen. Lautlos schleicht sie sich nach unten, sie holt das Klebeband aus dem Campingwagen, dann betritt sie Kuhns Labor. Sie bereitet alles vor, sucht ein Brett, eine Holzplatte, auf der sie ihn festbinden kann, um ihn mühelos zu transportieren. Sie schaut, wo sie ihn hinbringen könnte, wo man ihn nicht hören würde, wenn er wieder zu Bewusstsein kommt. Ein Raum ohne Fenster, eine Tür, die sie verschließen kann.

Sie will mit ihm allein sein. Mit ihm reden. Sie will herausfinden, ob sie recht hat, sie will es beenden, endlich die Kontrolle zurückbekommen über ihr Leben. Angreifen, anstatt abwarten. Blum will die richtigen Fragen stellen, die Antworten aus ihm herausprügeln, ihn dazu bringen, die Wahrheit zu sagen. Sie plant es, sie will nicht mehr ohnmächtig sein, alles hinnehmen, schwach sein. Sie will auf ihren Instinkt hören, auf ihr Gefühl, auf das sie sich immer verlassen hat, auf ihren Überlebenswillen, der wieder laut ist. Sehr laut. Blum findet alles, was sie braucht. Dann geht sie wieder nach oben. Lautlos in sein Zimmer. Sie überlegt nicht mehr, fragt nicht mehr, ob es klug ist. Ob sie zu weit geht. Blum schlägt einfach zu. Eine verchromte Skulptur in ihrer Hand, eines von Kuhns Kunstwerken, das gegen seinen Schädel schlägt. Ein dumpfes Geräusch, ein schlafender Körper. Nur eine kleine Regung. Aber man kann sehen, wie der Schalter sich umlegt, die Spannung, die aus dem Körper weicht. Still vor ihr auf dem Bett. Ingmar.

Nur ein Körper, den sie aus dem Bett auf den Boden rollt. Festgeklebt auf dem Brett, das sie im Hof gefunden hat. So wie es in ihrem Traum war. Nur umgekehrt, sie fesselt ihn, nicht er sie, sie wickelt ihn mit Klebeband ein. Sein Mund, die Arme, seine Beine, er wird sich nicht mehr rühren können, wenn er aufwacht. Wie ein Wurm ist er, den sie festklebt. Einfach so. Sie tut, was ihr Bauch ihr sagt. Nur weil sie diesen Traum gehabt hat. Wahnsinn alles. Sie darf nicht darüber nachdenken, sie muss ihn nur nach unten bringen, schnell, ohne jemanden aufzuwecken. Die Kinder. Blum wirft einen Blick auf sie, küsst sie noch kurz, überzeugt sich, dass sie tief und fest schlafen, dann zieht sie das Brett langsam über den Marmorboden, ohne Eile, mit Ruhe lässt sie es über die Treppen nach unten gleiten. Beinahe mühelos lässt er sich durch die große Laborhalle bewegen, vorbei an mit Formalin gefüllten Containerkapseln, vorbei an eingelegten toten Menschen, vorbei an Leichen, die an Haken hängen. Plastinate kurz vor der Fertigstellung, Tiere, zerschnittene Menschen. Und Blum, wie sie das Brett in den hintersten Raum zieht. Wie sie Türen öffnet und schließt. Sich mit ihm zurückzieht und ihn hochhebt. Ihn ablädt auf dem Schneidetisch, friedlich schlafend. Blum will sich sicher sein, keine Zweifel mehr haben, keine Angst.

Geduldig sitzt sie in einem Stuhl und wartet darauf, bis er aufwacht, bis sie ihm das Klebeband von den Lippen reißen kann. Bis sein Mund aufgeht und er ihr sagen wird, was sie wissen will. Keine Zweifel. Egal, wie abwegig es ist, was sie denkt, wie absurd ihre Gedanken sind. Diese Ahnung in ihr schreit laut seinen Namen. Ingmar. Sein Gesicht, sein Lächeln, seine Gelassenheit. Ingmar. Warum hat er sie hergebracht? Warum ist er bei ihr geblieben? Warum hängt er so an ihr, warum geht er nicht weg, obwohl sie ihn abgewiesen hat? Warum hat sie von ihm geträumt? Irgendetwas stimmt nicht, irgendetwas sagt ihr, dass da mehr ist als reine Fürsorge, mehr als diese liebenswerte Zuneigung, der Wunsch nach Familie, die Erinnerung an Björk. Mehr als das alles. Blum rätselt, Hunderte Gedanken jagen durch ihren Kopf, während sie wartet. *Warum, Ingmar? Was stimmt nicht mit dir? Sag es mir.*

Es wird nicht mehr lange dauern. Er wird zu sich kommen. Und reden. Der gute Ingmar, ihr Retter, der Wohltäter, der ihr geholfen hat, dass sie ihre Kinder wiedergesehen hat. Ingmar, der sie aus diesem verdammten Zimmer geholt hat. Ihr Geld gegeben und sie in Sicherheit gebracht hat. Sie wird ihn dazu bringen, ihr die Wahrheit zu sagen. Was er getan hat. Und was er nicht getan hat. Auch wenn Blum sich dagegen wehrt, immer wieder ist da kurz auch der Gedanke, dass sie falschliegen könnte. Weil es eigentlich nicht sein kann, weil alles dagegen spricht. Alles, was er für sie getan hat. Ingmar. Er könnte sterben, es könnte sein, dass er nicht mehr aufwacht, dass der Schlag auf den Kopf zu fest war, dass eine Gehirnblutung alles beendet, bevor er seinen Mund aufmachen kann. Es könnte sein. Dass sie sich irrt. Dass er tatsächlich unschuldig ist. Trotzdem geht sie nicht zurück nach oben zu den Kindern. Sie bleibt. Zum ersten Mal seit langem hat sie wieder das Ruder in der Hand. Egal, ob es richtig ist oder falsch. Egal ob er sterben wird. Blum bleibt.

38

Sie wird nach Osten fahren. Mit den Kindern in irgendein Auto steigen und verschwinden. Sie wird irgendjemandem Geld geben, damit er sie weit wegbringt. Blum wird mit den Mädchen das Land verlassen, sie wird irgendwo neu anfangen, niemand wird sie daran hindern. Uma und Nela werden ganz normal aufwachsen, so wie andere Kinder auch, niemand wird wissen, was vorher war, was sie getan hat, sie werden es niemals erfahren. Blum wird dafür sorgen, dass sie glücklich sind, sie wird sie nicht mehr in Gefahr bringen, keine Sekunde mehr, sie wird sie beschützen. Sie wird alles dafür tun, dass es wahr wird. Nicht aufgeben, es zu Ende bringen, keine Spuren hinterlassen.

Wozu man fähig ist, wenn nichts mehr an seinem Platz steht und alles durcheinander ist. Blum weiß es. Sie erinnert sich daran, was sie mit diesen Männern gemacht hat, während sie immer noch darauf wartet, dass Ingmar wieder aufwacht. Blum hat nicht gezögert damals, nicht gezweifelt, sie hat auf ihr Gefühl vertraut, hat es einfach getan. Sie darf ihn nicht gehen lassen, sie muss wissen, was er verbirgt, warum es ihr so leichtgefallen ist, die Metallskulptur auf seinen Kopf zu schlagen. Sie will es sich erklären, sich sicher sein, deshalb wird sie jetzt aufstehen und ihn aufwecken, ihn zurückholen und mit ihm reden. Sie geht ganz nah an ihn heran und spricht mit ihm, sagt seinen Namen. Zuerst leise, dann laut. Selbst wenn sie schreit, wird Kuhn sie nicht hören, sie ist ungestört mit Ingmar. Kurz mit ihm allein, bis sie alles weiß, dann wird sie wieder hinaufgehen zu den Kindern, sie wird sich zu ihnen legen und einschlafen. Wenn sie weiß, was sie wissen will. Ingmar. Ein Vertrauter, vor dem sie sich tief im Inneren fürchtet. Ihr Bauch sagt es, sie vertraut ihm nicht mehr, im Grunde hat sie es nie getan, sie hat sich nur in seine Hände begeben, weil da sonst niemand mehr war. Sie hat ihm geglaubt, weil sie es so wollte, sie hat seine Zärtlichkeit einfach genommen, ein bisschen Liebe, nach der sie sich so gesehnt hat. Der Wunsch nach Berührung. Wie blind das macht. Der Wunsch, geliebt zu werden. Wie dumm das macht.

Ingmar. Er lügt. Blum weiß es. Jetzt schon. Deshalb schüttelt sie ihn, schreit ihn an, so lange, bis er aufwacht und sie anschaut. Seine entsetzten Augen, weil er noch nicht begreift, was passiert ist, was sie getan hat. Was sie von ihm will. Blum beugt sich über ihn, ganz nah, sie beobachtet ihn, hört ihn, sein Schreien unter dem Klebeband, das Stöhnen, die Verzweiflung, weil sie ihn gefesselt und geknebelt hat, weil sie nur dasteht und ihn anstarrt. Nichts sagt, abwartet, schaut, was seine Augen machen, sein Gesicht, ob es etwas verrät. Ingmar. Festgebunden auf einem Brett. Das Brett auf einem Aluminiumtisch, über ihm Licht. Der Raum ist hell erleuchtet, keine Fenster. Niemand, der ihm hilft. Kuhn schläft. Niemand wird kommen und Blum aufhalten. Keiner.

Langsam zieht sie das Klebeband von seinem Mund. Sie hat ihm gesagt, dass er still sein soll, dass sie ihm wieder etwas gegen seinen Kopf schlagen wird, wenn er schreit. Fester diesmal. So, dass er nicht wieder aufwacht, dass seine Augen für immer zubleiben. Ganz einfach zuschlagen. Ihn losbinden und in einem der Container für immer verschwinden lassen. *Du wirst leise sein. Mir zuhören. Meine Fragen beantworten. Hast du das verstanden?* Ingmar nickt nur. Er hört auf zu stöhnen, immer noch starrt er sie an. Entsetzen in seinem Gesicht. Unverständnis, nur ganz leise eine Frage. *Was tust du da, Blum?* Dann ist er wieder still und wartet ab. Er hat Angst, er weiß nicht, was sie von ihm will, was sie vorhat. Ingmar. Wie liebevoll seine Stimme klingt, wie fürsorglich. Niemand würde auf die Idee kommen, dass er ihr etwas Schlechtes will, dass er mehr ist, als er vorgibt zu sein. Niemand weiß, dass er Kaninchen an die Wand wirft.

Wie er sie anstarrt. Wie sie seinen Blicken standhält, ihnen nicht ausweicht. Ohne etwas zu sagen, nur ihre Augen. Blicke, die hin- und hergehen, Gedanken, die laut sind. Seine. *Du sollst mich losbinden, Blum. Ich will, dass du damit aufhörst. Warum um Gottes willen tust du das? Blum. Bitte.* Doch Blum rührt sich nicht. Sie schaut ihn nur an, sagt ihm, dass es zu Ende ist, dass es keinen Sinn hat, sie anzulügen. Dass sie es wisse. Ohne Worte sagt sie es. Laut ihre Augen und Ingmars Stimme, die den Raum füllt. *Was tust du da, Blum? Was habe ich dir getan? Warum, Blum?* Fragen, die sie nicht hören will. Alles nur Fassade, alles nur Schein. Er lügt, er winselt. Er bettelt, weil er nicht angebunden und ausgeliefert auf diesem Tisch liegen will. Er macht weiter, er täuscht sie, er gibt ihr das Gefühl, dass sie einen großen Fehler macht. Doch Blum lässt nicht locker, sie hört nicht auf, lässt ihn nicht gehen.

Ich will die Wahrheit wissen, sagt sie langsam und deutlich. Ganz ruhig ist sie. *Ich will wissen, was hier nicht stimmt. Und es wäre besser für dich, wenn du ehrlich bist. Weil es mir egal ist, ob du stirbst. Völlig egal, Ingmar. Glaub mir.* Alles in ihrer Stimme sagt ihm, dass sie es ernst meint. Die kleine verletzte Blum, die ängstlich und zitternd, halb verhungert neben ihm saß, ist nicht mehr da. Er weiß es, er hört es in ihrer Stimme, diese Gelassenheit, die Gleichgültigkeit. Blum meint es ernst. Sie will reden. Seine Stimme und ihre. Fast liebevoll wirkt alles, zwei erwachsene Menschen, die sich aussprechen, sich Fragen stellen, auf Antworten warten. Kein lautes Wort. Beherrscht alles. Blum und Ingmar.

– Irgendetwas stimmt nicht.
– Was sollte denn nicht stimmen, Blum?
– Mit dir stimmt etwas nicht.
– Was?
– Das wirst du mir jetzt sagen.
– Was passiert hier?
– Wir reden nur miteinander.
– Du hast mich beinahe erschlagen, Blum.
– Ich hätte dich sonst nicht hier runterbekommen. Freiwillig wärst du wohl nicht gegangen.
– Was willst du von mir, Blum?
– Wie gesagt, die Wahrheit.
– Bitte komm wieder zurück auf den Boden, Blum. Es entgleitet dir, du hast es nicht mehr unter Kontrolle, du brauchst Hilfe.
– Ich brauche keine Hilfe.
– Doch, Blum. Das hier macht kein vernünftiger Mensch.
– Was man macht und was man nicht macht, das ist mir egal, Ingmar. Keine Regeln mehr, niemand, der mir sagt, was ich zu tun habe. Was richtig ist und was falsch.

- Jetzt denk doch mal nach, Blum. Ich bin auf deiner Seite,
  ich habe dich gerettet, ich habe dir geholfen, deine Kinder
  wiederzusehen. Ich habe dir Geld gegeben, dir die Flucht
  ermöglicht. Warum sollte ich dir etwas Böses wollen? Wel-
  chen Grund solltest du haben, mich anzubinden und zu
  verletzen? Welchen, Blum?
- Bauchgefühl.
- Binde mich los, Blum. Bitte.
- Nein.
- Das ist doch verrückt.
- Nicht verrückter als alles andere, was in den letzten zwei
  Jahren passiert ist. Wie man hört, soll ich unschuldige
  Menschen umgebracht haben.
- Bitte hör auf damit, Blum.
- Du hast gewusst, mit wem du dich einlässt.
- Ich weiß, wer du bist.
- Nein, das weißt du nicht.
- Doch, Blum.
- Du hast keine Ahnung, wer ich bin. Glaub mir.
- Gib uns doch eine Chance.
- Nein.
- Warum musst du das jetzt beenden? Es fängt doch gerade
  erst an. Wir könnten es doch miteinander versuchen. Es ist
  doch alles gut gegangen bis jetzt. Wir schaffen das, Blum.
- Es gibt kein Wir, Ingmar.
- Warum bist du plötzlich so?
- Ich war schon immer so.
- Bitte, Blum, lass uns nach oben gehen und vergessen, was
  passiert ist. Du machst einen großen Fehler.
- Einen mehr oder weniger, das ist inzwischen egal.
- Ich bin einer von den Guten, Blum.

- Mein Bauch sagt etwas anderes.
- Aber du weißt doch alles, ich verheimliche dir nichts.
- Genau da liegt das Problem, Ingmar. Ich habe das Gefühl, dass du lügst.
- Du bist durcheinander, Blum. Das war alles etwas viel, ich weiß. Aber das wird wieder, glaub mir.
- Nein.
- Wir waren uns doch nahe, Blum. Und es war schön. Bitte mach das jetzt nicht alles kaputt.
- Du sollst reden.
- Um Gottes willen, worüber denn? Ich verschweige doch nichts. Lass es bitte gut sein jetzt und geh zu deinen Kindern nach oben. Sie brauchen dich, Blum.
- Lass die Kinder aus dem Spiel.
- Sie würden bestimmt nicht gut finden, was du hier machst.
- Hör auf damit.
- Dass ihre Mutter Menschen zerstückelt, das würde ihnen nicht gefallen. Dass du mich hier festhältst, mir beinahe den Kopf einschlägst. Deine Töchter würden das nicht verstehen, sie würden dich dafür hassen.
- Du sollst dein Maul halten.
- Und du sollst mich jetzt losbinden.
- Letzte Chance, Ingmar.
- Was sonst? Was willst du dann tun? Willst du mich auch umbringen?
- Ich werde dir deinen linken Fuß abschneiden.
- Was wirst du?
- Entweder du redest jetzt, oder ich schneide ihn ab.
- Du bist wahnsinnig.
- Ja.
- Das kannst du nicht machen.

– Doch.
– Du wirst mich jetzt sofort losbinden. Hast du das verstanden, Blum? Du wirst jetzt ein Messer nehmen und das Klebeband aufschneiden. Dann reden wir weiter.
– Du hattest deine Chance.
– Du bist ein Monster.
– Vielleicht bin ich das.
– Ich hätte dich verrecken lassen sollen.

Sein Mund, wie er auf- und zugeht. Die Worte, die aus ihm herauskommen. Ganz nah, ein wildes Tier, das zubeißt. Von einem Moment zum anderen. *Ich hätte dich verrecken lassen sollen.* Der gute Ingmar, wie er wieder ein Kaninchen gegen die Wand wirft. Blum spürt seinen Zorn, er treibt sie an, noch einen Schritt weiterzugehen. Weil er diesen Satz gesagt hat. *Ich hätte dich verrecken lassen sollen.* Weil er die Kinder ins Spiel gebracht hat. Es gewagt hat. Wie ein Schlag war es. Nur die logische Konsequenz ist es, einen kleinen Schritt weiterzugehen. Nur ein Stück. Sie tut es einfach.

Blum hört ihn nicht mehr. Was er sagt. Wie er versucht, seinen Hals zu retten, seine Analyse ihrer Psyche, seine jämmerlichen Versuche, sie davon zu überzeugen, ihn loszubinden. Ihn aufstehen und gehen zu lassen. Sie will es nicht hören, nichts mehr, nicht, solange sie nicht die Wahrheit kennt. Etwas, das ihr sagt, dass sie recht hat. Sie wird so lange weitermachen, bis er redet. Auch wenn sie es nie wirklich vorgehabt hat, wenn es nur eine Drohung sein sollte, Blum tut es, setzt es in die Tat um, und niemand ist da, um sie zu stoppen. Sie ist allein mit dem fluchenden, schreienden Ingmar. Nur sie und er. Verzweifelt versucht er, Blum zu erreichen, sie dazu zu bringen, ihn gehen zu lassen. Doch Blum weiß, dass da noch mehr kommt, wenn sie nur den richtigen Knopf drückt. Richtig oder nicht, grausam oder nicht, egal alles. Da ist nur Blum.

Seit sie aufgewacht ist, erinnert sie sich wieder daran. An dieses Zimmer, an den Teppich, auf dem sie gelegen hat. Sie erinnert sich an den Geschmack in ihrem Mund, an den Uringeruch. Daran, dass sie damals von seiner Schuld überzeugt war. Sie konnte sich nicht mehr rühren. Da war keine Bewegung mehr, da war nur noch der Tod, ganz nah. Fast zu Ende alles, nie mehr lachen, nie mehr die Kinder. Wie ohnmächtig sie war. Nie wieder dieses Gefühl. Nie wieder. Deshalb bindet sie sich diese Schürze um, setzt sich eine Brille auf und startet die Bandsäge.

39

Blum sieht es vor sich. Wie er seine Zehen verliert. Nur eine Warnung, ein Signal dafür, dass sie es ernst meint. Dass ihr egal ist, was mit ihm passiert. Ob er Schmerzen haben wird, ob er ausbluten wird. Blum will wissen, warum sie wirklich in diesem Zimmer gelegen hat und beinahe gestorben wäre. Vielleicht wollte jemand sie für immer festhalten, um sie lieben zu können und für sie da zu sein. Sie auszustopfen vielleicht. Für immer in einer Vitrine, Blum, gekreuzt mit einer Antilope.

Sie zweifelt an allem. Sie versteht es nicht, aber sie zweifelt. Ob wirklich Alfred es war. Sie schaut Ingmar an und denkt nach, still, nur die Säge summt leise. Ein Präzisionsgerät, mit dem Kuhn seine Plastinate in Form bringt. Gefrorene Leiber, die er in Scheiben schneidet, Menschen, die er zersägt und konserviert. Menschenstücke für die Wissenschaft, tellergroßes Anschauungsmaterial, produziert in diesem Raum. Mit dieser Bandsäge. Fast lautlos ist sie, nur dieses Summen, sauber und präzise alles. Ingmar versucht, sich zu wehren, er schüttelt sich, will sich losreißen. Doch nichts nützt, Blum wird seinen Fuß festhalten, nur ein ganz kleines Stück von ihm abschneiden, nur seinen kleinen Zeh. Keine Verletzung sonst, nur ein zarter Schnitt wird es sein, nur wenig Blut, eine kleine Wunde, die ihn zum Reden bringt. Eine Drohung, die seinen Mund öffnen wird. Weit und laut.

Ingmar. Wie er sie beschimpft, während Blum ihn anschaut und wartet. Gelassen ihr Gesicht, ihre Augen, unbeeindruckt von seinem Geschrei, von den Schimpfwörtern, die aus seinem Mund quellen. Ingmar spürt, dass sie weitermachen wird, wenn er ihr nicht sagt, was sie wissen will, er weiß, dass sie es ernst meint. Sie hat fünf Menschen umgebracht und zerstückelt, sie wird nicht davor Halt machen, ihm einen Fuß abzuschneiden. Ingmar weiß, dass es der einzige Weg ist, sie zu stoppen. Nur eine Sekunde ist er noch davon entfernt, alles zu verlieren. Einen Zeh, ein Bein, sein Leben vielleicht. Deshalb beginnt er zu reden, er setzt darauf, was zwischen ihnen war, auf diese Momente der Nähe, diese Nacht. Die Hoffnung, dass sie Mitleid mit ihm hat, neben dieser Wut. Seine Augen hoffen, sie flehen, doch nichts nützt. Blum macht weiter. Sie macht ihm Angst, weil sie schweigt. Weil Ingmar weiß, dass dieses Sägeblatt mit Leichtigkeit alles durchtrennen kann. Während er mit dem Schlimmsten rechnet, denkt Blum an Uma und Nela. Irgendwo auf einer Blumenwiese liegen sie, Blum spielt mit ihnen zwischen Grashalmen, sie rennen herum, sind unbeschwert. Sie lachen, während die Bandsäge vor sich hin surrt und Ingmar um sein Leben bettelt. Darum, dass sie in das Wohnmobil steigt und davonfährt. Doch Blum bleibt. Ihr wird plötzlich klar, wie dumm sie war. Sie hat nichts begriffen, gar nichts. Sie hat gedacht, alles wäre normal, nur Zufall. Dass da plötzlich eine Schwester war, Alfred, das Solveig. Und Ingmar. Diese Familie, nach der sie sich immer gesehnt hat. Sie ist in einem Horrorfilm gelandet. Ein Mann, festgebunden auf einem Tisch, eine Säge, Angst, Verzweiflung, Gleichgültigkeit. Weil sie alle tot sind, die Schweine von damals, Schrettl, Alfred. Alle tot, alles egal. Einer mehr oder weniger, wen kümmert es, nur Fleisch, nur

Knochen, nur ein Körper, den sie in irgendeiner Formalin-
wanne verschwinden lassen wird. Ein Körper ohne Namen,
ohne Geschichte, nackt. Einer von Hunderten, die hier liegen.
Nur ein weiteres Stück Fleisch. Weil da nichts mehr ist, sobald man aufgehört hat zu atmen. Gar nichts mehr, nur Ver-
wesung, nur eine kurze Begegnung, mehr nicht. Ingmar und
Blum. Eine kurze gemeinsame Reise. Ein Abschied mit Wut.
Kurz noch eine Hand voll Worte, bevor das Sägeblatt sie für
immer trennt.

– Was willst du hören?
– Alles.
– Und dann lässt du mich gehen?
– Ich denke nicht, dass du in der Position bist, zu verhan-
  deln.
– Wenn du mich gehen lässt, sag ich dir alles, was du wissen
  willst.
– Das wirst nicht du entscheiden, lieber Ingmar.
– Versprich mir, dass du mich gehen lässt. Du wirst mich nie
  wiedersehen. Und ich werde dir helfen, von hier zu ver-
  schwinden. Darauf gebe ich dir mein Wort.
– Ich brauche deine Hilfe nicht.
– Und das Geld?
– Was ist mit dem Geld?
– Du hast es vielleicht noch nicht gemerkt, aber es ist nicht
  mehr in deiner Tasche. Nicht mehr dort, wo du es hinge-
  tan hast, irgendwie ist es dummerweise weggekommen.
  Du hättest wohl besser darauf aufpassen sollen.
– Ich wusste, dass mit dir etwas nicht stimmt.
– Das wusstest du nicht. Du hast mit mir geschlafen, meine
  liebe Blum. Du hast noch immer nicht die geringste Ah-

nung, was vor sich geht. Gar nichts weißt du, nur ein kleines dummes Gefühl hast du. Ein Häufchen Elend bist du, ein Wrack, eine gesuchte Mörderin.

– Du solltest besser still sein.

– Du brauchst mich, Blum. Ohne mich schaffst du es nicht. Sie werden dich an der nächsten Raststation festnehmen, du wirst ins Gefängnis gehen und deine Kinder nie wiedersehen. Verstehst du das? Ich kann dir helfen, Blum. Ich habe Geld, ich kann dich in Sicherheit bringen, auf dich aufpassen. Weil ich dich mag, Blum. Das weißt du.

– Du sollst endlich damit aufhören.

– Wir sind uns ähnlicher, als du denkst.

– Nein, mein Guter, das sind wir nicht. Ich bin anders als du. Ganz anders, glaub mir.

– Es könnte alles so schön sein, Blum.

– Ist es aber nicht, oder? Du liegst hier, gefesselt, und wenn du nicht endlich den Mund aufmachst, werde ich dir etwas abschneiden. Einen Zeh, dann noch einen. Einen nach dem anderen. Du kannst mir glauben, Ingmar, das wird passieren. Gleich.

– Das bringst du nicht fertig.

– Doch. Wie gesagt, zuerst die Zehen, dann die Füße. Und wenn du dann immer noch nicht redest, schneide ich dir ein Bein ab.

– Unsinn.

– Ein Bein. Und dann das zweite. Und falls du dann wirklich noch immer glauben solltest, dass ich dich brauche, schneide ich weiter. Arme und Schädel. Bis nichts mehr von dir übrig ist.

– Du könntest mir nie etwas antun.

– Doch, mein Lieber. Ich habe das nämlich schon oft gemacht. Es fällt mir ganz leicht. Am Anfang musste ich mich zwar überwinden, beim zweiten Mal war es aber schon fast Routine. Und mit dieser Säge hier ist das ein Kinderspiel.

– Ohne Geld wirst du nicht weit kommen.

– Ich scheiße auf dein Geld, Ingmar.

– Tust du nicht.

– Ich bitte dich nicht noch einmal. Wenn du jetzt nicht redest, schneide ich.

– Was willst du denn wissen, um Gottes willen?

– Was ist mit Björk passiert?

– Warum willst du jetzt über Björk reden?

– Sie sitzt in Wien in einer Vitrine und reitet auf einem Zebra. Das ist nicht normal. Ich hätte von Anfang an wissen müssen, dass da etwas nicht stimmt. Die Finger davon lassen. Weil ihr Freaks seid, alle. Björk, du, Alfred. Das leerstehende Hotel, alle Alarmglocken haben geläutet. Laut. Von Anfang an.

– Aber du hast sie nicht gehört, meine kleine Blum.

– Leider.

– Du warst so rührend. Du hast wirklich gedacht, dass wir im Paradies aufgewachsen sind, Björk und ich. Du warst eifersüchtig, ich habe es in deinen Augen gesehen. Du hast gedacht, dass wir es besser hatten als du.

– Was war mit Björk und Alfred?

– Was soll mit ihnen gewesen sein?

– Missbrauch?

– Schwachsinn.

– Was dann?

– Nichts. Der alte Mann hat sie einfach nur geliebt, sie war sein Ein und Alles, er hätte alles für sie getan. Sie war ihm wichtiger als alles andere sonst. Der große Alfred Kaltschmied und seine Tochter. Hand in Hand durch den Wald. Wie stolz er war, der alte Pfau.

– Und du?

– Ich ging brav hinterher.

– Und das hat dir nicht gefallen?

– Nein. Das hat mir nicht gefallen.

– Warum hast du angedeutet, dass er sie missbraucht hat? Warum um Himmels willen hast du das gesagt?

– Irgendetwas musste ich dir ja erzählen, oder?

– Warum hast du mich angelogen?

– So dumm bist nicht einmal du, Blum.

– Warum, will ich wissen.

– Weil er ein Schwein war. Weil ich ihn schlechtmachen wollte, weil er es nicht anders verdient hat. Und weil es so einfach war.

– Was?

– Dich das alles glauben zu lassen.

– Was, Ingmar?

– Dass er ein kranker alter Sack ist.

– Ich will jetzt wissen, was passiert ist. Was hat er wirklich getan? Das ist deine letzte Chance.

– Er hat sie lieber gehabt als mich.

– Und?

– Er hat sie bevorzugt, ich bin untergegangen neben ihr. Er hat sie in den Himmel gehoben.

– Du warst das Arschloch.

– Ja. Immer. Seit ich denken kann.

– Der Hinke-Ingmar. Der arme Teufel, den keiner mag. Ein Scheißleben muss das gewesen sein.

– Ja.

– Und deshalb hast du ihn umgebracht?

– Wie bitte?

– Du hast den Alten umgebracht.

– Spinnst du? Wie kommst du denn darauf? Das war Selbstmord, du hast es doch selbst gesehen.

– Irgendwie hast du es geschafft, es so aussehen zu lassen. Du hast ihn erschossen und alles so arrangiert.

– Schwachsinn.

– Er hat sich nicht umgebracht.

– Du bist ja wahnsinnig. Aufhören, Blum! Jetzt sofort.

– Nicht schreien, Ingmar. Ich möchte nicht, dass die Kinder aufwachen. Das verstehst du doch, oder?

– Du drehst durch, Blum. Du hast es nicht mehr unter Kontrolle, es entgleitet dir.

– Ich werde dir jetzt deinen kaputten Fuß abschneiden. Das dürfte nicht ganz so schlimm sein.

– Das wirst du nicht tun, Blum. Du wirst niemandem etwas abschneiden, keinem mehr. Und weißt du auch, warum? Weil du ein guter Mensch bist.

– Genau. Und deshalb werde ich dir jetzt Schmerzmittel geben, Kuhns Badezimmerschrank ist voll davon. Die Tabletten hier und ein ordentlicher Schluck Whiskey werden es dir leichter machen. Fünfzig Jahre alt, der Tropfen. Ich habe ihn aus Leos Schnapsschrank. Schmeckt hervorragend.

– Du machst einen Fehler, Blum.

– Schlucken.

– Du irrst dich.

– Trink jetzt.

– Das wird dir noch sehr leidtun.

– Nein.

– Bitte nicht, Blum.

– Doch.

40

Sie kann seine Angst riechen. Nachdem er das Schmerzmittel und den Whiskey geschluckt hat, ist er sich endgültig sicher. Blum meint es ernst, Ingmar ist überzeugt davon, während sie immer noch hadert und überlegt, was sie tun soll. Ob sie wirklich noch einen Schritt weitergehen oder ob sie ihn losbinden und ihn einfach gehen lassen soll. Müde und erschöpft ist sie. Leer ist alles, da ist nur noch der Wunsch, mit den Kindern allein zu sein. Irgendwo in Sicherheit, weit weg von allem, weit weg von seinem Mund, aus dem endlich die Wahrheit kommt. Das Theater, das sie spielt, bringt ihn zum Reden. Blum ist es satt, sie will es beenden, sie hat keine Lust mehr. Sie nimmt das Bein und schiebt es nach vorn. Das Sägeblatt berührt seine Haut. Kurz nur. Weil Ingmar schreit und sie mit einem Satz dazu bringt, sein Ende aufzuschieben.

Vom einen Moment zum anderen ist da die Wahrheit. Was wirklich passiert ist. Alles. Blum drückt den Knopf, bringt das Sägeblatt zum Stehen und hört ihm zu. Ohne etwas zu sagen, nur ihre Augen, die seinen Lippen folgen. Immer wieder nickt sie, gibt ihm zu verstehen, dass er weiterreden soll, dass sie noch mehr wissen will. Er erzählt es ihr. Mit ruhiger Stimme eine gnadenlose Geschichte, während sie fassungslos nach Worten sucht und sie nicht findet. Wie es aus ihm herauskommt, wie sie ihn zu hassen beginnt. Von Minute zu Minute, von Wort zu Wort wächst der Wunsch, ihm wehzutun. Ihn zu bestrafen. Wieder diesen Knopf zu drücken, die Säge in Gang zu setzen. Es für immer zu beenden.

Sachlich der Bericht eines Mörders. Wie er es getan hat. Was er sich dabei gedacht hat. So, als wäre es das Normalste auf der Welt, beschreibt er es. So, als hätte er keine andere Wahl gehabt, ohne Rührung sein Appell an Blum, ihn nicht dafür zu verurteilen. *Du weißt doch, wovon ich rede. Du hast es doch auch getan. Du hattest auch keine Wahl, auch du musstest Entscheidungen treffen.* Wie er sich mit ihr vergleicht, sie zur Verbündeten machen will. Wie er ihr erklärt, dass er sie beschützen wollte. Dass er es nur für sie getan hat. Das Unglück im Garten. Gertrud.

Wie eine Lawine ist es. Dass er es gewesen ist, der die Handbremse gelöst hat. Ingmar beschreibt es, wie der Traktor nach hinten gerollt ist, wie er Gertrud überrascht hat und sie unter den großen Rädern verschwunden ist. Ganz einfach war es, sagte er. Ein Unglück, ein Missgeschick, und wie Gertrud geröchelt hat. Sie ist nicht sofort tot gewesen, über fünf Minuten lang hat sie noch gelebt. Bis sie endlich aufgehört hat zu atmen. *Sie wollte die Polizei rufen. Sie ist zu mir gekommen und hat gesagt, dass sie dich ausliefern würde. Sie hätte alles beendet, bevor es überhaupt begonnen hatte. Ich habe es für dich getan, Blum.* Er hat sie für Blum verrecken lassen, ihren Brustkorb zerquetscht. Gertrud. Nur ein Bauernopfer ist sie gewesen. Ingmar hat es für Blum getan. Dankbar sollte Blum ihm sein. Verstehen sollte sie ihn. Keine Sekunde lang ist da Reue.

Gertrud ist gestorben, weil Blum ihn nicht gestoppt hat, nichts begriffen hat. Wie einen alten Gartenstuhl hat er sie aus dem Weg geräumt, Blum hatte jedes Vorzeichen ignoriert, sie hätte es wissen müssen, ihm nie glauben dürfen, kein Wort, keine Berührung lang. Alles, was er zu ihr gesagt hat, was sie ihm anvertraut hat. Blum hasst sich dafür. Sie hasst ihn. Wie er daliegt und redet. Seit zehn Minuten die Wahrheit. Festgebunden auf dem Tisch, gelassen und ruhig, weil er beschlossen hat, an ihre Moral zu appellieren. Beide sind sie Mörder, beide haben sie Menschen umgebracht und nicht nur Kaninchen. Auch Blum hat Leben ausgelöscht, er erinnert sie daran. Dass sie genauso ein Monster ist wie er, genauso kalt. Getötet hat. Nur zwei Jahre ist es her. Als die Kinder im Bett lagen, zwischen den Nächten ein Mord, alles, was sie vergessen wollte, Ingmar bringt es wieder auf den Tisch. Blum hasst ihn dafür. Mit Gewalt versucht sie, seine Taten über ihre zu stellen, ihn zu verurteilen für das, was er getan hat. Sie versucht es, aber es gelingt ihr nicht. So gerne würde sie ihn zerschneiden wie einen Laib Brot, doch es geht nicht. Sie hört ihm weiter zu und fragt sich, was sie unterscheidet von ihm. Wozu sie noch fähig sein würde. Ob sie will, was ihr Bauch ihr sagt. Ihn töten für das, was er ihr erzählt. Ihn quälen. Dafür, dass er auch seinen Vater getötet hat.

Alfred. Der alte Mann in seinem Arbeitszimmer. Betrunken und einsam, traurig, weil Blum gegangen war, weil er nichts mehr hatte. Weil sein Sohn nicht so war, wie er es sich gewünscht hat. Die Flasche Whiskey auf seinem Schreibtisch, und Ingmar, wie er ihm die Pistole ans Kinn drückt. *Es war ganz einfach*, sagt er. *Der Alte hat nichts gemerkt, nichts gespürt, die Kugel hat ihn sofort getötet.* Und danach legte Ingmar ihm die Waffe in die Hand. Selbstmord, so naheliegend. Alfred war schuldig. Und Ingmar sah zu, wie Blum den alten

Mann getreten hat. Alfred auf dem Boden vor Tagen. Das stinkende Zimmer, der Schlüssel. Und ihr trockener Mund.

Es ist wie ein Vorhang, der fällt. Plötzlich sieht man, was dahinter ist. Dass da eine ganze Landschaft ist, alles anders, als man gedacht hat. Ingmar redet und redet. Ohne Aufforderung. Viel mehr, als sie wissen wollte, er hört nicht auf. Was er sagt, lähmt sie. Je mehr sie erfährt, desto ohnmächtiger wird sie. Blum ist nicht mehr fähig, eine Entscheidung zu treffen, sie ist schockiert von der Wahrheit, die so unvermittelt auf sie einschlägt. Alles dreht sich, sie versucht, zu begreifen, sie muss alles neu ordnen, muss akzeptieren, dass ihr Peiniger vor ihr liegt. Begreifen, dass nicht Alfred sie eingesperrt hat, sondern Ingmar. Dass ihr Gefühl richtig gewesen ist, dass es der Teufel war, der damals ins Zimmer gekommen ist, nicht ihr Retter. Dass Ingmar lediglich überprüfen wollte, ob sie noch lebt, als er sich über sie gebeugt hat. Er wollte nur hören, ob sie noch atmet. Ingmar, nicht Alfred. Weil sie abreisen wollte, weil er sie nicht besitzen konnte, weil Blum sich von ihm abgewendet hat. Ihn alleingelassen hat, so wie Björk es getan hat. Es war Zurückweisung, mit der er nicht umgehen konnte. Liebe und Kränkung. Und dann Hass.

In der Tiefgarage hat er sie niedergeschlagen. Ohne zu zögern, wollte er ihr Leben beenden. Ihr mit einem Schlag alles nehmen. Jetzt sagt er, dass er es bedauert. *Ich wollte dir nicht wehtun, Blum, aber ich hatte keine andere Wahl. Ich wollte nicht, dass du weggehst. So schön hätte alles sein können. Ich mag dich, Blum.* Dieser Dreckskerl. Wie sehr sie ihn hasst. Dafür, dass er *Mörderin* auf ihre Stirn schreibt. Mit jedem Wort sagt er es. *Wie ähnlich wir uns sind, Blum. Wie leicht das*

Töten fällt. Es ist nur ein Spiel, Blum. Lass uns nach oben gehen und Wein trinken. Nebeneinander auf der Couch. Blum und Ingmar. Er spricht davon, malt es sich aus, er meint es ernst. Obwohl seine Situation aussichtslos ist, obwohl er festgebunden auf dem Tisch liegt, tut er so, als hätte es keine Konsequenzen, was er sagt. So, als würde es nichts mit ihr machen. Das Wissen, dass er sie töten wollte, dass er sie verdursten lassen wollte. Für ihn scheint es selbstverständlich zu sein, dass sie ihm verzeihen wird. Weil er ehrlich zu ihr ist, das sollte genügen. Er zeigt ihr seine kranke Welt, seine Gedanken, er erklärt ihr, wie alles zusammenhängt. Er macht sie sprachlos. Blum weiß nicht mehr, was sie sagen, wie sie reagieren soll. Was sie ihm zuerst abschneiden soll. Sie hört nur zu, sie tut nichts, sie schaut nur, wartet ab. Sie versucht, ihre Wut zu kontrollieren, sie zwingt sich, an Uma und Nela zu denken. Wie sie oben liegen und schlafen. Nichts wissen. Sie abhalten von dem, was sie tun will.

Blum will weglaufen, doch sie bleibt. Hin- und hergerissen ist sie. Sie will, dass er dafür bezahlt. Gleichzeitig will sie keine Entscheidungen mehr treffen, einfach gehen, nichts mehr hören über seine Kindheit, über Björk. Dass er sie geliebt hat, dass sie sich aber immer von ihm distanziert hat. Keine Nähe ist da gewesen. Nur Neid. Ein verletzter Junge. *Es gab nur Alfred und Björk. Da war kein Platz für mich. Ich wollte doch nur dazugehören. Mehr nicht. Sie gernhaben. Björk.* Sie hat ihn abgewiesen, ihn zurückgestoßen, ihn verletzt, unerwiderte Liebe sei es gewesen. Seine zahllosen Versuche, sich mit Björk gegen den Vater zu verbünden. Sie hat sich gegen ihn entschieden. Genauso wie Blum. Und Gertrud. Ingmar ist nur ein ungeliebtes Kind gewesen. Der behinderte Junge, der anders war. Seit dem Unfall, seit seine Mutter nach unten gefallen war.

Ob es Schicksal ist? Während Ingmar sein beschissenes Leben vor ihr ausbreitet, fragt Blum sich, warum sie ständig am Abgrund stehen muss, warum sie überhaupt in diese Situation gekommen ist. Sie fragt sich, warum Mark sterben musste, warum das Leben nicht einfach gut sein kann. Wie viel kann sie noch ertragen, was muss noch alles passieren, bis sie endlich stillstehen darf, ausatmen, einschlafen. Sie weiß es nicht, sie hört nur zu, sie spürt den Wunsch, aufzuhören, die Stopp-Taste zu drücken, alles hinter sich zu lassen. Jetzt. Sie will ihn zurücklassen, ihn reden lassen, ihn mit seiner Geschichte allein lassen. Abstand nehmen, weggehen, anstatt ihn zu töten. Sie will nichts mehr fühlen, ihn nicht verachten, nicht hassen, ihn nicht bestrafen müssen. Seine Überreste nicht wegräumen müssen. Sie will nicht länger den Dreck vom Boden wischen.

Egal, was er noch sagt. Sie will nichts mehr hören. Aber da ist Schrettl plötzlich wieder da. Seine Leiche, die am Straßenrand liegen geblieben ist, er erinnert sie daran. Dieser kleine, gierige Drecksack, der alles beenden wollte. Bis eben hat sie gedacht, dass sie es war, die ihn umgebracht hat. Aber nicht sie ist es gewesen, sondern er. Nicht ihre Messerstiche haben ihn getötet, sondern seine Hand, mit der er Schrettl die Nase zugehalten hat. Der geknebelte Mann am Boden, der keine Luft mehr bekam, während Blum geschlafen hat. *Was hätte ich denn anderes tun sollen, Blum? Er ist wach geworden, er hat gestöhnt und geschrien, er hätte dich nie in Ruhe gelassen, er hätte dich so lange gejagt, bis er dich gefunden hätte. Er hätte alles kaputt gemacht, Blum. Es war die einzige Möglichkeit.* Ingmar besteht darauf. Dass es keine Option gewesen wäre, ihn irgendwo aus dem Wagen zu werfen, ihn am Leben zu lassen. *Ich wollte dich doch nur beschützen, Blum. Für dich da sein. Ich habe es nur für dich getan, verstehst du? Das musst du mir glauben.* Fast beschwört er sie. Seine Stimme, das Einzige, das nicht angebunden ist, ungehindert geht sie auf Blum los.

Zu viel Wahrheit. Schrettl. Dann Björk. Erneut ein Schlag in die Magengrube, mit Wucht. Wie durch einen Nebel hört sie, dass er auch für Björks Tod verantwortlich ist. Immer greller wird es, schriller, unglaublich alles. Dass ein Mensch so etwas tut. Dass er sie gestoßen hat. Weil sie Streit hatten. *Sie ist einfach nach unten gefallen. Hat nicht aufgehört, sich zu wehren. Ich hab sie festgehalten, weil ich nicht wollte, dass sie weggeht. Zurück nach Afrika. Ich wollte doch nur, dass sie bleibt.* Geschwister, die sich geprügelt haben. Björk hat das Gleichgewicht verloren und ist gefallen. Er hat seine Schwester getötet, er beschreibt, wie er nach unten geschaut hat, wie sie dagelegen hat und wie das Blut aus ihrem Kopf gekommen ist. Björk auf dem weißen Marmorboden. *Du musst mir glauben, Blum. Es ist einfach passiert. Es tut mir leid. Auch, dass ich sie ausstopfen ließ. Dass ich ihre Unterschrift gefälscht habe. Aber ich konnte nicht anders. Sie durfte nicht einfach tot sein und verschwinden. Dafür wollte ich nicht verantwortlich sein. Das musst du doch verstehen.* Mit leiser Stimme. Eindringlich. Mitgefühl will er, Anteilnahme. Doch Blum schweigt. Ihr Bauchladen ist geschlossen, kein Gefühl mehr, alle Luken sind dicht. Kein Mitleid. Keine Wut mehr. Nichts mehr.

Es ist ihr egal, was mit ihm passiert, was er tun wird, wenn sie ihn in einigen Stunden finden werden. Er wird sie nicht einholen, sie nicht finden, nicht wiedersehen. Sie wird mit den Kindern mitten in der Nacht auf die Autobahn fahren, sie wird nicht warten, bis es hell ist, sie wird gleich nach oben gehen, die Kinder wecken und losfahren. Ihr wird ganz leicht ums Herz. Blum hat sich entschieden zu gehen, sie wird neu anfangen. Ohne einen Gedanken an ihn. Von nun an ist da nur noch sein Mund, der bedeutungslos auf- und zugeht. Es ist nicht mehr wichtig, was er sagt. Ob er sie anlächelt. Dieses dreckige Grinsen, das da plötzlich ist. Alles ist egal. Da ist nur noch Blum. Ein paar Sekunden lang ist da Hoffnung. So lange, bis sie die Arme spürt, die sie festhalten. Und das Chloroform in ihre Nase steigt.

41

Zuerst ist da nur dieses Hämmern gegen ihre Schädeldecke und die Seidenbettwäsche auf ihrer Haut. Weich, die Matratze, auf der sie liegt, es riecht nach Kaffee und frischem Brot. Blum versteht es nicht. Vor einer Minute hat sie die Augen aufgeschlagen, sie liegt wieder in dem Bett, in dem sie eingeschlafen ist, friedlich scheint alles, da ist keine Verletzung, kein Blut, nur dieser Kopfschmerz. Alles ist so, als wäre nichts passiert, als wäre da niemand gewesen, der sie festgehalten hat, kein Betäubungsmittel, das sie inhaliert hat. Da ist nur die flauschige Decke, die auf ihr liegt.

Kuhns Gästezimmer, in dem ihre Augen hin und her wandern. Blum verschafft sich einen Überblick. Eben ist sie noch unten im Labor gewesen, eben ist Ingmar noch vor ihr gelegen und hat sie ausgelacht. Sie hat sich gewehrt, wild um sich geschlagen, sie wollte die Hände und Arme von sich abschütteln, das Tuch von ihrem Gesicht reißen, das Chloroform nicht einatmen. Doch es ging nicht, er war stärker als sie, hielt sie so lange fest, bis alles vor ihren Augen verschwamm. Was sie noch hören konnte, war Ingmars Lachen. Und wie er zu Kuhn sagte, dass er schon nicht mehr mit ihm gerechnet hätte. *Länger hättest du dir nicht mehr Zeit lassen dürfen, mein Lieber.* Dann ist das Licht ausgegangen.

Wie lange sie weg gewesen ist, weiß sie nicht. Nur, dass jemand sie wieder in ihr Bett gelegt hat. Kuhn. Ingmar. Sie versteht es nicht, sie sucht nach einer Erklärung, warum Kuhn sie betäubt hat, warum sie noch am Leben ist, warum sie in diesem Bett liegt. Blum drückt wieder auf die Play-Taste. Es geht weiter, es hört nicht auf, die Angst geht nicht weg. Angst, die größer wird, weil sie die Kinder nicht sieht. Sie sind nicht da, nicht neben ihr, ihre Hände greifen ins Leere. Uma und Nela, ihre kleinen Körper, ihr Lachen. Blum ist allein in dem Zimmer.

Benommen noch von dem, was Ingmar ihr erzählt hat, springt sie aus dem Bett. Er hat sie alle an die Wand geworfen. Schrettl, Gertrud, Alfred, Björk. Alle tot. Sie hat sich mit einem Verrückten eingelassen. Und mit seinem irren Freund. Kuhn. Dieser Psychopath hat Ingmar gerettet und losgebunden, es kann nicht anders gewesen sein. Freunde bis zum bitteren Ende, Blum rechnet mit dem Schlimmsten. Kurz glaubt sie daran, dass Ingmar sie zwingen wird, zu bleiben, mit ihm zurück in das Hotel zu gehen. Blum befürchtet, dass er die Kinder dafür benutzen wird. Sie sieht sie gefesselt vor sich, sie muss sie suchen, sie finden, sie muss. Wie ein wildes Tier ist sie, bereit, ihre Jungen zu verteidigen, Ingmar und Kuhn in Stücke zu reißen. Der Gedanke, dass Uma und Nela etwas passiert sein könnte, ist unerträglich. Blum stürmt aus dem Zimmer, den Gang entlang Richtung Küche. Sie hört Stimmen. Rennt weiter. Sie achtet nicht darauf, dass man sie hören kann, es ist ihr egal, ob sie gewarnt sind, sie will nur so schnell wie möglich bei ihnen sein. Blum. Sie wird angreifen, sie wird nicht zögern, sie wird ein Messer nehmen und zustechen. Mit Wucht stößt sie die Tür auf. Blum stürzt zur Anrichte und zieht ein Fleischermesser aus dem Messerblock, sie ist bereit zu kämpfen, zu töten, zu sterben. Doch was sie dann sieht, zieht ihr den Boden unter den Füßen weg.

Ein Bild, das sie nicht versteht. Sie bleibt stehen und erstarrt. Verbirgt das Messer hinter ihrem Rücken. Sie weiß nicht, was sie tun soll, zwingt sich zu einem Lächeln. Uma und Nela strahlen sie an, kurz hüpfen die Mädchen auf, um ihre Mutter zu umarmen und zu küssen, dann setzen sie sich wieder zu ihm. Leo Kuhn schmiert Brote für die Kinder. Der Mann, der sie außer Gefecht gesetzt hat, scherzt mit ihnen. Gemütlich sitzen sie am Tisch und frühstücken, ausgelassen ist die Stimmung, so als wäre nie etwas passiert. Als wäre niemand in Gefahr gewesen.

Blum sucht den Raum nach ihm ab. Keine Spur von Ingmar. Nur Kuhn und die Mädchen, nur diese herzliche Stimmung, nur Schokoladenbrote, die in den kleinen Mündern verschwinden. Es ist ein Anblick, der sie entwaffnet, plötzlich hat sie keine Angst mehr, da sind keine bösen Drachen, da ist kein Wolf, der ihre Kinder zerreißt. Aus irgendeinem Grund, den sie nicht kennt, ist da nichts, gegen das sie kämpfen muss.

Kurz noch hält sie das Messer fest, dann lässt sie es fallen. Langsam gleitet es aus ihren Fingern, weil da kein Grund mehr ist, es festzuhalten. Der gute Onkel Leo macht die Kinder glücklich. *Mama, Leo ist so nett. Leo hat uns eine Geschichte vorgelesen. Wir möchten noch hierbleiben, Mama.* Nelas Augen leuchten ahnungslos, Kuhn fordert Blum mit einem freundlichen Nicken auf, sich zu ihnen zu setzen. So, als wäre es das Normalste auf der Welt. Gemeinsames Frühstück nach einer Nacht. Neutrale Zone. Kaffee mit dem Feind. Kuhn und Blum. Und die Begeisterung der Mädchen. Blum nimmt sie ihnen nicht weg, so schön ist es, sie für einen kurzen Moment glücklich zu sehen. Sie verliert kein Wort über das, was passiert ist, solange Uma und Nela am Tisch sitzen. Nur das, was in den Kinderköpfen vor sich geht, ist wichtig, kurz eine heile Welt, Sicherheit, eine Mutter, die alles unter Kontrolle hat. Theater. Bis die kleinen Engel aufstehen und beginnen, durch die Wohnung zu streunen. *Ja, wir passen auf, Mama, wir machen nichts kaputt. Mach dir keine Sorgen, Mama, Leo hat es erlaubt.* Und weg sind sie. Nur ihr Kichern immer wieder, zwei Kinder auf Entdeckungsreise. Blum und Kuhn bleiben allein am Tisch zurück.

- Ingmar. Wo ist er?
- Nicht hier.
- Wenn du mir nicht sofort sagst, wo er ist, dann steche ich dich ab.
- Dazu gibt es überhaupt keine Veranlassung. Ich habe mich um alles gekümmert, Blum.
- Du steckst mit ihm unter einer Decke. Du hast mich betäubt. Warum? Du hast dieses Schwein laufen lassen.
- Das habe ich nicht, Blum.
- Was dann?
- Es tut mir sehr leid, dass ich dir das antun musste, aber es ging nicht anders.
- Was ging nicht anders?
- Ich wollte nicht, dass du es tust.
- Was?
- Ihn töten.
- Warum nicht?

– Weil *ich* es tun wollte. Das war eine Angelegenheit zwischen Ingmar und mir. Du musst dir keine Gedanken mehr über ihn machen. Er wird dir nichts mehr tun.

– Das ist nicht dein Ernst, oder?

– Ich habe alles gehört, was er gesagt hat. Was er getan hat. Und es tut mir sehr leid, Blum.

– Willst du mir jetzt sagen, dass du von alldem nichts gewusst hast?

– Ich hatte keine Ahnung.

– Und das soll ich dir glauben?

– Vor drei Jahren kam er zu mir und hat mir den Körperspendevertrag hingelegt. Ich sollte Björk auf dieses Zebra setzen, er hat mir genau gesagt, wie sie es sich gewünscht hat.

– Und du hast getan, was er dir gesagt hat.

– Sie habe es so gewollt, hat er gesagt. Ich hatte keinen Grund, daran zu zweifeln, er war ihr Bruder. Ich habe ihm immer vertraut.

– Du hast dich nicht gewundert?

– Da war ihre Unterschrift. Und ich hatte Björk lange nicht mehr gesehen, ich wusste nicht mehr, was in ihr vorging. Dass sie sich umgebracht hat, war schlimm genug.

– Was hast du mit ihm gemacht?

– Ingmar wird keinen Schaden mehr anrichten.

– Er ist dein bester Freund.

– Er *war* mein bester Freund. Ich wusste nicht, dass er so kaputt ist. Wobei ich es hätte ahnen können. Als er damals anfing, die Tiere zu töten. Die Idee für die Abschlussarbeit war von ihm. Er hat es dir bestimmt erzählt, oder? Er wollte um jeden Preis etwas Besonderes sein.

– So wie du. Was du machst, ist auch nicht gerade alltäglich.

- Ich war erfolgreich, er nicht. Ich wollte ihm helfen.
- Warum?
- Ich war sein Freund.
- Das reicht aus?
- Ja.
- Und Björk?
- Was soll mit ihr sein?
- Du hast sie geliebt.
- Vielleicht.
- Aber sie dich nicht.
- Leider nein. Und trotzdem war es wunderschön.
- Und jetzt?
- Bringe ich dich von hier weg.

42

Eng ist es und dunkel. Blum kann sich kaum rühren. Wieder eingesperrt, ausgeliefert. Doch sie ist nicht allein. Neben ihr liegen die Kinder, ganz nah sind sie. Zu dritt auf der Ladefläche eines Autos, eingepfercht in einer Kiste. Geschlossener Deckel, kein Licht, Blum hält sie ganz fest. Uma im rechten Arm, Nela im linken. An sie geschmiegt, Blum kann hören, wie sie atmen. Tief und fest schlafen sie, seit zwei Stunden schon.

Eingesperrt in einem Leichenwagen. Still alles, nur die Straße ist laut. *Egal, was passiert*, hat er gesagt. *Ihr werdet euch nicht rühren, Blum. Keinen Laut von euch geben, falls das Auto stehen bleiben sollte. Wenn du nicht tust, was ich dir sage, ist es für immer vorbei.* Er bohrte an mehreren Stellen Luftlöcher in das Holz, in die Seitenwände, so dass man nichts sehen kann, wenn man den Laderaum öffnet. Er legte den Deckel auf den übergroßen Transportsarg und schloss den Kofferraum. Blum hatte keine Wahl, sie hat es hingenommen und sich hineingelegt. Einfach liegen bleiben, still sein, die Kinder festhalten. Einatmen, ausatmen.

Blum weiß nicht, wie lange es dauern wird. Sie weiß nicht, ob sie ankommen wird, ob sie ihm wirklich vertrauen kann. Auch wenn alles, was er gesagt hat, Sinn macht, sie weiß nicht, ob es wahr wird, was er ihr versprochen hat. *Ihr werdet heute Abend noch das Land verlassen. Noch eine Chance bekommst du nicht.* Kuhn lächelte sie an und machte ihr Mut. *Ich weiß, was ich tue, Blum. Mach einfach, was ich dir sage. Du musst dich nur in diesen Sarg legen. Das ist unsere einzige Möglichkeit. In ein paar Stunden ist alles vorbei.* Kuhn war sich so sicher. Er sprach darüber, als wäre alles nur eine Kleinigkeit, als wäre es ein amüsantes Spiel, eine Aufgabe, die er noch vor Mitternacht zu lösen hatte. *Niemand wird vermuten, dass ihr in einem Leichenwagen durch Deutschland fahrt. Ich kenne einen Reeder, er wird euch an Bord nehmen, ich habe mit ihm telefoniert. Er weiß nicht, wer du bist, und er wird auch keine Fragen stellen.* Er schürte Hoffnung in Blum. Sehnsucht nach dieser Zukunft, die da irgendwo im Norden auf sie warten sollte.

Wasser und Bananen auf ihrem Schoß. Für die Kinder, wenn sie Hunger bekommen, wenn sie es nicht mehr aushalten, ohne zu trinken. Ein paar Schlucke nur, weil sie nicht auf die Toilette können. Blum hat Angst vor dem Moment, in dem sie danach verlangen. *Mama, ich habe Durst. Mama, ich habe Angst. Bitte lass uns endlich hier raus.* Blum betet, dass sie nicht aufwachen, sie weiß nicht, wie lange das Schlafmittel noch wirken wird, das sie ihnen gegeben hat. Wie viele Stunden sie noch zufrieden in ihrem Arm liegen bleiben. Zwei oder drei. Und dann? Sie will es sich nicht vorstellen, die Panik, die Angst. Uma und Nela, wie sie schreien, sich nicht mehr beruhigen lassen. Kein Halten, kein Streicheln, keine Versprechungen, nichts mehr wird es gutmachen. Und deshalb fleht sie sie an. *Bitte nicht aufwachen. Bitte schlaft weiter. Ein bisschen noch.*

Zwei Kinder in einem Sarg. Auf der Flucht. Betäubt. Blum will, dass es aufhört, sie will daran glauben. Dass es nicht mehr lange dauern wird. Dass Kuhn auf sie aufpassen wird. Sie werden in keinen Unfall verwickelt werden, niemand wird sie aufhalten und kontrollieren, niemand wird den Kofferraum öffnen. Alles wird gut gehen. Bald schon wird er stehen bleiben und sie aus ihrem Gefängnis holen. *Wir sind da*, wird er sagen. *Jetzt müsst ihr nur noch auf das Schiff. Es ist bald vorbei.* Kuhn wird die Kinder zum Abschied hochheben, er wird sie noch einmal zum Lachen bringen, und er wird Blum umarmen. Unbedingt will sie daran glauben. *Viel Glück*, wird er sagen und sie auf die Stirn küssen. Bald schon. Blum wünscht es sich.

Doch da ist kein Licht. Kein Hafen in Sicht. Nichts. Niemand mehr, dem sie trauen kann. Langsam rinnen Tränen über ihre Wangen. Dunkel ist es in der Kiste. Alles, was sie noch hat, liegt in ihren Armen. Alles andere ist egal. Es wird einfach passieren. Wenn der Deckel aufgeht.

Drei Wochen später

- Ich bin es, Karl.
- Um Gottes willen, wo bist du, Blum? Warum hast du dich
  nicht gemeldet, ich bin fast gestorben vor Sorge.
- Ich bin in Sicherheit.
- Wo?
- Weit weg, Karl.
- Die Kinder, wie geht es den Kindern?
- Es geht ihnen gut.
- Und dir?
- Ich weiß es nicht.
- Was ist passiert, Blum? Erzähl es mir.
- Es ist vorbei, Karl.
- Das ist es nicht, Blum. Hier ist immer noch die Hölle los.
  Sie suchen dich.
- Sie werden mich aber nicht finden.
- Das Rauschen im Hintergrund. Das ist das Meer, oder?
- Ja.
- Sag mir nur, in welchem Land du bist.
- Das kann ich nicht.
- Wir werden uns nie wiedersehen, oder?
- Doch, Karl, das werden wir.
- Wie?
- Ich komme zurück.

DANKE

Sehr herzlichen Dank für eure Unterstützung, ihr Lieben,
für euren grandiosen Einsatz und eure Freundschaft:

Regina Kammerer, Caterina Kirsten, Georg Simader, Lisa
Volpp, Verena Zankl, Britta Puce, Günther Wildner, Anja
Larch, Katharina Zelger, Herbert Aichner jun., Amhof Peter,
Wolfgang Müller, Benito Müller, Christine Pernlochner Küg-
ler, Bestattung J. Neumair, Franz Thaddäus Aichner, Toni
Walder, Alexander Legniti, Bernhard Geiler, Marcus Kini-
ger, Michael Weiß, Ferdinand Treffner, Glorfy Unbreakable,
Lukas Bildstein, Florian King, Ludovico Einaudi & Ólafur
Arnalds

Auch allen Facebook-Freunden herzlichen Dank. Ohne
euch wäre es halb so schön.

Und dann noch du, Ursula Aichner –
für dich singe ich laut und glücklich ein Lied:
»Du bist das Beste, was mir je passiert ist…«
Ich liebe dich.

Verlagsgruppe Random House FSC® N001967
Das für dieses Buch verwendete FSC®-zertifizierte Papier *Munken Premium*
liefert Arctic Paper Munkedals AB, Schweden.

1. Auflage
Copyright © 2015 by btb Verlag
in der Verlagsgruppe Random House GmbH, München
Satz: Uhl + Massopust, Aalen
Druck und Einband: CPI books GmbH, Leck
Printed in Germany
ISBN 978-3-442-75455-7

www.btb-verlag.de